KiWi
1717

Das Buch

Schon lange spricht man auch im Fußball von Digitalisierungsprozessen, aber nun ist die technologische Revolution in vollem Gange. Sie wird unser Verständnis des Fußballs auf eine Weise umwälzen, wie wir es uns früher nicht vorstellen konnten: das Spiel auf dem Rasen, das Scouting, die Trainingsmethoden, die Klubstrategien, die Berichterstattung der Medien, alles.
Dieser neue Wettlauf im internationalen Fußballgeschäft ist auch einer zwischen den Großen mit den vollen Kassen und den Außenseitern, den Nerds und Regelbrechern, die mit ganz eigenen Ideen dem Fußball neue, überraschende Impulse geben. Wer in diesem Wettlauf mithalten will, braucht einen Matchplan, und das nicht nur im nächsten Spiel. Christoph Biermann hat sich inmitten dieser disruptiven Umwälzungen begeben, hat mit Wissenschaftlern, Trainern, Managern, Scouts und Psychologen in den großen deutschen Vereinen gesprochen und reiste nach England, Holland, Dänemark sowie in die USA und entdeckte den Fußball von heute noch einmal ganz neu. Eine Offenbarung für alle Fußballfans.

Der Autor

Christoph Biermann, geboren 1960, ist Reporter beim Fußballmagazin *11 Freunde* und arbeitete vorher für den *SPIEGEL* und die *Süddeutsche Zeitung*. Biermann gehört seit Jahren zu den profiliertesten Fußballjournalisten Deutschlands und hat zahlreiche Bücher zum Thema Fußball veröffentlicht. »Die Fußball-Matrix« wurde 2011 zum »Fußballbuch des Jahres« gewählt. 2013 erschien »Fast alles über 50 Jahre Bundesliga« (KiWi 1303), 2014 »Wenn wir vom Fußball träumen«.

Christoph Biermann

Matchplan

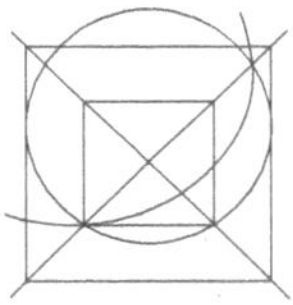

Die neue Fußball-Matrix

Vollständig überarbeitete
und aktualisierte Ausgabe

Kiepenheuer
& Witsch

Aus Verantwortung für die Umwelt hat sich der *Verlag Kiepenheuer & Witsch* zu einer nachhaltigen Buchproduktion verpflichtet. Der bewusste Umgang mit unseren Ressourcen, der Schutz unseres Klimas und der Natur gehören zu unseren obersten Unternehmenszielen.

Gemeinsam mit unseren Partnern und Lieferanten setzen wir uns für eine klimaneutrale Buchproduktion ein, die den Erwerb von Klimazertifikaten zur Kompensation des CO_2-Ausstoßes einschließt.

Weitere Informationen finden Sie unter: *www.klimaneutralerverlag.de*

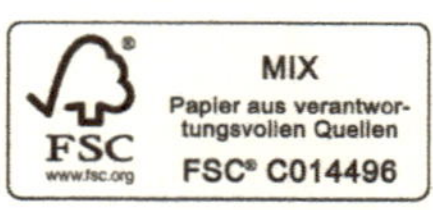

Verlag Kiepenheuer & Witsch, FSC® N001512

1. Auflage 2020

Umschlaggestaltung: Rudolf Linn, Köln
Umschlagmotiv: © 103tnn / Fotolia.com
Gesetzt aus der News Gothic und der Stempel Garamond
Satz: Buch-Werkstatt GmbH, Bad Aibling
Druck und Bindung: GGP Media GmbH, Pößneck
ISBN 978-3-462-05428-6

»Wie sehr sich der Fußball verändert hat!
Es ist alles komplizierter geworden – und schöner.«

Xabi Alonso

Inhalt

Prolog

Das Abenteuer beginnt

Im Frühsommer 2011 saß ich im Londoner Wembleystadion und hatte Tränen in den Augen, überwältigt von der Größe des Moments. Vier Jahrzehnte nachdem ich zum ersten Mal ein Stadion betreten hatte, wurde mir mit jeder Minute des Finales der Champions League deutlicher klar, dass ich nie zuvor ein so gutes Fußballspiel gesehen hatte. Manchester United, damals noch trainiert von Sir Alex Ferguson, war gegen den FC Barcelona des Trainers Pep Guardiola zwar großartig, aber letztlich chancenlos. Die Katalanen hatten fantastische Spieler, allen voran Lionel Messi, der zum *Man of the Match* gewählt wurde. Die hatte Manchester United zwar auch, doch an diesem Abend ging es nicht um die Kunst der Spieler allein, sondern darum, dass der FC Barcelona im größten Spiel des Jahres Fußball auf einer neuen Stufe der Evolution vorführte. Pep Guardiola brachte das Genie seiner Spieler so mit einem ausgefeilten Plan zusammen, wie ich das in dieser Perfektion noch nie gesehen hatte. Manchester United war, auch wenn sie nur mit 1:3 verloren, hoffnungslos unterlegen.

Obwohl geplant, war dieser Fußball leicht und frei, spielerisch und elegant. Er hatte kein drückendes Korsett, sondern schuf nur einen Rahmen für die Kreativität der

Spieler. Er sah ganz neu aus, hatte aber tiefe Wurzeln, die bis ins Holland der 1960er-Jahre zurückreichen, als Johan Cruyff bei Ajax Amsterdam den »Totaalvoetbal« erst lernte und dann zu dessen Katalysator wurde. Von diesen Grundideen geprägt, war Cruyff nach Barcelona gekommen, wo er seine Spielprinzipien weiterentwickelte und damit die Nachwuchsarbeit des Klubs entscheidend prägte.

Im Spätsommer 2017 war ich wieder in London, diesmal nicht in einem Stadion voller überwältigt jubelnder Menschen, sondern im Konferenzraum eines Co-Working-Space am Themse-Ufer. Drum herum arbeiteten junge Leute mit so großer Ernsthaftigkeit wie demonstrativer Lockerheit an digitalen Projekten. Der Kaffee war gut, jeder durfte sich bedienen, und bald bestaunte ich auf einem Computerbildschirm eine große Vermählung. Ich konnte ein Fußballspiel aus unterschiedlichen Kamerapositionen anschauen, es sah fast aus, als wäre ein Ü-Wagen in das Laptop geschrumpft. Zu den Bildern ließen sich verschiedene Daten aufrufen, die von diesem Spiel erhoben worden waren, erfasst von den Spottern professioneller Datenfirmen oder von den Wärmebildkameras der Trackingsysteme. Jede Aktion auf dem Platz, jede Bewegung, jeder Weg war vermessen und gezählt worden. Bilder und Daten waren hier miteinander verbunden, wie ich das beim Fußball noch nicht gesehen hatte.

Das Unternehmen SBG hatte die Software ursprünglich für die Formel 1 entwickelt und arbeitet dort mit der Hälfte der Rennställe zusammen. Die Formel 1 ist das am stärksten technisierte Sportereignis auf diesem Planeten. An den Wagen sind Dutzende Sensoren angebracht, bei jedem Rennen werden zehn Terabyte Daten erhoben. An den Renntagen werten 200 Spezialisten den Informationsfluss aus, jedes Manöver auf der Strecke wird vorher durchgerechnet und analysiert. Im Herbst 2014 führte SBG die Software beim Rennen in Abu Dhabi den Scheichs des Emirats vor, die auch Besitzer von Manchester City sind. Als diese so etwas auch für den Fußball haben wollten, wurde das entwickelt, was ich nun in diesem fensterlosen Besprechungsraum bestaunte.

Vor zehn Jahren schrieb ich in meinem Buch »Die Fußball-Matrix« den Satz: »Fußball ist zu einem Spiel der Zahlen geworden.« Es sah damals so aus, dennoch stimmte es noch nicht. Ich war einer Täuschung aufgesessen, als ich erstmals vor den vielen Seiten voller Zahlen saß, die jedes Fußballspiel in der Bundesliga oder bei der Nationalmannschaft hervorbrachte. Jeder Schuss wurde gezählt, jeder Pass, jeder Sprint und vieles andere mehr. Aber es gab ein Problem: Die Zahlen und das Spiel kamen oft nicht zusammen. Sie standen sich teilweise ratlos gegenüber. Das galt auch für jene, die solche Daten erhoben, und jene, die das Spiel betrieben. Doch hier in London wurde mir klar, dass gerade etwas Revolutionäres passiert. Nicht nur die Menge an Daten war weiter gewachsen, sondern auch die Möglichkeit, sie zu erschließen, seit sich Informatiker und Statistiker angeleitet von Fußballexperten darüber hermachen. Noch ist nichts pfannenfertig, aber die Dinge liegen auf dem Tisch; wer sie nicht nimmt, ist selbst schuld. Ob wir es wollen oder nicht: Die digitale Wende des Fußballs hat längst begonnen.

Im Frühjahr 2017 fuhr ich auf einer Fähre vom isländischen Festland über den stürmischen Nordatlantik zur Insel Vestmannaeyjar, um Heimir Hallgrímsson zu treffen. Er war damals Nationaltrainer Islands, des Landes mit den wenigsten Einwohnern, das sich jemals für eine Fußball-Weltmeisterschaft qualifiziert hat. Auf Hallgrímssons altem Laptop waren keine abgefahrenen Analysetools, wie ich sie in London sehen sollte, die meisten seiner Spieler standen bei wenig glamourösen Klubs unter Vertrag, und sie spielten nicht in der Champions League – zu Auswärtsspielen flog die Nationalmannschaft Economy. Hallgrímsson zeigte mir seine kleine Insel, wo er damals sogar noch als Zahnarzt arbeitete, wenn es die Zeit zuließ. (Er entfernte mir auch den Zahnstein, aber das ist eine andere Geschichte.) Am nächsten Tag fuhr ich mit ihm durch die Hauptstadt Reykjavik, um ein paar Nachwuchsspiele anzuschauen. Man kann von Heimir Hallgrímsson so viel über Fußball lernen wie von Pep Guardiola, wenn auch auf andere Weise. Weil der Isländer mit weniger talentierten Spielern und in jeder Hinsicht begrenzten Ressourcen arbeiten muss, weiß er mit dem Mangel umzugehen. Das sorgt dafür, dass er aufmerksam für den kleinsten Vorteil ist, den er seiner Mannschaft verschaffen kann.

Der Nationaltrainer hatte sogar einen entscheidenden Vorteil gefunden und passt damit bestens zu den anderen ungewöhnlichen Helden dieses Buches. Da sind der englische Profiwetter, der sich den Klub seiner Kindheit gekauft hat, und der deutsch-amerikanische Wahlforscher, der Fußballmanager wurde. Es gibt den nordirischen Bankangestellten, der Borussia Dortmund brillant analysierte, und den struwweligen, stets unrasierten Scout des Klubs, der für eine siebenstellige Ablösesumme zum FC Arsenal wechselt. Man begegnet einem erratischen Trainer, der alle Statistiken aus den Angeln hebt, und zwei Bundesligaprofis, die zu Forschern des Spiels werden.

Ich habe sie nicht gesucht, diese ungewöhnlichen, die eigensinnigen und die schrägen Typen. Sie sind mir fast automatisch begegnet, als ich mich durch ein Terrain bewegte, das noch längst nicht abschließend kartografiert ist. Man erkennt sie schnell daran, dass sie mehr Fragen haben als Antworten und dass sie die Welt nicht erklären, sondern verstehen wollen. Sie sind Abenteurer, und das Abenteuer beginnt gerade. Sie alle treibt das Gleiche an wie Heimir Hallgrímsson: sich einen Vorteil zu verschaffen. Nur dass sie dazu eben Daten und die Möglichkeiten der Digitalisierung zu nutzen versuchen.

High-End-Fußball, wie ihn der FC Barcelona 2011 spielte, schlägt mich durchaus in den Bann, und auch die funkelnden Versprechungen des digitalen Zeitalters ziehen mich an. Aber eigentlich interessieren mich seit jeher vor allem die Underdogs und vor allem jene, die gewitzt mit dieser Rolle umgehen. Das war letztlich auch das, wonach ich suchte, als ich auf der weltweit größten Konferenz für *Sports Analytics* in Boston unterwegs war, bei einem winzigen Klub in Dänemark oder mit dem Hamburger Jörg Seidel sprach, der wenige Informationen in irritierend genaue Auskünfte verwandeln konnte.

Vor zehn Jahren schrieb ich auch den Satz: »Daten sind Teil einer längst noch nicht abgeschlossenen Entwicklung im Fußball, bei der sich das Spiel von einem der Meinungen in eines des Wissens verändert.« Darin drückte sich vor allem eine Hoffnung aus, denn Meinungen im Fußball nervten mich schon damals oft, weil sie so beliebig und austauschbar sind. Als ich den Satz schrieb, hatte ich aber noch keine Ahnung, auf welch abenteuerliche Weise wir Menschen zu unseren Urteilen kommen – nicht nur im Fußball. Deshalb geht es in diesem Buch auch darum, wie das anders und besser werden könnte, bei uns als Fans, aber auch bei den Verantwortlichen im Fußball. Denn die Zukunft im Fußball wird nicht einfach denen gehören, die über die Daten verfügen, sondern jenen, die aus Informationen die besten Schlüsse ziehen. Und darin unterscheidet sich der Fußball nicht von allen anderen Bereichen unseres Lebens.

Dieses Buch erschien Anfang 2018 als Paperback in Deutschland. Für die englische Ausgabe, die im Juli 2019 unter dem Titel »Football Hackers« erschien, habe ich es aktualisiert und noch einmal gründlich überarbeitet – und für diese Taschenbuchausgabe erneut. Das hat auch mit der ungeheuren Geschwindigkeit zu tun, in dem sich die Dinge verändern. Geschichte wird gemacht, und sie bleibt nicht stehen.

Berlin, Dezember 2019

Warum Meinungen nerven und Urteile danebenliegen

Zwei Fußballprofis sehen sich falsch bewertet und finden einen neuen Blick aufs Spiel. Wie wir auf Bestätigungsfehler hereinfallen und Ergebnisse von Fußballspielen überschätzen.

Gerechtigkeit für Vedad Ibisevic

Als ich Stefan Reinartz zum ersten Mal begegnete, war er 22 Jahre alt und spielte bei Bayer Leverkusen in der Bundesliga. Wir trafen uns an einem Montagabend im Herbst 2011 bei einer Radiosendung in Köln, zu der er extra früher gekommen war, um mir etwas zu zeigen. Reinartz verunsichert die Menschen oft, wenn sie ihn das erste Mal treffen, denn er kann sein Gesicht gleichsam entleeren. Erst wenn er langsam eine Augenbraue hochzieht, ahnt man, dass sich hinter dieser verstörenden Ausdruckslosigkeit wohlmöglich ein ausgesprochen humorvoller, ja vielleicht sogar geradezu lustiger Mensch verbirgt. Doch damals wusste ich das nicht, und so kam es mir vor, als würde dieser nun wahrlich nicht kleine Mann wie ein Staatsanwalt vor mir stehen. In einer Mappe hatte er Benotungen von Bundesligaspielern mitgebracht, wie man sie an jedem Wochenende in vielen Ländern in Zeitungen und auf Websites findet. Sie waren das Beweismaterial für seine Anklageschrift. Mit dem leisen Unterton der Empörung breitete er sie vor mir auf einem Tisch aus und zeigte, dass die Leistung seines damaligen Mannschaftskameraden Renato Augusto, eines brasilianischen Nationalspielers, beim Unentschieden von Bayer gegen den SC Freiburg nach Ansicht der Lokalzeitung *Kölner Stadt-Anzeiger* »gut« gewesen war. Das Fußballmagazin *kicker* und Deutschlands größte Boulevardblatt *Bild* hingegen sahen seine Leistung als »mangelhaft«. Wäre Renato Augusto ein Schüler gewesen, hätte das seine Versetzung gefährdet. Insgesamt sah das Spektrum der Bewertungen in englische Schulnoten übersetzt so aus

Kölner Stadt-Anzeiger	Sport1	Rheinische Post	kicker	Bild
2	2,5	4,5	5	5

Dem Stürmer Vedad Ibisevic war es am selben Wochenende nicht anders ergangen, als er mit der TSG Hoffenheim in Bremen spielte. Auch bei ihm waren sich die Berichterstatter der Zeitungen und Internetportale nicht einig, ob seine Leistung nun gut war, ganz ordentlich oder schlichtweg mangelhaft:

Westdeutsche Zeitung	Sportal	Sport1	kicker	Bild
2	3	3,5	4	5

Reinartz hatte noch eine Reihe ähnlicher Beispiele mitgebracht und stellte mir als Vertreter seiner Berufskollegen die naheliegende Frage: »Wie kommen die Noten zustande?«

Das Verfahren war damit eröffnet, und mir war nicht ganz klar, ob er die Antwort darauf nicht längst wusste. Also erklärte ich ihm in beschwichtigendem Ton, dass einige Journalisten mit dem Schreiben ihres Spielberichts schon anfangen müssten, während die Partie noch läuft, damit er kurz nach Abpfiff fertig ist. Dass sie unter diesen Bedingungen gar nicht alle Details einer Partie mitbekommen könnten. Wenn sie Noten vergeben müssten, machten sie diese an einer oder zwei auffälligen Szenen eines Spielers fest, die sie mitbekommen oder vielleicht nur auf den Monitoren vor sich in der Wiederholung gesehen hätten. Doch selbst wenn man genug Zeit hätte, wie wollte man elf Spieler – oder vielleicht sogar 22 Kicker – angemessen bewerten? Zumal natürlich kein Bewerter bei der Mannschaftsbesprechung dabei gewesen sei und folglich nicht wissen könne, ob ein Außenbahnspieler deshalb so selten mit nach vorne gegangen sei, weil er nicht in Form war oder weil der Trainer es ihm aufgetragen hatte. Ich erzählte ihm, dass manche Reporter bei der Notenvergabe auf der Pressetribüne immerhin kleine Umfragen machten, Schwarmintelligenz im Stil von: »Reinartz, 3 oder 4?« Natürlich kommt es auch vor, dass einige Reporter schlichtweg keine Ahnung vom Spiel haben oder dass ihre Benotung Ausdruck politischer Winkelzüge ist. Dass sie also jene Spieler tendenziell besser bewerten, die ihnen ab und zu mal Informationen aus dem Innenleben der Mannschaft zustecken. Oder jene abstrafen, die dabei nicht mitmachen oder gar einen anderen Journalisten bevorzugen. Das passiert heute zwar deutlich seltener als früher, aber ganz ausgestorben ist diese Praxis nicht.

Insgesamt plädierte ich auf mildernde Umstände, und Reinartz schien damit einverstanden, wenn auch nicht zufrieden zu sein. Interessant fand ich aber, dass er es nicht generell infrage stellte, bewertet zu werden. Im Gegenteil: Bewertungen waren ein selbstverständlicher Teil seines Lebens. Reinartz war schon als Zehnjähriger zu Bayer Leverkusen gekommen und hatte von der U16 bis zur U21 in allen Jugendnationalteams des DFB gespielt. Als Nachwuchsspieler war er jeden Tag mit Urteilen über sich konfrontiert gewesen. Hatte er so gut trainiert, dass er am Wochenende eingesetzt werden würde? War seine Leistung ausreichend, um in der nächsten Altersklasse als Jugendspieler dabeizubleiben? Wie oft Reinartz im Laufe der Jahre wohl erlebt hatte, dass einer seiner Mitspieler für zu langsam, zu klein, für technisch nicht gut genug, taktisch mangelhaft oder mental zu schwach gehalten und deshalb aussortiert worden war? Nicht einmal alle Spieler, mit denen er noch 2010 in der U21-Nationalmannschaft gespielt hatte, schafften es in die Bundesliga.

Als Profi ging es weiter so: War er im Bundesligateam besser als sein Konkurrent auf dieser Position? War er vielleicht sogar besser als die meisten deutschen Spieler auf dieser Position und damit ein Kandidat fürs Nationalteam? Andererseits: Wäre es nicht sinnvoller, wenn er statt im Mittelfeld in der Abwehr spielen würde? Doch nichts davon stellte Stefan Reinartz infrage, seine Beschwerde über die offensichtlich fragwürdigen Benotungen in den Medien hatte eine andere Stoßrichtung: Wenn er schon ständig bewertet wurde, sollte das möglichst objektiv und gerecht sein. Wie sich zeigen sollte, hatte er damit für sich ein Lebensthema gefunden.

Offenbar war ich nach unserer ersten Begegnung freigesprochen worden. Wir blieben jedenfalls in Kontakt, telefonierten ab und zu mal oder liefen uns an seltsamen

Orten über den Weg. Denn normalerweise trifft man auf Konferenzen über Spielanalyse keine aktiven Fußballprofis und meistens nicht mal ehemalige. Gut zwei Jahre nach unserem Gespräch meldete Reinartz sich mit dem Wunsch bei mir, »sie« würden gerne einen Kaffee mit mir trinken gehen, um mich »mal was zu fragen«. Als ich wissen wollte, wer denn »sie« seien, sagte er, das seien er und sein langjähriger Leverkusener Mitspieler Jens Hegeler, der damals bei Hertha BSC in Berlin spielte. Reinartz hatte auch gerade den Verein gewechselt, von Leverkusen zu Eintracht Frankfurt. Wir trafen uns an einem kalten Winternachmittag in einem Berliner Café, und dort entspann sich ein seltsames Gespräch. Die beiden begannen relativ umweglos, mich über den Gebrauch von Spieldaten im Fußball auszufragen. Letztlich interessierte sie vor allem eins: Gibt es Daten, die darüber Auskunft geben, wie man Spiele gewinnt? Muss man also weiter laufen, häufiger sprinten, genauer passen, mehr Torschüsse abgeben, um als Sieger vom Platz zu gehen?

Offenbar hatten Reinartz und Hegeler häufiger erlebt, dass Trainer solche Statistiken als Argumentationsgrundlage benutzten. Sie hatten Sätze gehört wie: »Wenn wir heute mehr Zweikämpfe als der Gegner gewinnen, werden wir gewinnen.« Oder dass sie mehr laufen oder mehr Sprints machen oder besser passen müssten, um den Gegner zu besiegen. Ich konnte ihnen nur die Antwort geben, die sie selbst schon kannten: Es war bestimmt nicht falsch, mehr zu laufen, besser zu passen und zu schießen, aber den Sieg quasi garantierende Parameter gab es nicht. Wenn Trainer ihnen so etwas erzählten, sei das Unfug.

Die beiden waren mit dieser Auskunft zufrieden und rückten anschließend langsam damit heraus, weshalb sie mich ausgefragt hatten. Gemeinsam waren sie nämlich zu dem Schluss gekommen: Wenn die bisherigen Daten nichts taugen, müssen bessere her! Ihre Grundidee dazu war, die Zahl überspielter gegnerischer Spieler zu ermitteln. Das Ergebnis ließen sie gerade durch einen Sportwissenschaftler überprüfen, den sie aus eigener Tasche bezahlten. Wie wir noch sehen werden, wurde daraus eine große Sache.

Ich fand es unglaublich, dass sich zwei aktive Bundesligaspieler daranmachten, mit neuen Daten den Fußball revolutionieren zu wollen. Dass sie darauf so viel Energie verwendeten, war auch Ausdruck eines sympathischen Bemühens um Gerechtigkeit. Es zeugte von Trotz gegenüber dem dummen Zeug, das sie sich als Spieler gelegentlich von Trainern hatten anhören müssen. Für mich gehörten die beiden damit zu jenen Spielern, von denen es in jeder Generation nur wenige gibt, die das Spiel nicht nur spielen, sondern auch verstehen wollen. Viele von ihnen werden später Trainer oder Manager, doch den Weg über die Analytik war bislang niemand gegangen.

Zur Europameisterschaft 2016 in Frankreich erfuhren die deutschen Fernsehzuschauer dann, was mir Reinartz und Hegeler drei Jahre zuvor in Grundzügen erklärt und anschließend weiterentwickelt hatten. Unverhofft wurde ein Millionenpublikum vor dem Fernseher mit einem neuen Begriff konfrontiert: *Packing*. Dafür verantwortlich war der ehemalige Nationalspieler Mehmet Scholl, der damals als Fernsehexperte arbeitete. Er war so begeistert von dem Konzept, dass er die EM-Spiele anhand von *Packing* erklären wollte. Doch so richtig funktionierte das nicht, was auch daran lag, dass Scholl ein sehr komplexes Verfahren so zu vereinfachen versuchte, dass es nicht mehr schlüssig, sondern banal wirkte. Vielleicht wurde es schlicht zu wenig erklärt, auf jeden Fall blieb *Packing* unverständlich. Das war schade, denn wie wir noch sehen werden, kann man ungeheuer viel damit anfangen. Doch für nicht wenige Fans war *Packing* ein Musterbeispiel der verdammenswerten Entwicklung, dass etwas im Kern Einfaches wie Fußball von aufgeblasenen Wichtigtuern unnötig verkompliziert wurde.

Der Fußball lebt ganz entscheidend davon, dass jeder eine Meinung dazu haben darf. Oder anders gesagt: Fußball lebt davon, dass wir die Spiele und ihre Akteure bewerten dürfen. Noten für Fußballspieler sind in Medien auch deshalb so beliebt, weil wir anhand davon unsere eigenen Meinungen abgleichen können. Und leben wir nicht sowieso in einem Zeitalter des Castings und der Dauerbewertung, in der jeder Juror ist? Überall werden wir aufgefordert: »Sagen Sie uns Ihre Meinung! Was halten Sie von …?« Facebook, Twitter, Instagram und andere soziale Netzwerke sind Orte massenhafter Bewertung.

Weil Fußball ein emotionales Spiel ist, sind die Meinungen darüber oft nicht sorgfältig abgewogen, sondern gefühlsgesteuert. Wir wollen jene feiern, die entscheidende Tore für unsere Mannschaft schießen, und jene verdammen, wegen deren Fehlern wir an Niederlagen leiden. Fußball ist aber nicht nur ein wunderbar einfaches, emotional mitreißendes Spiel, sondern auch ungeheuer komplex. Interessanterweise wird Fußball sogar immer komplexer, je länger man sich damit beschäftigt.

Bei mir hat das im Laufe der Jahre dazu geführt, dass ich mich mit Bewertungen eher schwerer als leichter tue. Logisch wäre eigentlich das Gegenteil, schließlich hatte ich das Glück, Hunderte von Spielen auf höchstem Niveau sehen zu dürfen, und das Privileg, mich immer wieder mit großartigen Trainern, tollen Managern und interessanten Spielern austauschen zu dürfen. Ich habe aus nächster Nähe miterleben können, wie das Wissen über Fußball beständig größer geworden ist. Es kommt mir so vor, als ob wir stets Neues über das Spiel lernen und es besser verstehen. Die interessante Frage ist nur: Was machen wir damit?

Die wunderbare Welt der Fehlurteile

Jörg Schmadtke ist einer der erfolgreichsten Manager der Bundesliga des letzten Jahrzehnts, jedenfalls wenn man nicht auf Titelsammlungen oder Tabellenpositionen allein schaut. Denn Schmadtke ist, seit er 2001 bei Alemannia Aachen in der Zweiten Bundesliga erstmals Manager wurde, weder deutscher Meister geworden, noch hat er den Pokal geholt. Außergewöhnlich ist Schmadtkes Leistung, weil er überall beständig über den Möglichkeiten blieb. Er führte die hoch verschuldeten Aachener nämlich nicht nur ins Pokalfinale und dadurch in den Europapokal, sondern 2007 nach über drei Jahrzehnten in der Zweitklassigkeit sogar wieder in die Bundesliga. Als Schmadtke von 2009 bis 2013 Sportdirektor bei Hannover 96 war, qualifizierte sich der Klub zweimal für die Europa League und spielte die beste Bundesligasaison seiner Vereinsgeschichte. Den damaligen Zweitligisten 1. FC Köln führte er nicht nur in die Bundesliga zurück, sondern 2017 erstmals nach 25 Jahren wieder in einen internationalen Wettbewerb.

In der Bundesliga gibt es unterschiedliche Interpretationen des Jobs eines Sportdirektors, bei Schmadtke hat immer das Scouting von Spielern eine besondere Rolle gespielt. Oft war er quasi der Chefscout und selbst viel unterwegs, dabei gelang es ihm immer wieder, spektakuläre Stürmer zu verpflichten. Bemerkenswert ist, dass Schmadtke sich beim Scouting unbewusst einem der großen Probleme im Fußball stellt, den allgegenwärtigen Wahrnehmungsfehlern. »Ich habe früher meine Scouts manchmal losgeschickt und ihnen nicht gesagt, an welchem Spieler ich interessiert bin«, erzählte er mir, als wir uns in London an jenem Tag trafen, an dem der 1. FC Köln beim FC Arsenal den ersten internationalen Auftritt seit einem Vierteljahrhundert hatte. Dass Schmadtke seine Scouts so rätseln ließ, war kein schräger Test ihrer Fähigkeiten oder eine Gehässigkeit, um sie zu verunsichern. »Es ging mir darum, dass sie unvorbelastet ins Spiel gehen, und idealerweise sollte der beste Spieler für sie der sein, der mich interessierte.« Schmadtke verengte den Blick seiner Scouts also nicht, er öffnete ihn, indem er intuitiv versuchte, das zu vermeiden, was in der Verhaltensökonomie *Confirmation Bias* genannt wird. Wenn ein Scout weiß, dass sein Sportdirektor an einem bestimmten Spieler interessiert ist, wird er diesen vielleicht anders wahrnehmen, als wenn er unvoreingenommen auf das Spielfeld blickt. Wir neigen nämlich dazu, Informationen auszufiltern, die nicht in unser Weltbild passen.

Doch das ist nur eine Variante dieses Bestätigungsfehlers, den es in einer Fülle unterschiedlicher Ausdrucksformen gibt. Wenn ein Scout dynamisch-kämpferische Spieler besonders mag, wird er vielleicht eher dazu neigen, technische Schwächen oder Mängel im Spielverständnis zu übersehen oder zumindest unterzubewerten. Mag er hingegen elegante Fußballer, wird er bei denen eventuell dazu neigen, vorhandene Schwächen im Spiel gegen den Ball milder zu bewerten.

»Wenn mir kalt wird, wird es schwierig«, sagte Schmadtke. Dann werde er nämlich übellaunig, und das Urteil über einen Spieler, den er gerade beobachte, falle möglicherweise schlechter aus, als es an einem lauschigen Sommerabend der Fall wäre. Wie vielen Spähern mag es an einem verregneten Nachmittag in Osteuropa oder an einem eisigen Abend in Skandinavien ähnlich ergangen sein? Bibbernd und in mieser Stimmung übersahen sie vielleicht das raffinierte Spiel eines Außenverteidigers oder die Durchsetzungskraft eines Mittelstürmers, die dann zum Konkurrenten wechselten, weil dessen Späher bei Sonne und gutem Wetter kamen. Oder man überschätzt einen Spieler, weil man sich an einem lauschigen Frühsommerabend unter südlicher Sonne in einem mit gut gelaunten Zuschauern voll besetzten Stadion befindet.

In den letzten Jahren ist den Wahrnehmungsfehlern allenthalben viel Aufmerksamkeit geschenkt worden. Das hat nicht zuletzt mit der Arbeit des israelischen Ökonomen Daniel Kahnemann zu tun, der für seine Arbeit auf diesem Feld mit dem Nobelpreis für Wirtschaft ausgezeichnet wurde. Sein Buch »Schnelles Denken, langsames Denken« war sogar ein globaler Bestseller. Er und andere Forscher haben inzwischen 188 Arten von Wahrnehmungsfehlern beschrieben, die teilweise miteinander verwandt oder verbunden sind. Immer sind sie auf die gleiche Ursache zurückzuführen: Wenn wir schnell denken, also nicht geduldig und analytisch, überschätzen wir uns und kommen zu Urteilen und Schlüssen, die schlichtweg nicht besonders gut sind. Sie sind damit sozusagen die übergeordnete Kategorie jener Probleme, die Stefan Reinartz und Jens Hegeler dazu brachten, ihre eigenen Spieldaten zu entwickeln. Wobei Daten allein nicht zwangsläufig zu besseren Urteilen führen, denn man kann auch sie wunderbar in Bestätigungsfehler verwandeln. Wenn man sich bei der Bewertung eines Spielers nämlich einfach jene Statistiken herauspickt, die den eigenen Eindruck bestätigen, und jene übersieht, die ihm widersprechen. Auch Trainer tun das mitunter, wenn sie mit Blick auf die Zahlen etwa kopfschüttelnd feststellen, dass ein Spieler deutlich weniger Zweikämpfe geführt hat als üblich, wie sie schon vermutet hatten, dafür aber vielleicht übersehen, dass dieser Spieler deutlich mehr Sprints angezogen hat, um gegnerische Passwege zu verstellen.

Als Fußballfan versteht man sofort, warum der große schweizerische Schriftsteller Max Frisch seine Romanfigur Theo Gantenbein sagen lässt: »Wir probieren Geschichten an wie Kleider.« Den Fußball kann man als eine gigantische Geschichtenfabrik betrachten, denn jede Saison ist wie eine Staffel einer großen Serie namens »Bundesliga«, »Champions League« oder »Weltmeisterschaft«. Sie entwickelt ihren eigenen Plot, und je mehr verrückte Wendepunkte die Geschichte hat, umso besser. Es gibt Außenseiter, die unverhofft zu Helden werden, ob Mannschaften oder Spieler. Jeder Wettbewerb, jede Liga, jeder Klub schreibt seine Story. Wer hat nicht die Geschichte von Leicester City geliebt, des größten Außenseiters, der jemals englischer Meister wurde? Und die seines Torjägers Jamie Vardy, dessen Karriere eigentlich schon gescheitert schien, als er in einem unterklassigen Amateurklub kickte und dabei eine elektronische Fußfessel tragen musste, weil er wegen Körperverletzung verurteilt war? Und es gibt jene Mannschaften, von denen es niemand erwartet, dass sie in eine Krise geraten. Wie ebenjener 1. FC Köln just in der Saison, als er endlich in den Europapokal zurückkehrte. Was übrigens dazu führte, dass Jörg Schmadtke den Klub im Laufe der Saison verließ. Als Max Frisch von den Geschichten sprach, die wir anprobieren wie Kleider, beschrieb er genau das, was in Köln passierte. Eben noch passte die Geschichte vom zwar eigensinnigen, aber genialen Manager mit dem perfekten Auge für Talente wie angegossen, dann musste schon die nächste her. In diesem Fall vom Manager, der zu eigensinnig geworden war und darüber den Blick für Spieler verloren hatte.

Als Sportvorstand des VfL Wolfsburg hingegen begann Schmadtke die alte Geschichte wieder fortzuschreiben. Hatte der Klub 2018 noch in der Relegation um den Klassenerhalt in der Bundesliga spielen müssen, erreichte er im Sommer 2019 die Europa League. Einen Spitzenstürmer hatte Schmadtke auch gleich wieder gefunden: den Holländer Wout Weghorst, der für knapp elf Millionen Euro aus Alkmaar kam und in seiner ersten Bundesligasaison gleich 17 Tore schoss.

Wie diese Geschichtenproduktion funktioniert, wissen wir von uns selbst. Wir versuchen schließlich auch, aus den vielen Momenten und Einzelwahrnehmungen unseres Lebens eine irgendwie schlüssige Erzählung über uns zusammenzubasteln. Was da erzählt wird, ist zudem in beständigem Wandel. Kaum jemand erzählt heute noch dieselbe Geschichte über sich wie vor zehn Jahren. Andere Umstände sind wichtiger geworden, während wir den Lebensweg weitergegangen sind, und deshalb schauen wir auch auf unsere Vorgeschichte wieder anders. Das ist übrigens nicht notwendigerweise eine Lüge oder eine mutwillige Verbiegung der Fakten, sondern einfach der tief verwurzelte Wunsch, alles in sinnvoll schlüssig erscheinende Geschichten zu packen. Auch dafür gibt es einen Begriff: *Story Bias.*

Schauen wir beim Fußball, welche Geschichten wir anprobieren, wenn Trainer von Spiel zu Spiel große taktische Veränderungen vornehmen, viele Spieler wechseln oder gar beides tun. Bei Pep Guardiola ist das inzwischen zum festen Bestandteil der Story über ein Genie geworden, das die Grenzen des Denk- und Machbaren im Fußball immer weiter hinausschiebt. Diese positive Wahrnehmung hat aber nicht zuletzt damit zu tun, dass die von Guardiola betreuten Teams meistens gewinnen. Das jedoch ließe sich auch dadurch erklären, dass Guardiola stets die teuersten oder zweitteuersten Mannschaften eines Landes trainiert hat, die den meisten Konkurrenten also wirtschaftlich klar überlegen waren. In Barcelona, München und Manchester arbeitete er daher mit den besten Spielern zusammen. Meistens hatten sie in den Jahren vor ihm schon gewonnen und taten es weiter, nachdem Guardiola weg war. Vermutlich hätten diese Teams die meisten Spiele auch ohne avancierte taktische Entscheidungen gewonnen.

Trainer, die taktische Variabilität bei Klubs versuchen, die nicht so wirtschaftsstark sind und folglich öfter mal als Verlierer vom Platz gehen, laufen hingegen Gefahr, eine andere Story verpasst zu bekommen. Bei ihnen heißt es schnell, »Sie haben ihre Mannschaft noch nicht gefunden« oder »Ihnen fehlt die klare Linie«. Im Englischen gibt es sogar einen eigenen Begriff dafür: Tinkerman. Das sind Trainer, die an Aufstellung und Taktik herumbasteln, und – man ahnt das schon – diese Bezeichnung ist nicht nett gemeint. Ein berühmter Tinkerman war Claudio Ranieri – bis er beim Sensationsmeister Leicester City zum Genie aufstieg, dem in Leicester sogar ein Denkmal gebaut wurde. Er spielte in jener Saison fast immer mit der gleichen Startaufstellung und setzte weniger Spieler ein als die meisten anderen Teams der Liga. Als er in der Saison darauf mit seiner Mannschaft in der Champions League spielte, aufgrund der Belastung häufiger die Startformation veränderte und erwartungsgemäß mehr Spiele verlor, stand er bald wieder unter dem Verdacht, an seiner Mannschaft herumzubasteln. Geschichten zu erzählen, gehört eben zur menschlichen Grundausstattung, und wir können dem kaum entgehen, selbst wenn wir wollten. Es ist aber nicht unbedingt hilfreich, wenn man Probleme analysieren und lösen will.

Wahrnehmungsfehler gibt es überall: bei der Arbeit, in den Beziehungen zu Menschen oder bei der Bewertung politischer Vorgänge. Und so finden sie sich in großer Zahl auch im Fußball. Die *Clustering Illusion* etwa lässt uns in der Häufung von Ereignissen vermeintliche Muster ausmachen. Wenn eine Mannschaft also in zwei Spielen hintereinander Gegentore nach Eckbällen oder Freistößen bekommen hat, beginnt mit Sicherheit eine Diskussion über die Anfälligkeit nach Standards. Bei späten Gegentreffern wird bestimmt über die körperliche Verfassung des Teams geredet. Das mag in beiden Fällen sogar richtig sein, aber nach wenigen Spielen können wir darüber keine haltbare Aussage machen, weil die Datengröße einfach zu klein ist.

Im Fußball besonders beliebt ist der *Hindsight Bias*, also der Rückschaufehler. Man kann ihn in einem Satz so zusammenfassen: Wir haben es hinterher immer schon vorher gewusst. Wenn eine Mannschaft überraschend an der Spitze steht oder unversehens im Abstiegskampf landet, denkt man wahrscheinlich irgendwann: Das hatte ich doch geahnt. (Was auch damit zu tun hat, dass wir unsere Fähigkeit zu urteilen sowieso ständig überschätzen.) Wir haben daher immer schon geahnt, dass aus einem Spieler etwas wird oder eben nicht. Gut, kaum jemand wird behaupten, dass er das Wunder von Leicester und den Aufstieg von Jamie Vardy zu einem Superstar vorausgesagt habe. Aber ansonsten haben wir eine starke Neigung, unsere Voraussagen besser in Erinnerung zu haben, als sie wirklich waren. Eine schöne Übung in Demut ist es daher, seine Voraussagen vor einer Saison mal aufzuschreiben und hinterher draufzuschauen.

In der Natur des Fußball als eines Spiels, in dem anders als im Basketball oder Handball schon ein Tor entscheiden kann, liegt es, dass Einzelereignisse in unserer Erinnerung stärker hängen bleiben. Fußball ist daher in der Wahrnehmung vieler Fans ein Spiel der großen Momente. Ein fantastisches Tackling, ein tödlicher Pass und natürlich der Fernschuss in den Winkel bleiben in Erinnerung. Diese Momente werden oft über Jahre weitererzählt, um sie ranken sich Mythen, und sie bestimmen unsere Wahrnehmung des Spiels. Der Begriff der *Verfügbarkeitsheuristik* beschreibt unsere Annahme, dass etwas wichtig sein muss, wenn man sich daran erinnert. So gibt es Stürmer, bei denen man sich vor allem an ihre vergebenen Großchancen erinnert. Oder man wird immer wieder an sie erinnert, weil sie in den sozialen Netzwerken immer wieder auf Vorlage kommen. In jedem Land gibt es andere Erinnerungen. Die größte vergebene Torchance der Bundesligageschichte geht auf den Dortmunder Stürmer Frank

Mill, der bei einem Spiel beim FC Bayern nicht nur alleine auf den Münchner Torwart zulief, sondern Jean-Marie Pfaff auch noch umspielte, um dann aus fünf Metern Entfernung den Außenpfosten zu treffen. Das Gegenstück dazu in England ist eine vergebene Torchance von Liverpools Stürmer Ronny Rosenthal gegen Aston Villa. »Den hätte sogar meine Oma reingemacht«, heißt es dort bis heute.

Auch in einem Sportspiel wie Basketball gibt es natürlich Würfe, die Meisterschaften entschieden haben und unvergesslich geblieben sind. Aber wie sollen beim 102:93 einzelne Würfe die Story eines Basketballspiels definieren? Vielleicht ist auch so zu erklären, dass Spiele, in denen viele Punkte gemacht oder viele Tore erzielt werden, strukturierter und komplexer wahrgenommen werden als Fußball. Im Fußball hält man sich an Einzelmomenten fest und interpretiert das Spiel von dort. In den US-Sportarten funktioniert das nicht, und vielleicht erklärt auch das die Allgegenwart statistischer Analysen.

Nun könnte man sagen, dass all diese Wahrnehmungsfehler eben zur Folklore des Fußballs gehören und sogar einen Teil des Vergnügens ausmachen. Das ist aus der Perspektive des Fans nicht falsch, problematisch wird es nur, wenn wichtige Entscheidungen auf der Basis von Wahrnehmungsfehlern gefällt werden. Wenn also Manager, Trainer oder sonstige Entscheider eher passende Geschichten ausprobieren, als eine Situation sorgfältig zu analysieren, wenn sie also schnell denken und nicht langsam.

Das gilt vor allem im Zusammenhang mit der Mutter aller Wahrnehmungsfehler im Fußball, dem sogenannten *Outcome Bias*. Damit ist unsere Tendenz gemeint, Bewertungen vom Ergebnis her zu konstruieren und uns nicht mit den Intentionen zu beschäftigen. Einfacher gesagt: Wenn etwas geklappt hat, gehen wir eher davon aus, dass der Plan oder die vorangegangenen Entscheidungen richtig waren. Stimmte das Ergebnis nicht, müssen sie schlecht gewesen sein. Im Fußball schlägt das besonders durch, weil jedes Spiel ein Ergebnis hat, sogar ein in Zahlen messbares. Hat eine Mannschaft verloren, werden die Leistungen der Spieler oder die taktischen Entscheidungen der Trainer meistens deutlich kritischer gesehen als bei einem Sieg. Nun kann man einwenden, dass das doch, bitte schön, angemessen ist. Das mag sein, allerdings sind wir schon beim nächsten ganz großen Problem des Fußballs, denn zwischen Leistung und Ergebnis klafft oft genug eine Lücke.

Die Macht des Zufalls

Zufall spielt im Fußball eine größere Rolle, als wir wahrhaben wollen, inzwischen können wir ihn sogar berechnen. Und wenn Jürgen Klopp das getan hätte, wäre er vielleicht nie Trainer des FC Liverpool geworden.

Den muss er machen!

Als das Ende verkündet wurde, hatten alle Tränen in den Augen. Am 15. April 2015 saß Jürgen Klopp, damals noch Trainer von Borussia Dortmund, neben Geschäftsführer Hans-Joachim Watzke und Sportdirektor Michael Zorc im Presseraum des Dortmunder Stadions, und es wurde eine bewegende Pressekonferenz. Es galt, den Abschied von Jürgen Klopp zu verkünden, denn am Ende der Saison würde er den Verein verlassen, nach sieben Jahren mit zwei deutschen Meistertiteln, einem Pokalsieg und dem Erreichen des Finales der Champions League. Klopp würde einen völlig veränderten Klub hinterlassen: Als er gekommen war, war der BVB knapp der Insolvenz entgangen – nun stand er wirtschaftlich stark und in der ganzen Welt für seinen aufregenden Fußball bestaunt da.

Mit brüchiger Stimme sprach Watzke seinem Trainer »ewigen Dank« aus und beschwor ihre persönliche Freundschaft. Kurz standen sie auf, um sich zu umarmen.

Dann sagte Klopp: »Für mich war immer klar: In dem Moment, wo ich nicht mehr der perfekte Trainer für diesen außergewöhnlichen Klub bin, würde ich es sagen. Ich war mir nicht sicher, dass ich es nicht mehr bin. Aber ich konnte es nicht eindeutig bejahen.«

Als sie das Ende einer Ära ankündigten, war der BVB Zehnter in der Bundesliga. Vor der Saison hatte Klopp den Abgang des Bundesliga-Torschützenkönigs Robert Lewandowski zum FC Bayern zu beklagen gehabt, des wichtigsten Spielers seiner Mannschaft. Die Dortmunder hatten nicht einmal eine Ablösesumme bekommen, weil sie den Polen bis zum Ablauf des Vertrags hielten. Er war durch den Torschützenkönig der Serie A ersetzt worden, den Italiener Ciro Immobile. Von Hertha BSC war der Stürmer Adrian Ramos gekommen, und Dortmunds Publikumsliebling Shinji Kagawa war von Manchester United zurückgekehrt, wo er sich nicht hatte durchsetzen können. Dazu kam noch der als hoch talentiert geltende Defensivspieler Matthias Ginter aus Freiburg. Die Transfers hatten insgesamt gut 50 Millionen Euro gekostet, für damalige Verhältnisse in der Bundesliga war das eine gewaltige Investition.

Die Saison begann spektakulär, wenn auch nicht auf eine Weise, wie Klopp sich das gewünscht hätte. Beim ersten Bundesligaspiel, an einem schönen Augustsamstag in Dortmund, ging der Gast aus Leverkusen schon nach neun Sekunden in Führung. Es war das schnellste Tor der Bundesligageschichte, am Ende siegte Bayer mit 2:0. Es war der missratene Auftakt einer schlimmen Hinrunde. An deren letztem Spieltag war der Tiefpunkt erreicht, Borussia verlor 1:2 in Bremen, und wäre die Niederlage nur ein Tor höher ausgefallen, hätte der Bundesligazweite des Vorjahres seine schlechteste Hinrunde seit fast drei Jahrzehnten als Tabellenletzter abgeschlossen. »Wir stehen da wie die Vollidioten«, stellte Klopp fest.

Doch nach dem Ende der Hinrunde veröffentlichte der Blogger Colin Trainor auf der englischen Website *statsbomb.com* eine wegweisende Analyse der Situation in Dortmund. Trainor lebt in der nordirischen Grafschaft Armagh und war weder Insider noch Fan des BVB, er hatte in jener Saison nicht mal ein Spiel der Borussen gesehen. Der Wirtschaftsprüfer bei einer Bank war einfach neugierig gewesen, warum eine der besten Mannschaften Europas der vorangegangenen Jahre plötzlich im Tabellenkeller gelandet war. Um die Situation zu analysieren, stützte er sich ausschließlich auf Spielstatistiken der Bundesligasaison.

»Der Gebrauch von Analytik kann uns zu beurteilen helfen, ob bestimmte Ergebnisse aus großen Fähigkeiten resultieren oder einfach zufälligen Umständen geschuldet sind«, schrieb Trainor. Auf der Suche nach einer Antwort im Dortmunder Fall kam er zu der Einschätzung, dass Klopps Mannschaft in der Hinrunde der Saison 2014/15 25 Tore hätte schießen müssen, während sie in Wirklichkeit nur 17 Treffer erzielt hatte. Eigentlich hätte sie auch nur 17 Gegentreffer hinnehmen dürfen statt der 26, die sie kassiert hatte. Anstelle eines Torverhältnisses von 18:26, das die Bundesligatabelle auswies, hätte es also 25:17 heißen müssen. Daraus folgte: Viele Spiele hätten anders ausgehen müssen, als es der Fall gewesen war. Aufgrund der aus diesen Ergebnissen abgeleiteten *Expected Points (xPts)* kam Trainor zu einem spektakulären Ergebnis: Klopps Mannschaft hätte nicht auf dem vorletzten, sondern auf dem vierten Platz stehen müssen.

Position	Mannschaft	xPts	Punktestand	Abweichung
1	Bayern München	41	45	+4
2	VfL Wolfsburg	30	34	+4
3	Bayer Leverkusen	30	28	–2
4	Borussia Dortmund	30	15	–15
5	Eintracht Frankfurt	26	23	–3

Quelle: statsbomb.com

Nur, wie kam dieser Typ aus Nordirland, der kein Spiel des BVB gesehen hatte, zu der verwegenen Behauptung, dass die Dortmunder 15 Punkte mehr hätten haben müssen?

Um das zu verstehen, müssen wir uns bewusst machen, dass Fußball ein Spiel der Wahrscheinlichkeiten ist. Jeder Fußballfan hat irgendwann schon mal den Satz gesagt: »Den muss er machen!« Man würde diesen Satz sagen, wenn ein Stürmer aus fünf Metern unbedrängt aufs Tor köpft oder einen Ball nur noch ins leere Tor schieben muss. Wie Frank Mill oder Ronny Rosenthal. Über einen Schlenzer von der Strafraumkante ins lange Eck hingegen würden wir das nicht sagen. Wir gewichten Abschlüsse nämlich intuitiv danach, wie groß die Chance ist, dass sie ins Tor gehen. Wir tun das bei jedem Spiel, wenn wir mit anderen Fans darüber diskutieren, welche Mannschaft den Sieg verdient hat. Klar, das ist die Mannschaft mit den besseren Chancen!

Wir gehen das nicht systematisch an und versuchen die Größe einer Torchance genau zu quantifizieren, aber das ist möglich. Nehmen wir den einfachsten Fall: den Elfmeter. Die Chance, dass ein Elfmeter ins Tor geht, beträgt in der Bundesliga 74,69 Prozent. Von den 4561 Elfmetern, die von ihrem Start im Jahr 1963 bis zum 1. Januar 2018 verhängt wurden, gingen 3474 ins Tor. Der Rest, fast ein Viertel, wurde gehalten, flog am Tor vorbei oder wurde im Nachschuss verwandelt. Dieser Wert gilt übrigens mit minimalen Abweichungen in den meisten Wettbewerben, wo ebenfalls im Schnitt einer von vier Elfmetern nicht ins Tor geht.

Man kann dieses Verfahren für andere Situationen wiederholen, wenn man weiß, von wo aus Torschüsse abgegeben worden sind und aus welchen Spielsituationen heraus, denn es ist natürlich ein Unterschied, ob das aus dem Spiel heraus oder nach Freistößen passiert. Aufgrund der allgegenwärtigen Datenerhebung beim Fußball ist das heute bei den meisten Spielen internationaler Profiligen möglich. Wenn man von Zehntausenden Torschüssen aus Tausenden von Spielen erfasst hat, von welcher Stelle sie abgegeben wurden und ob sie zu Toren führten, ergibt sich eine besondere Karte des Spielfelds. Man kann dann nämlich ziemlich genau sagen, wie hoch die Wahrscheinlichkeit ist, von einem bestimmten Punkt aus ein Tor zu schießen.

Diese Karte ist noch roh, auch ein paar rare Zufallstreffer finden sich hier, etwa von der Seitenauslinie auf Höhe des Strafraums. Sie tauchen dort sogar mit hohen Werten auf, weil von diesen Positionen fast nie Torschüsse abgegeben werden, aber mal ein Glückstreffer reingegangen ist. Auch ohne größere Rechenoperationen angestellt zu haben, sagt einem die Erfahrung, dass es für Torschüsse bessere und schlechtere Punkte auf dem Platz gibt. Bereits in den 1990er-Jahren forderte Volker Finke als Trainer beim SC Freiburg von seinen Spielern, dass sie nicht von außerhalb des Strafraums schießen sollten, weil dann

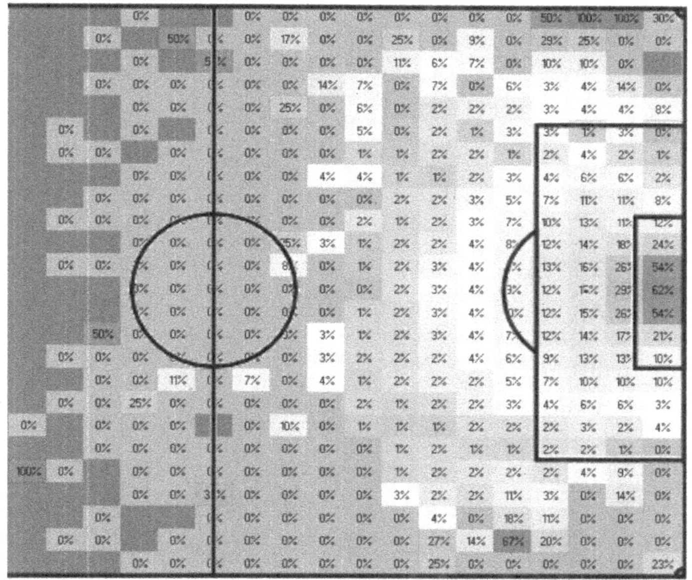

Quelle: 21st Club

die Wahrscheinlichkeit niedriger ist zu treffen als aus dem 16-Meter-Raum. Mit der obigen Karte, die es wegen fehlender Daten damals noch nicht geben konnte, hätte er es ihnen genau zeigen können.

Jedem Fan ist klar, dass es ein besonderes Ereignis war, als Marco Van Basten im Finale der Europameisterschaft 1984 das 2:0 gegen die Mannschaft der UdSSR erzielte. Denn der Holländer gab seinen Schuss aus »unmöglichem Winkel« ab, wie man gemeinhin sagt. Ganz unmöglich war er jedoch nicht, aber die Wahrscheinlichkeit, dass sein Schuss von der Position an der Torauslinie kurz außerhalb des Fünfmeterraums ins Tor gehen würde, war äußerst gering. Wie hoch bzw. niedrig sie ist, kann man nun genau sagen: zwei Prozent. Wenn van Basten 50-mal von dort aus geschossen hätte, hätte er statistisch gesehen einmal getroffen. Klarer Fall: Den musste er nicht machen!

Wenn man nun alle Schüsse nimmt, die eine Mannschaft im Laufe eines Spiels abgibt, und schaut, mit welcher Wahrscheinlichkeit sie ins Tor gegangen wären, erhält man einen Gesamtwert. Er wird *Expected Goals* genannt und xG abgekürzt. Der Schuss von van Basten gegen die UdSSR mit seiner Zwei-Prozent-Wahrscheinlichkeit würde mit 0,02 in die Rechnung eingehen, ein Elfmeter mit 0,75. Wir erinnern uns: Zu rund 75 Prozent ist ein Elfmeter ein Tor. Um den Wert genauer zu machen, wird die jeweilige Spiel- und Abschlusssituation in Rechnung gestellt. Schließlich ist ein Schuss aus zehn Metern gefährlicher als ein Kopfball, oder ein Schuss nach Konter bedeutet eine höhere Chance auf ein Tor, weil der Gegner dabei meist weniger geordnet ist, als wenn man auf eine stehende Abwehr zuspielt. Abschlüsse nach Standardsituationen werden ebenfalls eigengewichtet. Die Erfolgsquote je nach Spielsituation ist unterschiedlich, wie man in dieser Übersicht aus der Premier League sehen kann.

	Aus dem Spiel	**Konter**	**Ecken**	**Freistöße**
Angriffe/Tore	6467/534	1116/166	1115/100	539/26
Erfolgsquote	8,26%	14,87%	8,97%	4,82%

Quelle: STATS

Natürlich spielt dabei eine Rolle, wie viele Spieler sich zwischen Torschützen und Tor befinden, wie wir noch genauer sehen werden. Man ahnt also, dass es komplexe mathematische Modelle braucht, um die Wahrscheinlichkeit genau zu erfassen.

Nun könnte man denken: Das ist alles schön und gut, es gibt aber bessere und schlechtere Spieler. Wenn Cristiano Ronaldo, Lionel Messi oder Harry Kane schießen, ist die Chance auf einen erfolgreichen Torschuss höher als bei Berufskollegen, die nicht mit so einem sensationellen Talent gesegnet sind. Dieser Einwand ist richtig, es gibt Unterschiede, aber sie sind im Spitzenfußball erstaunlich gering. Der englische Fußballanalytiker Omar Chaudhuri, von dem auch die obige Schusskarte stammt, hat das am Beispiel von Cristiano Ronaldo nachgewiesen. Für das englische Beratungsunternehmen 21st Club hat er die 1490 Torschüsse untersucht, ausgenommen Elfmeter, die Ronaldo zwischen 2010 und 2017 im Trikot von Real Madrid bei Ligaspielen abgab. 13,3 Prozent seiner Schüsse trafen ins Tor, was etwas über dem Durchschnitt der spanischen Liga von 11,1 Prozent lag. Chaudhuri schloss daraus, dass einer der besten Stürmer der Gegenwart aufgrund seiner Klasse im Abschluss ein oder zwei Tore mehr pro Saison erzielt.

Außergewöhnlich macht ihn etwas anderes: Cristiano Ronaldo schießt viel häufiger aufs gegnerische Tor als alle anderen Stürmer; er kommt auf durchschnittlich fast sieben Abschlüsse pro Spiel, was ein unglaublich hoher Wert ist. Fast noch wichtiger ist aber: Er tut das zumeist aus guten Positionen, also von Positionen mit einem hohen Wert bei den *Expected Goals.* Dass Ronaldo das tut, hat auch mit seinen großartigen Mitspielern zu tun und mit seinem Sinn für gefährliche Räume. Vielleicht hat ihm mal jemand erzählt, von wo aus es für ihn wahrscheinlicher zu treffen ist, aber es gehört vermutlich zu seinem Talent, das intuitiv zu wissen. Chaudhuri kam zu dem Schluss, dass Ronaldo deshalb acht bis zehn Tore pro Saison mehr erzielt als ein durchschnittlicher Stürmer, weil er bessere Positionen zum Schießen findet. Wenn man sich die Werte anderer Spitzenstürmer anschaut, sieht man ein ähnliches Muster: Sie schießen viel, und sie tun es von erfolgversprechenden Positionen.

Für solche Erkenntnisse fehlten bis vor wenigen Jahren schlicht Daten in ausreichend großer Zahl und ein mathematisches Konzept. Erfinder der *Expected Goals* ist der Engländer Sam Green, der das Konzept im April 2012 erstmals beschrieb. Green arbeitete damals bei OptaPro, der Abteilung des Datendienstleisters, der die Analysten der Klubs mit Informationen beliefert, die über das hinausgehen, was normalerweise in den Medien zu finden ist. Zur Arbeit von OptaPro gehört es auch, neue Metriken zu entwickeln, und die *Expected Goals* wurden ein sofortiger Hit. In der kleinen, aber weltumspannenden Szene von Bloggern, die sich mit Fragen der Datenanalyse im Fußball beschäftigen, begannen viele sofort, ihre eigenen Modelle für *Expected Goals* zu entwickeln oder interessante Ableitungen zu treffen.

Das Schicksal in der Unterhose

Auch Colin Trainor im fernen Nordirland hat sein eigenes Modell für *Expected Goals,* und als Borussia Dortmund im Winter 2014 auf einem Abstiegsplatz stand, stellte er kopfschüttelnd fest, dass er so eine krasse Abweichung zwischen den *Expected Goals* und wirklichen Toren noch nie gesehen hatte. Entsprechend resümierte er über die

Dortmunder Aussichten: »Selbst wenn die Leistung nicht besser wird, bin ich ziemlich zuversichtlich, dass Dortmund in der Tabelle weiter nach oben klettern wird.« Er wollte damit sagen, dass die Leistung (so grauselig sie auf viele BVB-Fans wirkte) besser als die Ergebnisse war. Der BVB hatte schlichtweg Pech, und das über eine lange Zeit. Weil Fußball aber kein Glücksspiel ist, würde die Pechsträhne vorbeigehen. Es fragte sich nur, wann.

Nun sollte man es sich mit den *Expected Goals* nicht zu einfach machen und deren Ergebnis gleich zum wahren Spielergebnis erklären. Man muss verstehen, dass *Expected Goals* eine mathematische Näherung sind, die einem Algorithmus entspringen. Der Begriff Algorithmus ist eines dieser geheimnisvollen Wörter des Digitalzeitalters, die für die Nicht-Experten irgendwas schwer Fassbares beschwören. Was mit Daten und Computern, beeindruckend und beängstigend zugleich. Dabei sind Algorithmen nichts anderes als Handlungsanweisungen, was getan werden soll, um ein Problem zu lösen. Ein Algorithmus wird von einem Menschen entwickelt, der etwa wissen will, von wo auf dem Fußballfeld man in welcher Spielsituation mit welcher Wahrscheinlichkeit ins Tor trifft. Wie gut dieser Algorithmus das kann, hängt davon ab, wie gut derjenige, der ihn geschrieben hat, das Problem vorher durchdrungen hat. Außerdem, wie gut oder umfangreich seine Daten sind. So gibt es unterschiedliche Algorithmen, um die *Expected Goals* zu berechnen, die zu unterschiedlichen Ergebnissen kommen, wenn auch nicht zu eklatant unterschiedlichen.

Und noch etwas dürfen wir beim Blick auf die *Expected Goals* nicht vergessen: Jedes Spiel hat seine eigene Geschichte, und dazu gehört nicht nur, wie viele Torgelegenheiten die Mannschaften haben, sondern auch, zu welchem Zeitpunkt etwas passiert. Der Holländer Sander Ijtsma, ein gelernter Chirurg aus Groningen, hat, um das abzubilden, die von ihm so benannten *xGplots* entwickelt. Diese *Expected Goals Plots,* die entlang der Zeitachse von 90 Minuten auf besondere Weise die Handlung des Spiels erzählen, liefern einem noch mal ein besseres Verständnis, wie man am besten mit den *Expected Goals* hantiert. Anhand einiger Spiele von der Weltmeisterschaft 2018 in Russland kann man das ganz gut nachvollziehen.

Die meisten Zuschauer werden als spektakulärste Partie des Turniers wohl das Spiel zwischen Brasilien und Belgien in Erinnerung haben, das der Außenseiter sensationell gewann. Wahrscheinlich wird deshalb in Belgien noch in Jahrzehnten über dieses Spiel erzählt werden, das letztlich den Weg zum dritten Platz ebnete, der besten Platzierung in der Fußballgeschichte des Landes. Was dabei vermutlich immer weniger erzählt wird, ist, dass der Sieg sehr glücklich war. Wen Begriffe wie Glück und Pech in diesem Zusammenhang stören, der kann es auch sachlicher formulieren: Aufgrund der Qualität der Torchancen hatte Belgien ein vierprozentige Chance, die Partie in der regulären Spielzeit zu gewinnen. Wenn die beiden Mannschaften dieses Spiel hundert Mal genauso ausgetragen hätten, hätte Belgien vier dieser Spiele gewonnen und 84 verloren. Sie profitierten von einem frühen Eigentor der Brasilianer und einem Kontertor von de Bruyne. In der zweiten Halbzeit hatten sie nur noch eine kleine Torchance und verteidigten ansonsten gegen die Brasilianer, die ihre zahlreichen und teilweise auch guten Torchancen bis auf eine Ausnahme nicht nutzen konnten.

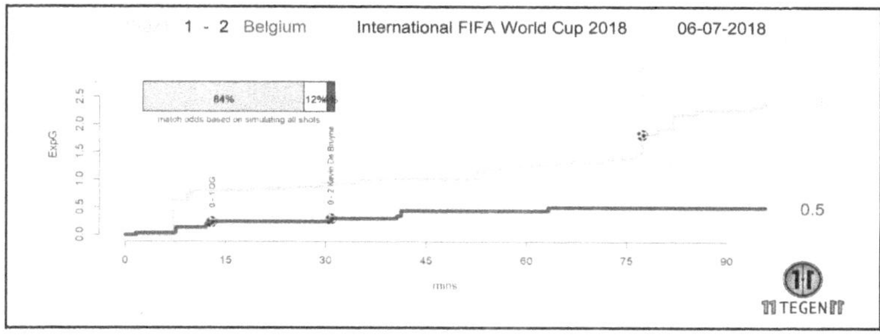

Quelle: 11 gegen 11

Ein extremes Gegenstück zu dieser dramatischen Partie war die Begegnung zwischen Senegal und Kolumbien am letzten Spieltag der Vorrunde. Die Südamerikaner mussten das Spiel gewinnen, um weiterzukommen, während die Afrikaner nur ein Remis benötigten. Senegal verhinderte das kolumbianische Spiel bis eine Viertelstunde vor Schluss fast komplett, dann kassierten sie ein Gegentor nach Ecke und schafften es ihrerseits nicht mehr, gefährliche Torchancen herauszuspielen. Bekanntlich schied Senegal anschließend aufgrund der Fair-Play-Regel aus. Nachdem Punkte und Tore mit Japan identisch waren, entschied die Zahl der Gelben Karten.

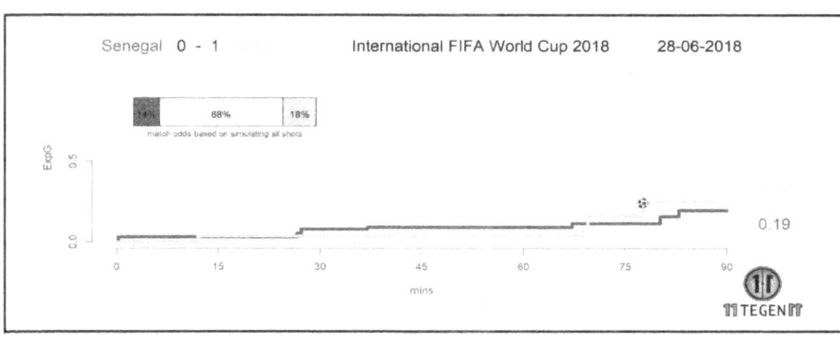

Quelle: 11 gegen 11

Der Auftritt der Mannschaft von Jogi Löw in Russland gehört sicherlich zu den Tiefpunkten der deutschen WM-Geschichte. Doch wenn man auf den Verlauf des letzten Gruppenspiels gegen die bereits ausgeschiedene Mannschaft aus Südkorea schaut, dann zeigt sich, dass die 0:2-Niederlage durchaus unglücklich war. Dafür steht nicht nur das Verhältnis von 2,55 xG für Deutschland zu 1,76 xG Südkoreas. Spätestens in der zweiten Halbzeit spielte die deutsche Mannschaft einen deutlichen Vorteil in Sachen Chancenqualität heraus, während die Koreaner überhaupt nicht mehr gefährlich waren. Dass sie überhaupt auf 1,76 xG kamen, lag vor allem an den beiden Gelegenheiten in den Schlussminuten, die zu Toren führten, als die deutsche Mannschaft auf jede Abwehr verzichtete, um den Führungstreffer zu schießen, der sie in ein Achtelfinalspiel gegen Brasilien geführt hätte.

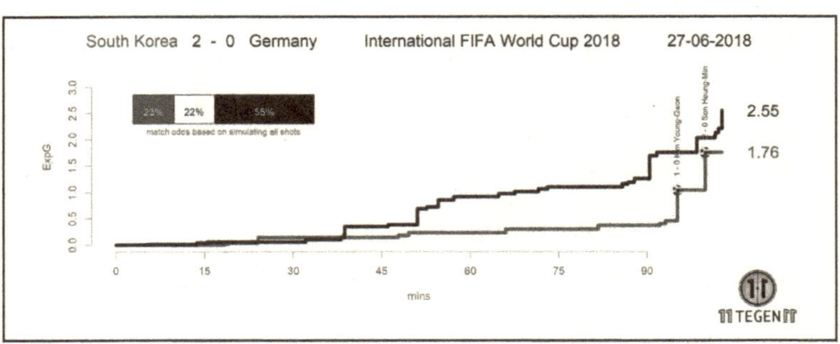

Quelle: 11 gegen 11

Man sieht anhand dieser *xGPlots,* dass sich Tore und Torchancen im Verlauf eines Spiels aufeinander beziehen. Letztlich decken sich die Werte zumeist mit unserer intuitiven Wahrnehmung des Spiels – jedenfalls, wenn wir als Neutrale zuschauen. Als Fan nimmt man Spiele oft anders wahr, vermutlich so ähnlich wie die Beteiligten auf und am Platz. Dem Niederländer Sander Ijtsma war in dem Zusammenhang nämlich etwas Erstaunliches aufgefallen. Er erzählte mir, dass er sich gerne die Bewertung eines Spiels von den beteiligten Trainern anhört und anschließend die Chancenverteilung seiner *Expected Goals Plots* anschaut. »Die Trainer sind fast immer sehr präzise darin, die eigenen Torchancen zu erfassen, aber oft ist ihre Wahrnehmung der Torgelegenheiten des Gegners deutlich ungenauer.«

Die Erfassung der *Expected Goals* sagt natürlich nichts über andere Aspekte von Glück und Pech aus, die im Fußball eine Rolle spielen. Schaut man sich etwa die Chancenverteilung des WM-Finales 2018 zwischen Frankreich und Kroatien an, dann sieht es auf den ersten Blick so aus, als würde das Ergebnis in Ordnung gehen. Doch Frankreich profitierte beim 1:0 nicht nur davon, dass Kroatien das erste Eigentor in einem WM-Finale erzielte. Der vorangegangene Freistoß folgte einer ebenso umstrittenen Schiedsrichterentscheidung wie der Elfmeter, den Griezmann zum zweiten französischen Tor verwandelte. Ohne diese beiden Aktionen hätte Kroatien bei den *xGs* deutlich die Nase vorne gehabt.

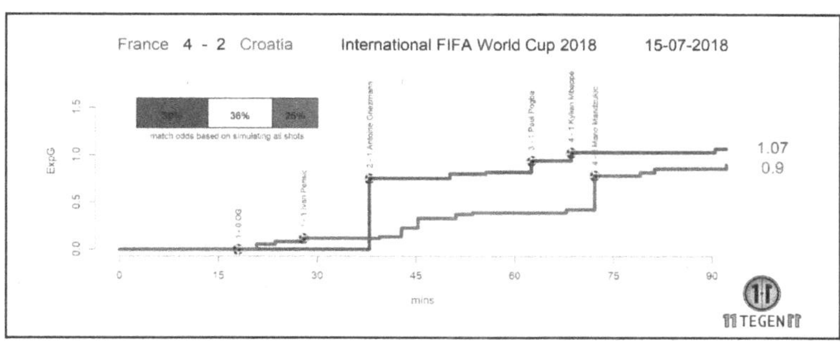

Quelle: 11 gegen 11

Die xGs sind also nicht das »wahre« Ergebnis, aber sie schärfen den Blick auf ein Spiel deutlich. Wir alle wissen schließlich, dass gar nicht so selten die bessere Mannschaft verliert, wie Brasilien gegen Belgien. Darin unterscheidet sich Fußball von allen anderen Ballsportarten. Dieser Umstand erklärt sich aus dem schon im Zusammenhang mit den Wahrnehmungsfehlern erwähnten Umstand, dass im Fußball vergleichsweise wenige Tore fallen. In der Bundesliga 2018/19 waren es 3,18 Tore pro Spiel, die meisten professionellen Fußballligen kommen auf einen Wert knapp darunter. In einem Basketballspiel hingegen landen oft mehr als hundert Würfe im Korb, beim Handball kommen die Teams auf rund 50 Tore und mehr pro Spiel, sodass einzelne Treffer weniger wichtig sind. Im Fußball gehen Spiele nicht selten seltsame Wege, wenn etwa eine hoch favorisierte Mannschaft gegen einen Außenseiter trotz Dauerbelagerung des Tores nicht trifft und der Underdog mit einem seiner wenigen Vorstöße den entscheidenden Treffer macht. Das sind Momente, die vom Schicksal erzählen und eine fast poetische Qualität haben. Manchmal scheint der Fußballgott auf Mannschaften zu deuten und zu beschließen, es gut mit ihnen zu meinen – und manchmal bitterböse. Bis heute macht genau das vor allem den Zauber von Pokalwettbewerben aus. Insgesamt hat das Zufallsmoment vermutlich sogar viel zur großen Popularität des Fußballs beigetragen. Aber ganz nüchtern heißt es auch: Leistung und Ergebnis sind im Fußball weniger eng miteinander verbunden als beim Basketball oder Handball.

Das hat eine interessante Folge, denn Fußballspieler, ihre Trainer und Manager sind in der Ausübung ihrer Profession in einem viel größeren Maße abergläubisch als die meisten anderen Berufsgruppen. Oder würden Sie morgens darauf achten, Ihren Arbeitsplatz zuerst mit dem linken Fuß zu betreten? Gehen Sie in Ihrem Glückspullover zu Geschäftsverhandlungen? Oder würden Sie bei schwierigen Besprechungen die Unterhose Ihres Arbeitskollegen tragen wollen? Genau das tat Gerrie Mühren, der legendäre Spieler von Ajax Amsterdam, der bei Spielen stets die Unterhose seines Mannschaftskameraden Sjaak Swart trug. Das war wirklich so, und die Fußballgeschichte ist voll mit solch seltsamen Anekdoten. Gary Lineker wechselte in der Halbzeitpause das Trikot, wenn er in der ersten Halbzeit kein Tor erzielt hatte. Der ehemalige deutsche Nationalstürmer Mario Gomez vertraut seit 18 Jahren auf dieselben Schienbeinschoner, die von Bastian Schweinsteiger stammen ebenfalls noch aus seiner Juniorenzeit. Giovanni Trapattoni setzte gleich auf göttliche Hilfe. Er hatte 2002 als italienischer Nationaltrainer bei Spielen plötzlich ein kleines Fläschchen mit Weihwasser in der Hand, das ihm seine Schwester geschenkt hatte, eine Nonne.

Besonders beliebt ist es im Fußball auch, etwas wieder genauso zu machen wie zu der Zeit, als man erfolgreich war. Bruno Pesaola fuhr als Trainer des AC Florenz Ende der 1960er-Jahre von einem Auswärtsspiel 500 Kilometer zurück nach Florenz und wieder zum Spielort – er holte eine Schallplatte, die er seiner Mannschaft vorspielen wollte, weil sein Team im vorangegangenen Spiel damit erfolgreich gewesen war. Und Dynamo Kiews Trainer Sergej Rebrov versuchte nach Siegen, den kommenden Spieltag insgesamt möglichst identisch zu gestalten. Er stand um die gleiche Zeit auf, aß das gleiche Essen und redete mit denselben Leuten.

Zur Beschwörung des Schicksals haben einige Spieler gänzlich bizarre Rituale entwickelt. Der ehemalige englische Nationaltorhüter David James spuckte an die Wand der Toilette im Stadion, dazu musste er dort aber allein sein. Der Ivorer Kolo Touré war so versessen darauf, als letzter Spieler seiner Mannschaft auf den Platz zu gehen, dass er bei einem Spiel der Champions League mit dem FC Arsenal beim AS Rom nach der Pause draußen stehen blieb. In dieser legendären Szene wartete er nämlich darauf, dass sein Mannschaftskamerad William Galas aus der Kabine kommen möge, wo er wegen einer Verletzung behandelt worden war. Aus diesem Grund spielte Arsenal zunächst zu neunt, und anschließend sah Touré sogar noch die Gelbe Karte, weil er unangemeldet auf den Platz stürmte.

Diese Beispiele aus der bunten Wunderwelt von Ritualen und Glücksbringern zeigt, wie viel Aufwand damit getrieben wird, den Zufall im Fußball gnädig zu stimmen. Zugleich aber wollen wir nicht wahrhaben, dass er wichtig ist. Ein tief verwurzelter Instinkt sagt uns schließlich, dass alles einen Grund hat. Warum sonst würden wir sogar versuchen, in Lottozahlen Muster zu erkennen. Bevor wir den Tippzettel ausfüllen und sechs aus 49 Zahlen ankreuzen, schauen wir nach den Zahlen, die schon lange nicht mehr gezogen wurden, nun also »dran« sein könnten. Nur haben Zahlen, die lange nicht dran waren, keine höhere Wahrscheinlichkeit, gezogen zu werden, denn die Maschine, die für die Ziehung benutzt wird, hat keine Erinnerung an die vorangegangenen Ergebnisse. Oder wir denken, dass eine gut verteilte Zahlenreihe wie 9, 17, 24, 31, 47, 55 eher gezogen wird als 13, 14, 15, 30, 31, 32. Dabei ist die Wahrscheinlichkeit für alle Zahlenkombinationen gleich, sie ist übrigens sogar genau berechenbar und liegt bei genau 1:13 983 816.

Fußball ist kein Lotto, das Spiel ist beileibe nicht komplett zufällig. Es ist wichtig, dass die Spieler den Umgang mit dem Ball gut beherrschen, dass sie fit sind und Ausdauer für ein ganzes Spiel haben. Der Trainer muss eine Strategie gemessen an ihren Fähigkeiten entwickeln und bei der Entscheidung für die Taktik die Stärken und Schwächen des Gegners bedenken. Doch was macht man, wenn der Zufall die Regie übernimmt?

Die Tabelle lügt

Bei der Bewertung eigener Leistungen gibt es einen Wahrnehmungsfehler namens *Self-serving Bias*, der auf Deutsch etwas unschön *selbstwertdienliche Verzerrung* heißt. Er beschreibt die weitverbreitete Neigung, eigene Erfolge eher eigenen Fähigkeiten und Fertigkeiten zuzuschreiben, während wir zur Erklärung von Misserfolgen eher äußere Ursachen wie den Zufall oder Pech heranziehen. Im Fußball finden wir dieses Phänomen in einer interessanten, quasi umgekehrten Variante. Es gibt nämlich fast so etwas wie das Verbot, Misserfolge auf andere Faktoren als die eigene Leistung zurückzuführen. Natürlich weiß jeder Trainer um das zufällige Element im Spiel, aber das eigene Pech zu benennen, unterliegt einem Tabu. Es gibt dafür Umschreibungen, bei denen die eigene Fehlleistung aber immer mitthematisiert werden muss. »Wir waren unglücklich im Abschluss, aber es hat uns auch die nötige Entschlossenheit vor dem Tor gefehlt«, wäre eine solche Formulierung, wie man sie fast jedes Wochenende hört. Man darf eigenes Pech leise erwähnen, aber bitte nur in Verbindung mit unüberhörbar lauter Selbstkritik.

Das könnte zu der Schlussfolgerung führen, dass die Leute im Profifußball gegenüber dem *Self-serving Bias* immun sind. Das jedoch stimmt gleich doppelt nicht. Es mag zwar keine unglücklichen Misserfolge geben, dafür gibt es aber auch keine glücklichen Siege. Es passiert äußerst selten, dass ein Spieler oder Trainer mal sagt: »Wir haben heute gewonnen, weil wir Glück hatten.« Diego Maradona hat sich sogar zu der Behauptung verstiegen: »Erfolg hat nichts mit Glück zu tun.« Stattdessen gibt es aber so übliche wie inhaltlich rätselhafte Formulierungen wie: »Wir haben heute das Glück gezwungen.«

Ich selbst habe während der Recherche zu diesem Buch mit vielen Spielern, Trainern oder Managern über das Element des Zufalls im Fußball zu reden versucht. Ich will nicht sagen, dass ich auf eine Mauer der Ablehnung gestoßen bin, aber fast alle würgten das Gespräch darüber schon im Ansatz ab. Die Begründung war einfach. Letztlich würde das Reden darüber nur zu Ausreden und nachlassender Anstrengung führen. Der Zufall wird dadurch zum Elefanten im Raum des Fußballs, über den niemand sprechen möchte. Vermutlich erklärt sich das weniger durch die Angst vor der Ausrede als durch die tief verwurzelte Annahme, dass alles einen Grund hat. Wenn wir sogar den Lottozahlen auf den Grund zu gehen versuchen, dann erst recht dem Ergebnis von Fußballspielen.

Im Sommer 2017 traf ich Peter Krawietz, der schon seit vielen Jahren zum Trainerteam von Jürgen Klopp gehört und beim FC Liverpool weiterhin an dessen Seite arbeitet. Als ich ihn fragte, ob ihnen in der vermaledeiten Hinserie ihrer letzten Saison beim BVB klar gewesen sei, dass sie kein Glück gehabt hatten, antwortete er mit einem schrägen Witz, den er häufiger macht. Es gibt ein erfundenes Zitat, das der deutsche Comedian Jan Böhmermann mal dem als etwas einfältig geltenden Lukas Podolski untergeschoben hatte. Es heißt: »Fußball ist wie Schach, nur ohne Würfel.« Krawietz sagte: »Ich würde das umdrehen: ›Fußball ist wie Schach, nur mit Würfeln.‹« Fußball wäre demnach ein strategisches Spiel, in dem der Zufall eine große Rolle spielt. Das war eine so witzige wie elegante Antwort, aber viel mehr war aus Krawietz zu dem Thema nicht herauszuholen, so ausführlich er mir auch erklärte, was sie damals in Dortmund alles versucht hatten, um wieder erfolgreicher zu werden. Allen Nachfragen zu Glück und Pech wich er beharrlich aus.

Weil Krawietz sich damit beispielhaft für seine Branche verhielt, kann eine der großen Unwahrheiten des Fußballs weiterleben, die da heißt: »Die Tabelle lügt nicht.« Man hört diesen Satz bis heute ständig in allen Fußballnationen. Damit wollen Spieler, Trainer und Manager sagen, dass sich Glück und Pech beim Torabschluss, bei falschen Schiedsrichterentscheidungen oder dem Fehlen verletzter Spieler im Verlauf einer Saison ausgleichen. Die Tabelle gebe am Ende einer Saison letztlich ein zutreffendes Bild der Leistungen ab. Das entspricht zwar unserer tief verwurzelten Sehnsucht nach Erklärung und Sinn, ist aber falsch. Oft genug lügt die Tabelle nämlich schamlos.

Einerseits ist es schlichtweg Unfug, dass sich Fehlentscheidungen der Schiedsrichter im Laufe einer Saison ausgleichen. Meistens ist es so, dass einer Mannschaft auf diese Weise eher ein paar Punkte fehlen oder sie zu viele auf dem Konto hat. Und nicht selten sind es genau jene Punkte, die den Unterschied zwischen Klassenerhalt und

Abstieg, zwischen Meisterschaft und Platz zwei ausmachen.

Wenn man die Differenz zwischen Leistung und Erfolg genauer in den Blick nimmt, stößt man auf interessante Phänomene, etwa auf die Geschichte von Newcastle United in der Spielzeit 2011/12. Die Mannschaft wurde damals von Alan Pardew trainiert, und sein Team belegte am Ende der Saison überraschend den fünften Platz in der Premier League. Fans der Magpies werden sich gerne an die erfolgreichste Saison der letzten 15 Jahre erinnern und an das wundersame Erscheinen von Papiss Cissé, der im Januar 2012 vom SC Freiburg aus der Bundesliga kam, um anschließend in 14 Spielen 13 Tore zu erzielen. Die Abschlusstabelle sah so aus:

Mannschaft	Spiele	Tordifferenz	Punkte
1. Manchester City	38	+64	89
2. Manchester United	38	+56	89
3. Arsenal	38	+25	70
4. Tottenham	38	+25	69
5. Newcastle	**38**	**+5**	**65**
6. Chelsea	38	+19	64
7. Everton	38	+10	56

Was gleich auffällt, ist Newcastles vergleichsweise niedrige Tordifferenz von nur fünf mehr geschossenen als kassierten Toren. Generell gilt: Wer häufiger gewinnt als verliert, hat ein besseres Torverhältnis. Das ist klar. In der Regel gewinnt auch die Mannschaft mit der besten Tordifferenz die Meisterschaft, und jene mit der schlechtesten steigt ab. Wenn ein Team trotz guter Platzierung jedoch ein niedriges positives Torverhältnis hat, kann das ein erstes Indiz dafür sein, dass es das Schicksal eher auf seiner Seite hatte.

Ein zweiter Indikator dafür, dass es der Fußballgott mit Newcastle in jener Spielzeit gut gemeint haben könnte, war die Torverteilung. Pro Saison werden in der Premier League 360 Spiele ausgetragen, in denen ungefähr 8800 Schüsse abgegeben und rund 1000 Tore erzielt werden. Aber wie überall im Fußball sind nicht alle Tore gleich wichtig, der vierte Treffer bei einem 4:0-Sieg ist nicht so wichtig wie das vierte Tor bei einem 4:3-Sieg. Folglich kann ein Torverhältnis von plus/minus null extrem unterschiedliche Dinge bedeuten: Eine Serie von sieben Spielen mit diesen Ergebnissen 0:1, 0:1, 0:1, 6:0, 0:1, 0:1, 0:1 würde nur drei von 21 möglichen Punkten bringen. Das wäre eine katastrophale Torverteilung. Eine Serie mit den Resultaten 1:0, 1:0, 1:0, 0:6, 1:0, 1:0, 1:0 würde 18 von 21 möglichen Punkten ergeben, also das Gegenteil davon. Newcastle hatte in jener Saison eine höchst effektive Torverteilung, acht Spiele wurden mit einem Tor Unterschied und neun Partien mit zwei Toren Unterschied gewonnen. Dem standen einige klare Niederlagen gegenüber, darunter je ein 2:5, 0:5 und 0:4.

Tordifferenz und Torverteilung sind aber noch keine Belege dafür, dass Mannschaften eventuell mit mehr Punkten belohnt werden, als sie aufgrund der Leistung verdient hätten. Im Fall von Newcastle verfestigte der Blick auf das Torschussverhältnis den Eindruck jedoch. Dazu schaut man auf die Schüsse, die aufs Tor kommen, die also nicht geblockt werden oder vorbeigehen, die *Shots on Goal.* Die eigenen werden nun ins Verhältnis zu denen des Gegners gesetzt, und dabei entpuppte sich Pardews Mannschaft als sechstschlechteste der Liga.

Mannschaft	Heim	Auswärts	Gesamt
1. Manchester City	+12,3	+5,3	+8,8
2. Manchester United	+8,5	–1,2	+3,6
3. Arsenal	+9,5	+3,1	+6,3
4. Tottenham	+10,4	+2,1	+6,2
5. Newcastle	+3,5	–6,3	–1,4
6. Chelsea	+8,8	+2,8	+5,8

Quelle: Ankersen, »Hunger in Paradise«

War Newcastle United für die tolle Saison gerade noch gefeiert worden, folgte in der anschließenden Spielzeit ein heftiger Rückschlag. Die Mannschaft stürzte so weit ab, dass sie sich nur knapp vor dem Abstieg rettete. Sie wurde schließlich 16. in einer Liga mit 20 Teams und drei Absteigern. Zwar wurde Trainer Alan Pardew bis zum Schluss nicht entlassen, doch wie er und sein Team bewertet wurden, hatte sich ins komplette Gegenteil verwandelt. Eine Geschichte über Newcastle wurde gleichsam in den Schrank gehängt und eine neue Story übergezogen. In der erfolgreichen Saison war viel von der attraktiven Spielweise die Rede gewesen, und man hatte Pardews Mut gelobt, auf junge Spieler zu setzen. Nun hieß es, er ließe zu offensiv spielen und es fehle Erfahrung im Team. Viele Kommentatoren unterlagen dabei dem schon erwähnten *Outcome Bias,* die Dinge von ihrem Ergebnis aus zu bewerten. Sie gingen davon aus, dass einem guten Ergebnis doch wohl gute Leistungen zugrunde liegen mussten und umgekehrt. Das Problem im Fall von Newcastle United aber war besonders bizarr, denn beides war falsch! Laut der *Expected Goals* und der sich daraus ergebenden Punkteverteilung unterschieden sich die Leistungen in beiden Spielzeiten kaum voneinander.

	Punkte pro Spiel	Punkte gesamt	xPts pro Spiel	xPts gesamt
2011/12	1,72	65	1,22	46
2012/13	1,07	41	1,16	44

Quelle: Ankersen, »Hunger in Paradise«

Zwei Spielzeiten lang hatte die Mannschaft also ähnliche Torchancen herausgespielt und zugelassen, einmal hatte sie dafür 19 Punkte mehr bekommen, als zu erwarten, einmal drei weniger. Einmal hatte sich die Mannschaft für den Europapokal qualifiziert, und einmal war sie in Abstiegsgefahr geraten. Eine Spielzeit lang waren alle für die Leistungen gefeiert worden, und Trainer Alan Pardew hatte einen Achtjahresvertrag unterschrieben, in der nächsten Saison wurden alle kritisiert. Man hatte ihnen also – überspitzt gesagt – dafür applaudiert, Glück gehabt zu haben und sie fürs Pech zur Rechenschaft gezogen.

In diesem Zusammenhang muss man sich klarmachen, wie schnell Abweichungen zustande kommen. Wenn eine Mannschaft in nur zwei Spielen, in denen sie ein Sieg verdient gehabt hätte, unentschieden spielt und zwei Spiele verliert, in denen sie ein Remis verdient gehabt hätte, fehlen schon sechs Punkte, selbst wenn alle anderen Spiele »richtig« ausgegangen sind.

Wie sehr das durchschlägt, kann man an etlichen Beispielen sehen. In der Saison 2015/16 holte Sensationsmeister Leicester City 12,06 Punkte mehr als *expected*, der Tabellenzweite Arsenal indes 6,01 Punkte weniger. Wenn die Zahlen der Wahrscheinlichkeit gegolten hätten, wäre Wengers Mannschaft Meister geworden. Ähnlich war es ein Jahr später, als Chelsea 17,26 Punkte mehr als *expected* holte und Manchester City 7,41 weniger. Damit hätte Pep Guardiola schon in seiner ersten Saison in England den Meistertitel geholt, anstatt Dritter zu werden. Noch schlimmer erwischte es 2017/18 aber West Bromwich Albion, die 11,96 Punkte weniger holten, als nach dem Chancenverhältnis zu erwarten gewesen wäre, und deshalb nicht 13. wurden, sondern als Tabellenletzter abstiegen. Auch in anderen Ligen dürfen Klubs ein unglückliches Schicksal beklagen, etwa der SSC Neapel, der sowohl sowohl in der Spielzeit 2015/16 als auch zwei Jahre später vor Juventus Turin Meister geworden wäre, wenn es nach den *Expected Points* gehen würde.

In der Bundesliga 2018/19 hätte es der 1. FC Nürnberg in die Relegation schaffen müssen statt des VfB Stuttgart und Hoffenheim statt Leverkusen in die Champions League, wobei die TSG sich als Neunter nicht einmal für die Europa League qualifizierte. Im Jahr zuvor hätte Wolfsburg statt des Hamburger SV absteigen müssen, und bereits 2016/17 hätte Eintracht Frankfurt einen Platz in der Europa League verdient gehabt – wenn es nach der Verteilung der Torchancen und der *Expected Points* gegangen wäre. Nun wird manch einer einwenden: Geht es aber nicht! Der Einwand ist richtig, *Expected Goals* sind dennoch hilfreich. Sie können inmitten der großen Aufregungen, die der Fußball ständig produziert, eine wichtige interne Orientierung geben.

Es soll dadurch nicht die Möglichkeit geschaffen werden, endlich das eigene Pech zu beklagen oder als Ausrede benutzen zu dürfen. Auch sollte man all diese Zahlen noch einmal genau untersuchen, bevor man lauthals verkündet: Chelsea nur durch Glück Meister! Denn man darf nie vergessen, dass diese Werte keine alternative Wahrheit beschreibt. Aber für die Entscheider im Fußball ist es oft gerade angesichts des großen Drucks von außen schwer, einen klaren Blick auf die Leistungsfähigkeit der eigenen Mannschaft zu bewahren. Kriegt man ergebnismäßig das raus, was man sich auf dem Platz verdient? Ist es weniger oder vielleicht sogar mehr? Das sind zu wichtige Fragen, um sich wiederum von Ergebnissen allein nicht täuschen zu lassen.

Ein interessantes Beispiel in dem Zusammenhang ist Juventus Turin in der schon erwähnten Saison 2015/16 der Serie A. Für den verwöhnten Rekordmeister begann sie mit nur drei Siegen in den ersten zehn Spielen. Die Mannschaft hatte dabei nur elf Tore geschossen, aber bereits neun Gegentore kassiert. Das Torverhältnis der *Expected Goals* aber erzählte eine andere Geschichte, es stand bei 19:5. Man vergisst das manchmal, aber auch Spitzenteams können Pech haben. Bei Juventus Turin war die Pechsträhne nach den ersten zehn Spielen vorbei, die folgenden 15 Partien verlor die Mannschaft nicht mehr und gewann schließlich eine weitere italienische Meisterschaft. Letztlich holte Juve 12,26 Punkte mehr als erwartet und schob sich noch am unglücklichen SSC Neapel vorbei.

Statistischen Ausreißern folgt irgendwann die Regression zur Mitte, das war auch bei Borussia Dortmund nach der schlechten Hinserie 2014/15 so. Obwohl weitgehend unverändert, schoss das Dortmunder Team in der Rückrunde 29 Tore, kassierte nur 16 Gegentreffer und kam auf 31 Punkte. Interessanterweise entsprach das fast exakt dem Wert, den Trainor für die Hinrunde ausgerechnet hatte. »Wir haben damals jeden Stein umgedreht, um die Ursache für die schlechten Ergebnisse zu beseitigen«, erzählte mir Krawietz. Aber vielleicht würden Klopp und er heute nicht in Liverpool arbeiten, wenn sie damals mit der Vermessung des Zufalls konfrontiert worden wären. Das passierte erst, als sie an der Anfield Road ankamen und das dortige Analytics-Team sie darauf hinwies.

Im Frühjahr 2015 war Ian Graham, Head of Research beim FC Liverpool, also Leiter der Forschungsabteilung des englischen Klubs, von der Deutschen Fußball Liga zu einem Vortrag nach Frankfurt eingeladen worden. Damals hatte Borussia Dortmund die Abstiegsplätze wieder verlassen und war langsam in der Tabelle nach oben geklettert. Aber das Publikum war überrascht zu hören, dass Graham den BVB aufgrund ähnlicher Berechnungen wie Trainor als zweitbeste Mannschaft der Bundesliga sah, denn kaum jemand hatte damals vom Konzept der *Expected Goals* gehört und der Möglichkeit, Glück und Pech zu identifizieren.

Einige Monate später wurde klar, dass Graham durchaus eigennützige Motive gehabt hatte, die Situation von Klopp in Dortmund genau zu untersuchen, denn Liverpool beschäftigte sich mit ihm als möglichem Nachfolger für Brendan Rodgers. »Wir dachten damals wirklich, dass Klopp in Dortmund Pech hatte«, sagte mir Graham im März 2019 auf einer Konferenz von OptaPro in Köln. »Die Probleme hatten nichts mit systematischen Schwierigkeiten zwischen Trainer und Spielern zu tun. Das zu klären, war für uns wichtig, denn die Verpflichtung eines Trainers ist die wichtigste strategische Entscheidung, die ein Klub treffen muss. Wenn wir Klopp verpflichten wollten, mussten wir also klären, ob in Dortmund etwas schieflief. Aber unsere statistische Analyse sagte klar und deutlich, dass das nicht der Fall war.«

Als Klopp schließlich in Liverpool ankam, zeigte ihm Graham seine Ergebnisse und wie Spiel für Spiel das Chancenverhältnis und das Ergebnis voneinander abwichen. Klopp sagte: »Hast du das Spiel gesehen? Wir waren so überlegen, und dann zählte er eine Torchance nach der nächsten auf. Und das machte er mit jedem Spiel so.« Klopp nahm an, dass sich Graham die Spiele auf Video angeschaut hatte. »Aber ich habe ihm gesagt, dass ich die Spiele nicht gesehen, sondern nur eine statistische Analyse gemacht hatte.«

Trainer in den großen Ligen bleiben meist nur zwischen durchschnittlich einem oder zwei Jahren bei einem Klub, und der Zeitraum schrumpft beständig. Für eine Führungskraft, vermutlich sogar die wichtigste Führungskraft in einem Klub, ist das eine absurd kurze Zeit. Dieser Umstand wird schon seit vielen Jahren immer wieder thematisiert. Es gibt zudem Studien darüber, wie gering der Effekt eines Trainerwechsels in den meisten Fällen letztlich ist. Doch eine systematische Ermittlung, ob ein Trainer nun Glück oder Pech hat, findet vor Trainerwechseln kaum statt.

Oft genug folgen Trainerwechsel in der irrationalen Welt des Fußballs einer archaischen Logik: Wenn eine Mannschaft glücklos ist, wird die Entlassung des Trainers zu einem symbolischen Menschenopfer. In der Öffentlichkeit baut sich dazu eine Art von Blutrausch auf. Die Fans maulen, buhen und fordern die Entlassung des Mannes auf der Bank. Die Medien kritisieren ihn hart und finden mit Sicherheit ein passendes Narrativ, warum es nicht mehr geht. Irgendwann werfen die Klubs ihren wichtigsten Angestellten raus, um den grollenden Fußballgott zu besänftigten, auf dass das Glück zurückkehren möge.

Dabei geht es auch anders: Ben Olsen, Trainer von D.C. United aus der US-Hauptstadt Washington, profitierte davon, dass man in seinem Klub durchaus auf die *Expected Goals* schaute, als der Saisonstart 2017 missriet. In den ersten sechs Spielen blieb sein Team viermal torlos und schoss insgesamt nur vier Tore, doch Stewart Mairs, der Direktor Fußballstrategie und -analyse bei D.C. United, erklärte, dass kein größerer Grund zur Sorge bestehe, denn die *Expected Goals* seien deutlich höher. Headcoach Olsen ging mit der Nachricht sogar zu den Spielern: »Macht euch darüber keine Sorgen, das wird sich bald wieder ausgleichen.« Nur entpuppte sich das als voreilige Botschaft, die Differenz zwischen zu wenigen Toren und zu vielen Gegentoren hielt bei D.C. United an, die Mannschaft beendete die Saison in der Eastern Conference als Tabellenletzter. Und vielleicht hätte der MLS-Club aufgeregter reagiert, wenn das den Abstieg bedeutet hätte.

Wir lernen noch, mit der neuen Metrik der *Expected Goals* umzugehen, aber eins ist klar: Sie liefert weit interessantere Aufschlüsse als Ballbesitz- und Schussstatistiken, mit denen heute noch zumeist argumentiert wird, wenn Mannschaftsleistungen bewertet werden. Deshalb macht sie auf dem langen Weg vom Underground der Nerds zum Mainstream deutliche Fortschritte. Die englische BBC begann 2017 die *Expected Goals* zurückhaltend einzusetzen, aber immerhin bei ihrer Flaggschiffsendung »Match of the Day«. Und die *Times* führt seit Beginn der Saison 2018/19 eine Tabelle der *Expected Points.* Und beim »Monday Night Football« von Sky wird ganz selbstverständlich mit den Werten argumentiert.

Wenn man hier aber noch einmal rekapituliert, was wir bislang über das Spiel erfahren haben, zeigt sich ein ungeheureres Dilemma beim Verständnis des Fußballs. In dieser aufgeregten Welt wäre eine sichere Urteilsbildung unheimlich hilfreich, um bei der Bewertung des eigenen Spiels oder der von Spielern besser zu sein als die Konkurrenz. In Wirklichkeit aber ist dieser Prozess nicht nur von vielen Wahrnehmungsfehlern bedroht, wir haben es auch noch mit einem Sport zu tun, in dem eine gute Leistung nicht zwingend zu guten Ergebnissen führt – aber alles an Ergebnissen gemessen wird. Von diesem Umstand kann man sich frustrieren lassen, oder man schließt die richtigen Schlüsse daraus. Dann nämlich öffnet sich die Tür zu einer neuen Betrachtung des Spiels, durch die andere schon längst gegangen sind. Jene nämlich, die professionell auf Fußballspiele wetten.

Aufstand der Außenseiter

Professionelle Fußballwetter werden zur Avantgarde der Fußballanalytik, der deutsch-amerikanische Wahlforscher Chris Anderson wird Fußballmanager und ein Besuch beim modernsten Fußballklub der Welt.

Im Land der Profiwetter

Ich lernte Matthew Benham im Jahr 2008 bei der Recherche über die mutmaßliche Manipulation eines Bundesligaspiels kennen, und er eröffnete mir den Blick in eine Welt, von der ich nicht einmal geahnt hatte, dass sie existiert. Was ich damals erfuhr, änderte meinen Blick auf den Fußball weit über das Wettgeschäft und mögliche Manipulationen hinaus. Zwei Jahre zuvor waren ungewöhnlich hohe Geldbeträge aus fragwürdiger Quelle auf eine hohe Niederlage des 1. FC Kaiserslautern bei Hannover 96 gesetzt worden. Die Mechanismen des Wettmarktes und die Möglichkeiten zur Manipulation ließ ich mir deshalb von Benham erklären, weil er professionell auf Fußballspiele wettet. Profiwetter hassen verschobene Spiele, denn sie verlieren viel Geld, wenn Manipulationen zu unwahrscheinlichen Ergebnissen führen. Männer wie Benham sind nämlich keine Zocker mit dicker Zigarre, die sich für coole Glücksritter halten, sondern Ingenieure der Wahrscheinlichkeiten.

Matthew Benham, damals 41 Jahre alt, wirkte wie ein Nerd mit Hochbegabung. Der blasse Mann sprach schnell, warf zwischendurch immer mal ein »Yo« ein, und ich konnte kaum glauben, was er mir erzählte. Ich brauchte einige Zeit, bis ich wirklich verstand, was in der schmucklosen Industrieetage im Norden Londons vor sich ging. Benham saß damals in einem mit Glasfenstern von den anderen Mitarbeitern abgeteilten Raum inmitten des Büros. An den Wänden über den Arbeitsplätzen hingen Fernsehbildschirme, auf denen Fußballspiele liefen. Weil wir uns mittags an einem Wochentag trafen, waren allerdings nicht viele Plätze besetzt. In einem Nebenraum waren Decoder aus ganz Europa und vielleicht sogar Südamerika, um Partien nicht nur aus England sehen zu können, sondern auch aus Deutschland, Frankreich, Italien, Spanien, Skandinavien oder woher auch immer. Junge Männer saßen vor den Bildschirmen und notierten, wenn es Torchancen gab. Sie hatten klare Vorgaben, wie unterschiedliche Kategorien zu gewichten waren. Eine riesengroße Torchance hieß »Uhhh!«, sie war nach dem Geräusch benannt, das ein Stadion macht, wenn eine Mannschaft eine sogenannte Hundertprozentige vergibt.

Benham hatte Physik studiert und dann als Derivatehändler in der Londoner City gearbeitet. In der Finanzbranche hatte er gelernt, was er ab 2002 auf Fußballwetten anwandte: Er versuchte, ineffiziente Märkte auszunutzen. Am Finanzmarkt geht es im Prinzip darum, unterbewertete Titel zu finden und mit Gewinn weiterzuverkaufen. Bei Fußballwetten ist es ähnlich, nur geht es hier darum, smarter als die Buchmacher zu sein. Wenn Benham in mehr als der Hälfte der Fälle den Ausgang eines Fußballspiels besser berechnete als die Wettanbieter, verdiente er Geld.

Möglich wurden Wetten im großen Stil nach der Jahrtausendwende dadurch, dass auch der Wettmarkt seine Globalisierung erlebte. Benham setzte nicht mehr bei alteingesessenen Buchmachern in England, sondern auf den Philippinen, in Thailand oder Singapur, weil die asiatischen Wettanbieter niedrigere Gebühren nahmen und höhere Einsätze erlaubten. Das ermöglichte es ihm, eine Art Wettfabrik aufzubauen, in der schon damals parallel auf Spiele in fast 40 Ligen gesetzt wurde. Sein Unternehmen Smartodds setzte mit bis zu sechsstelligen, in Einzelfällen sogar siebenstelligen Beträgen pro Partie auf Hunderte von Spielen in der Woche. Meistens ging es um eine Wettform, die *Asian Handicap* heißt und favorisierten Mannschaften rechnerisch ein Handicap auferlegt. Das entspricht der Logik bei Pferderennen, wenn stärker eingeschätzte Pferde zusätzliches Gewicht tragen müssen. Interessant am *Asian Handicap* ist aber vor allem, dass ein Unentschieden rechnerisch ausgeschlossen und die Berechnung der Wahrscheinlichkeit so vereinfacht wird.

Um sich einen Vorteil gegenüber den Buchmachern zu verschaffen, war Benham zu einem Forscher des Spiels geworden. »Ich habe nie aus Spaß gewettet oder um mir die Zeit zu vertreiben. Bei uns geht es um Wahrscheinlichkeitsberechnungen mithilfe mathematischer Modelle«, erklärte er mir. Damals verblüffte mich noch, dass Benham die letzten Ergebnisse eines Teams weitgehend ignorierte, wenn er die Form einer Mannschaft ermittelte. Er ließ sich weder von glatten 3:0-Siegen beeindrucken noch von knappen 1:2-Niederlagen. »Resultate sind nicht völlig unwichtig, aber sie sind mehr Störgeräusch als gemeinhin angenommen.« Wer Daten auf der Suche nach relevanten Informationen durchforstet, benutzt dabei gerne die Begriffe *Signal* und *Noise*. *Signal* bezeichnet eine substanzielle Information in den Daten, die einem weiterhilft. Andere Daten können *Noise* sein, die es einem erschweren, das *Signal* zu erkennen. Letztlich geht es darum, aus alldem Summen und Surren das herauszufiltern, was wirklich wichtig ist.

Zu glauben, dass eine Mannschaft gut in Form sei, weil sie in der Vorwoche auswärts 2:1 gewonnen hat, kann *Noise* sein. Denn vielleicht hatte sie eher den Zufall auf ihrer Seite, als gut gespielt zu haben. Benham war auch der Erste, von dem ich die vehement vorgetragene Ansicht hörte, dass die Tabelle lügt. Wie sehr das der Fall ist, erklärte er mir anhand des Ausgangs zweier deutscher Meisterschaften. Nach seinen Berechnungen war der Titel 2007 an die viertbeste Mannschaft gegangen, den VfB Stuttgart. 2009 war die drittbeste Mannschaft Meister geworden, der VfL Wolfsburg. »Damit meine ich nicht, dass diese Mannschaften über ihren Möglichkeiten gespielt oder ihr Potenzial mehr als die Konkurrenz ausgeschöpft haben. Nein, sie waren von ihren Leistungen her, wie wir sie sehr präzise zu erfassen glauben, Dritt- oder Viertbeste. Der Rest war Glück.«

Wie schwer es ist, *Noise* und *Signal* zu trennen, erläuterte er mir am Beispiel der Geschichte von England und Deutschland im Elfmeterschießen bei großen Turnieren wie Welt- und Europameisterschaften. England hatte bis vor der WM 2018 in sechs von sieben Fällen verloren, darunter zweimal gegen Deutschland. Deutschland hingegen hatte, abgesehen vom EM-Finale 1976 gegen die Tschechoslowakei, alle Elfmeterschießen bei großen

Turnieren gewonnen. Lange Abhandlungen waren darüber schon geschrieben worden, in denen es um den Nationalcharakter oder die fußballerische Ausbildung ging. Doch Benham ließ nichts davon gelten: »Wenn die Spiele wie früher durch Münzwurf entschieden worden wären, gäbe es möglicherweise ganz ähnliche Serien. Ich würde beim nächsten Elfmeterschießen zwischen England und Deutschland zwar nicht von einer 50:50-Chance ausgehen, aber doch sehr nah dran.«

Kern aller Anstrengungen bei Smartodds war es, zu einer exakten Bewertung der Leistung zu kommen. Ein zentraler Faktor war die genaue Erfassung der Torchancen durch die Scouts vor den Bildschirmen. Im Prinzip folgte das der Logik der *Expected Goals,* oder besser: Es ging ihr voraus. Es ist übrigens kein Zufall, dass sich auch Colin Trainor in Nordirland mit diesen Fragen beschäftigte, denn er wettet ebenfalls auf Fußballspiele, wenn auch nicht in annähernd so großem Maße. Überhaupt haben oder hatten viele Mitglieder der globalen Community von Analytikern, die über Fußballdaten bloggen, beruflich oder privat mit Wetten zu tun. Benham war jedoch schon 2008 deutlich weiter mit dem Berechnen der Wahrscheinlichkeiten, als das heute mit den *Expected Goals* möglich ist. Der riesige Aufwand, dass junge Menschen aus der ganzen Welt vor den Bildschirmen saßen und für Hunderte von Spielen die Torchancen notierten, führte letztlich zur größtmöglichen Näherung an die Ereignisse. Wie schon gesagt, sind die *Expected Goals* eine mathematische Näherung. Was in Benhams Wettfabrik passierte, war besser.

Torchancen waren nicht der einzige Faktor, der in seine Berechnungen einging. Benham beschäftigt bis heute hoch spezialisierte Informatiker, Mathematiker und Statistiker, etliche von ihnen mit Doktortiteln oder Abschlüssen bester Universitäten. Sein Team ist ständig auf der Suche nach Informationen, die eine große »Voraussagebrauchbarkeit« haben, wie er das nennt. Anhand der Chancenstatistiken versuchen sie zu identifizieren, welche Spieler in welchem Maß zur Mannschaftsleistung beitragen. Das erlaubt es ihm, die Siegwahrscheinlichkeit präzise abzuwerten, wenn ein wichtiger Spieler nicht dabei ist, oder sie aufzuwerten, wenn er ins Team zurückkehrt.

Benhams Leute stellten interessanterweise auch fest, dass sich die Chance auf einen Auswärtssieg leicht erhöht, wenn eine Mannschaft nicht so weit reisen muss. Oder anders gesagt: In Lokalderbys ist die Wahrscheinlichkeit eines Auswärtssieges höher als bei der Reise ans andere Ende des Landes. Beobachtungen dieser Art sind über die Jahre in ein zunehmend komplexer werdendes mathematisches Modell eingeflossen. Zusätzlich spielen Informationen über weiche Faktoren eine Rolle, die ein weltumspannendes Netzwerk aus Informanten beiträgt. Gibt es im Klub oder in der Mannschaft schwere interne Konflikte, die sich negativ auf die Leistung auswirken könnten? Andere Informationen hingegen wurden als *Noise* identifiziert. Die Ergebnisse von zwei Mannschaften gegeneinander in der Vergangenheit, so stellten sie in London fest, spielten bei zukünftigen Begegnungen keine Rolle. Mit dem Konzept des Angstgegners, das von Fans so gerne diskutiert wird, ist es so ähnlich wie mit der angeblichen deutschen Übermacht im Elfmeterschießen: Es ist kein *Signal*, sondern *Noise*. Die Beispielgröße ist zu klein, um den Zufall auszuschließen.

Benham ist nicht der einzige Wetter, der mit so großem Aufwand arbeitet, vielleicht ist er nicht einmal der größte. Nicht weit entfernt von den Büros von Smartodds in Kentish Town liegen in Camden Town diejenigen von Starlizard. Benannt ist das Unternehmen nach dem Boss der Firma, Tony Bloom. Der 1970 geborene Bloom ist durch Pokerspielen bekannt geworden, wo er unter dem Kampfnamen »The Lizard« antrat, die Eidechse. Bloom spricht nicht mit Journalisten über sein Wettgeschäft, und so ranken sich darum etliche Legenden. Angeblich haben er und Benham früher sogar mal zusammengearbeitet und sich dann überworfen.

Starlizard wurde 2004 gegründet, zwei Jahre nach Smartodds. Beide Unternehmen setzen mit hohen Einsätzen auf Fußballspiele, und beide Unternehmensgründer sind mit ihrem Geschäft steinreich geworden. Und noch etwas verbindet sie, denn beide haben jene Klubs gekauft, deren Fans sie ihr Leben lang waren. Bloom übernahm 2009 die Mehrheit von Brighton & Hove Albion, wo schon sein Großvater Vizepräsident war und ein Onkel Direktor. Er baute dem Klub ein neues Stadion und führte ihn 2017 in die Premier League.

Benham besucht seit vier Jahrzehnten die Spiele des FC Brentford, eines Klubs im Südwesten von London. Zum ersten Mal im Stadion war er 1979 als Elfjähriger. 2006 stieg er zunächst als Sponsor ein, der FC Brentford war damals ein in der Drittklassigkeit verhedderter finanziell gebeutelter Verein. Als es Benham zunehmend frustrierte, Geld zuzuschießen, ohne Einfluss darauf zu haben, wie es ausgegeben wird, erwarb er 2012 die Mehrheit an seinem Klub.

Griffin Park ist ein wunderbares altes englisches Stadion, das berühmt dafür ist, dass es in jeder Ecke einen Pub beherbergt. In der Haupttribüne gibt es eine Directors Box, die winziger ist als die meisten VIP-Räume deutscher Regionalligisten. In einer kleinen Vitrine steht eine seltsame Sammlung von Museumsstücken: ein Porzellankrug als Erinnerung an ein Mittagessen 1937 mit dem Präsidenten von Stoke City, aber auch Wimpel von Lok Leipzig und Erzgebirge Aue. Die Tribüne ist mit Klappsitzen aus Holz bestuhlt, und die Reihen stehen so eng, dass große Menschen ihren Vorderleuten mit den Knien die Ohren zuhalten könnten. Wenn Matthew Benham dort Platz nimmt, signalisiert er: Sprich mich nicht an! Er mag es nämlich nicht, während des Spiels zu reden. »Es mag vielleicht hochnäsig klingen: Aber viele Leute reden im Stadion einen Haufen Mist. Wenn nach fünf Minuten eigener Überlegenheit der Gegner plötzlich Torchancen hat, heißt es gleich: ›Sie sind motivierter als wir.‹«

Wahrnehmungsfehler und die daraus resultierenden falschen Bewertungen sind eines seiner Lieblingsthemen. Wer bei Smartodds arbeitet, bekommt Kahnemanns »Schnelles Denken, langsames Denken« mit der Aufforderung geschenkt, dass er es auch liest. Doch nicht einmal sich selbst sieht Benham davor gefeit, in die allgegenwärtigen Fallen zu tappen. »Wir erzählen uns immer Geschichten, und auch ich stecke manchmal in diesem Denkmuster. Neulich hatten wir ein sehr schlechtes Spiel. Wäre es nicht mein Team gewesen, hätte ich anschließend gesagt: Wir müssen Brentford vielleicht doch nicht als die sechst-, sondern eher als siebtbeste Mannschaft bewerten. Aber als Fan dachte ich: ›Scheiße, wir sind das siebzehntbeste Team und steigen ab.‹«

Der Kauf seines Lieblingsklubs brachte Benham in eine interessante Situation. All die Überlegungen, die er im Laufe der vorangegangenen Jahre über Leistung im Fußball und ihre Bewertung angestellt hatte, konnte er nun beim FC Brentford anwenden. Und wenn er gegenüber Wahrnehmungsfehlern auch nicht immun sein mochte, gab er sich zumindest alle Mühe, ihnen nicht zu erliegen. Außerdem verfügte der Wettprofi durch seine fast forscherhafte Beobachtung von Spielen über einen gigantischen Wissensvorsprung, welche Faktoren im Fußball für den Erfolg verantwortlich sind. Und letztlich konnte er jene Spieler identifizieren, die ihm dabei helfen würden. Matthew Benham formulierte es nicht so, aber war er nicht prädestiniert dazu, die Ideen, die im Buch »Moneyball« beschrieben worden waren, auf den Fußball zu übertragen? Also den Traum zu verwirklichen, den auch andere hatten: Billy Beane zu sein.

Der Mann, der Billy Beane sein wollte

Wenn Chris Anderson sich auf Deutsch warmgeredet hat, hört man bald wieder seinen rheinischen Dialekt heraus. Er hat in den letzten drei Jahrzehnten zwar ausschließlich in den USA und in England gelebt, aber ursprünglich stammt der Amerikaner aus der Eifel. Dort wurde er 1966 als Sohn einer Deutschen und eines amerikanischen Soldaten geboren, der mit der US Army in der Gegend stationiert war. Bald nach seiner Geburt wurde Andersons Vater nach Vietnam versetzt, und als er von dort zurückkam, trennten sich seine Eltern; der kleine Christofer war damals vier Jahre alt. Sein Vater kehrte in die USA zurück und gründete dort eine neue Familie, blieb aber mit der alten in Kontakt. »Das war alles relativ normal«, sagt Anderson.

Lange wusste er nicht einmal, dass er durch seinen Vater die amerikanische Staatsangehörigkeit besaß, doch als Student wurde das wichtig. Anderson hatte Politik, Geschichte und Anglistik in Köln studiert, über ein Austauschprogramm kam er anschließend nach Virginia. Eigentlich wollte er dort nur seinen Master in Politik machen und anschließend wieder nach Deutschland zurückkehren, doch an der Universität lernte er den berühmten deutschen Wahlforscher Hans-Dieter Klingemann kennen, der dort im Rahmen eines Austauschprogramms lehrte. »Durch ihn habe ich eine Leidenschaft für Wahlforschung entwickelt.« Die Wahlforschung ist eine amerikanische Domäne, in den USA wurde sie entwickelt, und dort arbeiten bis heute die besten Wissenschaftler. Anderson war klar, dass er bleiben musste, wenn er das Fach ernsthaft weiterverfolgen wollte, und seine amerikanische Staatsangehörigkeit erlaubte ihm das ohne Probleme. Er wechselte an die Washington University in St. Louis und promovierte. Anschließend wurde er in Houston Assistenzprofessor, von dort ging es weiter zu anderen Universitäten. Anderson forschte, publizierte viel und gewann einige Forschungspreise. »Alles war wunderbar, ich hatte eine tolle, sehr befriedigende Karriere.«

Mehr als zwei Jahrzehnte ging das so, doch dann veränderte 2009 ein Buch sein Leben. Seine Frau, eine Wirtschaftswissenschaftlerin, hatte es nach Hause mitgebracht. Sie nutzte das Buch im Unterricht, um den Studenten ihres Fachs »evidence based decision making« beizubringen, also das evidenzbasierte Treffen von Entscheidungen.

Das Buch hieß »Moneyball«, und Andersons Frau hoffte, dass ihre Studenten es aufmerksamer als sonstige Fachbücher lesen würden, weil es darin um Baseball geht. Der amerikanische Reporter Michael Lewis erzählt hier die Geschichte des Managers eines Baseballklubs, der durch smarten Umgang mit Daten erfolgreicher wird, als es angesichts seines Budgets eigentlich möglich gewesen wäre.

Vermutlich ist »Moneyball«, das 2003 erschien, das einflussreichste Buch in der Geschichte des Sports. Das liegt nicht daran, dass es später mit Brad Pitt in der Hauptrolle erfolgreich in Hollywood verfilmt wurde, sondern daran, dass das Buch Baseball von Grund auf veränderte, weil die meisten Klubs der Major League Baseball nach und nach davon beeinflusst arbeiteten, was Billy Beane bei den Oakland Athletics vorgemacht hatte. Sie setzten bei der Suche nach Spielern in stärkerem Maße auf Leistungsdaten. Vor allem zogen sie dabei neue Daten heran, die eine größere Aussagekraft hatten. Dass die Datenrevolution der Ballsportarten beim Baseball begann, ist im Rückblick nicht weiter erstaunlich, denn die meisten Spielsituationen dort sind statisch. Es ist in etwa so, als würde Fußball nur aus Eckbällen bestehen.

Beane hatte, um zu einem neuen Ansatz zu kommen, einen Mitarbeiter aus dem vitalen Underground der *Sabrematics* rekrutiert, wo Fans und Nerds den Spieldaten schon seit Jahren neue Erkenntnisse abzutrotzen versuchten. Auf diese Weise gelang es ihm, Mannschaften mit einem viel höheren Personaletat hinter sich zu lassen. Der Einfluss des »Moneyball«-Konzepts ging bald über Baseball hinaus; auch die Vereinsbosse, Manager und Trainer im American Football, im Basketball und mit Abstrichen im Eishockey stellten sich die Frage, wie sie sich mithilfe von Daten einen Wettbewerbsvorteil verschaffen könnten. Heute ist die Sportlandschaft in den USA dramatisch verändert, alle großen Klubs haben Analysedepartments eingerichtet, die sich an den Spieldaten abarbeiten. 2017 arbeiteten bei den 30 Klubs der Major League Baseball schon 250 Analysten, die meisten von ihnen mit einem akademischen Hintergrund, viele mit Doktortiteln in Mathematik, Statistik oder Informatik. In den anderen Teamsportarten geht die Entwicklung in eine ähnliche Richtung.

Nachdem Anderson 2009 »Moneyball« gelesen hatte, dachte er: »Es muss doch irgendwo im Fußball einen Billy Beane geben.« Sein Interesse an Fußball war fast erloschen, nachdem er Ende der 1980er-Jahre in die USA gegangen war. Als Kind in der Eifel hatte Anderson noch wie alle Fußball gespielt und war Fan von Borussia Mönchengladbach gewesen, wenn auch nicht sonderlich passioniert. In den USA hatte Fußball für ihn lange keine Rolle gespielt; erst 2006 hatte er sich wieder in sein Leben geschlichen. Damals verbrachte Anderson mit seiner Familie ein Sabbatjahr in Oxford in England, sein älterer Sohn war gerade vier Jahre alt und begann mit dem Fußballspielen, außerdem weckte die Weltmeisterschaft in Deutschland Andersons eigenes Interesse am Fußball wieder. Als die Familie in die USA zurückkehrte, begann er, seine Söhne zu trainieren. Er betreute mit wachsendem Vergnügen ihre Mannschaften in der U6, U7 und U8, weil er zu den wenigen Eltern gehörte, die zumindest ein wenig über Fußball wussten und selber kicken konnten.

Noch immer begeistert von seiner Lektüre von »Moneyball«, begann Anderson frei zugängliche Spieldaten aus dem Internet zusammenzusuchen, lud sie in Exceldateien und rechnete damit. Bald startete er den Blog *soccerbythenumbers.com*, stellte dort wie bei seiner Arbeit als Wahlforscher Fragen und überprüfte Annahmen: Wie oft muss man eigentlich aufs Tor schießen, bis man trifft? Sind Ecken wichtig? Wie groß ist der Nachteil für eine Mannschaft, wenn ein Spieler eine Gelbe Karte bekommt?

Anfangs war das eine Spielerei, das Hobby eines Mannes, der mit Anfang 40 beruflich und privat das erreicht hatte, was er erreichen wollte. Sein Blog hatte zu Beginn eine Handvoll Leser, dann sammelte er zur WM 2010 historische Turnierdaten zu allen Weltmeisterschaften und versuchte auf dieser Basis vorherzusagen, wer den Titel gewinnen würde. Oder wie viele Tore in der Gruppenphase geschossen werden würden. »Ich habe zu Hause auf dem Sofa immer mehr Zeit damit verbracht. Meine Frau hat sich über mich lustig gemacht, und die Kinder haben gesagt: ›Der Papa macht wieder seine Fußballstatistik.‹« Doch nicht nur ihm machte das Spaß, auch Andersons Lesern gefiel das, und ihre Zahl stieg. Aus der Handvoll Leser in der Woche wurden ein Dutzend am Tag, dann 100 und immer mehr.

Leute aus dem Profifußball begannen ebenfalls, seine Seite zu lesen. 2011 lernte Anderson auf einer Veranstaltung den Technical Scout des FC Fulham kennen, der für den Klub Daten analysierte. Sie unterhielten sich stundenlang, und am Ende lud er Anderson nach London ein. Anschließend wurde er in ein paar kleine Projekte beim damaligen Klub der Premier League involviert. »Die Jungs, die ich vorher nur aus dem Fernsehen kannte, sah ich jetzt live und in Farbe«, sagt Anderson und lacht.

Inzwischen war er über sein Hobby mit David Sally ins Gespräch gekommen, einem Kollegen seiner Frau. Sally hatte als Student in Harvard Baseball gespielt, und der Ökonom beschäftigte sich ebenfalls gerne mit Sportzahlen. Bald taten sie sich zusammen, um ein Buch zu schreiben, zu dem das Material des Blogs die Basis bilden sollte. Allerdings hatte Anderson die Befürchtung, dass es nicht ernst genommen werden würde, wenn gerade zwei amerikanische Akademiker ein Buch über den Fußball schreiben. Er äußerte Sally gegenüber seine Befürchtung. Der schaute ihn ganz ruhig an und fragte Anderson: »Was willst du eigentlich?« Wie Anderson das erzählt, stellt man sich diese Szene als dramatischen Wendepunkt in einem Spielfilm vor. Der Held des Films steht vor der entscheidenden Frage, dramatische Musik setzt ein, dann kommt mit einem Crescendo der Streicher die Erleuchtung. »Ich sagte: Eigentlich will ich Billy Beane sein.«

Sowohl Anderson als auch Sally sind Männer mit Humor und einem ausgeprägten Talent zur Selbstironie. Ihnen war schon klar, dass hier zwei gestandene Männer, beide erfolgreich in ihren Berufen, wie Teenager träumten. Denn natürlich war es absurd, dass einer von ihnen das Fußballgeschäft auf den Kopf stellen würde. Sie hatten keine Vergangenheit im Fußball, keinen Stallgeruch und kaum Kontakte. Sie lebten in Ithaca, einer Universitätsstadt im Staat New York, wo der Campus mit seinen gediegenen Gebäuden, alten Bäumen und dem gepflegten Rasen so aussieht, wie man das aus Hollywoodfilmen kennt. Schön war das, aber ein echter Standortnachteil, wenn man die Welt des Fußballs umkrempeln will. Um Chris Anderson zum Billy Beane des Fußballs zu machen, brauchten sie einen verdammt raffinierten Plan.

Also überlegten sie systematisch, was nötig wäre, um einen Fuß in die Tür zu bekommen. Zwei Punkte erschienen ihnen dabei entscheidend: Sie mussten ernst genommen werden und etwas herausfinden, das für die potenzielle Kundschaft im Fußball so wichtig war, dass sie dafür zu bezahlen bereit wäre. Das Buch, das sie zu schreiben planten, sollte in beiderlei Hinsicht hilfreich sein. »Es wurde unser trojanisches Pferd. Zunächst diente es der Recherche, damit wir diese Industrie und die Leute und Dynamiken darin besser verstehen konnten. Und es gab uns die Gelegenheit, diesen Menschen zu zeigen, dass man mit Zahlen interessante Sachen erfahren kann.«

Zunächst bettelten sie bei Firmen für Sportdaten wie Opta oder Prozone um Spieldaten, denn normalerweise sind diese unglaublich teuer. Im Gegenzug boten sie an, die Datenfirmen im Buch zu erwähnen und damit Werbung für sie zu machen. Sie rechneten nicht nur, sondern recherchierten in Deutschland und England bei etlichen Klubs, wie diese mit Daten arbeiteten. »Weil wir keine Konkurrenz waren, sondern diese naiven Deppen vom Dorf, durften wir überall vorbeikommen«, sagt Anderson. Sie besuchten Chelsea, Liverpool, Everton oder den 1. FC Köln und etliche andere Vereine mehr, wo man ihnen bereitwillig die Arbeitsweise erklärte.

Als ihr Buch fertig war, sorgten Anderson und Sally dafür, dass »The Numbers Game« zuerst in England erschien, weil es so eher ernst genommen werden würde als ein Fußballbuch aus den USA. Es erschien 2013 und wurde ein schöner Erfolg, denn das Werk fand viele Leser in England und den USA, in Skandinavien und einigen asiatischen Ländern. Der erste Teil ihres Plans war aufgegangen: Sie wurden ernst genommen, und die Recherche hatte Anderson und Sally zudem ein Netzwerk aus guten Kontakten beschert.

Allerdings hatten sie auch festgestellt, dass die Analytik in den Vereinen einen sehr schweren Stand hat. »Es gibt zwar viel Interesse für diese neuen Technologien, aber das ist keine Graswurzelbewegung. Da wächst und gedeiht nichts aus sich heraus, sondern stirbt teilweise einen traurigen Tod innerhalb der Vereine«, sagt Anderson. Sie hatten feststellen müssen, dass sich viele Großklubs vor allem der Premier League zwar technische Scouts oder Datenanalysten leisteten. Aber oft gab es sie nur, weil ihre Bosse sich nicht vorwerfen lassen wollten, unmodern zu sein. In den Entscheidungsprozessen spielte die Arbeit dieser Leute bestenfalls eine Nebenrolle. »In allen Sportarten, wo Analytik erfolgreich eingesetzt wird, ist sie immer Teil der Strategie des Vereinsmanagements. Wenn das nicht von oben herab vorgegeben wird, passiert nichts.« Das galt auch für Billy Beane, der Moneyball hatte durchsetzen können, weil er bei den Oakland A's in der entsprechenden Machtposition war.

Aus dieser Beobachtung zogen Anderson und Sally einen radikalen Schluss. Sie wollten kein Klubmanagement von ihren Ideen überzeugen, sondern Investoren finden, die einen Verein kaufen wollten, um ihn dann anders als bislang üblich zu managen. »Wenn ich sage, Billy Beane sein zu wollen, dann beschreibt das den Anspruch, Fußball anders zu managen«, sagt Anderson. Also suchten sie Investoren, die bereit waren einen Klub zu kaufen und auch noch den beiden Professoren aus den USA die Schlüssel in die Hand zu geben. Dank ihrer Verbindungen als Mitarbeiter einer Ivy-League-Universität trafen sie Superreiche aus dem Nahen Osten, aus Russland und natürlich aus den USA.

Amerikanische Übernahmen in der Premier League hatte es zuvor schon einige gegeben, die der Glazers bei Manchester United, die von Randy Lerner bei Aston Villa, Ellis Short in Sunderland, Stan Kroenke bei Arsenal oder John W. Henry beim FC Liverpool. Ihre Investorengruppe wollte einen Klub in der Championship kaufen, also der zweiten englischen Liga, um ihn durch den Einsatz neuer Ideen nach oben zu bringen. Bei Charlton Athletic, damals ein Zweitligist, hätte es fast geklappt und anschließend bei Reading, doch beide Übernahmen scheiterten in letzter Sekunde.

Die Sache zog sich hin, dann tauchte ein weiterer amerikanischer Investor auf, der nicht den Umweg über die zweite Liga nehmen, sondern gleich in der Premier League einsteigen wollte. Das veränderte das Projekt grundsätzlich, denn ein englischer Erstligist kostet rund zehnmal so viel wie ein Klub aus der Championship. So fand sich der Mann, der Billy Beane werden wollte, beim Mittagslunch in den besten und teuersten Restaurants von Londons noblem Stadtteil Mayfair wieder, um mit amerikanischen Milliardären zu besprechen, wie viele Hunderte Millionen Pfund sie für einen Verein auszugeben bereit waren. Das war aufregend, aber auch kompliziert und langwierig.

Einen Fußballklub zu kaufen, ist ein fragwürdiges Geschäft, es gibt viel sichere Weisen, Geld zu verdienen. Man kann sogar sehr viel Geld verlieren, die Amerikaner waren entsetzt, dass man absteigen und damit unheimlich viel Einnahmen und Wert verlieren konnte. Außerdem bringt es viel Öffentlichkeit mit sich, Besitzer eines Fußballklubs zu sein. Das macht einen Teil des Reizes aus, aber natürlich will man sich dann erst recht nicht blamieren. Etwa indem man seinen Klub von zwei Typen ohne praktischen Fußballhintergrund führen lässt. Moneyball hin oder her.

Als die Leute, mit denen Anderson und Sally verhandelt hatten, schließlich die Mehrheit beim Crystal Palace FC übernahmen, war Chris Anderson nicht mehr dabei. Die Übernahmeverhandlungen hatten sich so lange hingezogen, dass er die Geduld verloren und das Jobangebot angenommen hatte, Manager beim damaligen Drittligisten Coventry zu werden. Ihn reizte die große Chance, endlich praktische Erfahrung in der Vereinsführung zu bekommen. »Ich wollte in die Lehre gehen«, sagt er heute.

Coventry City hat in seiner Vereinsgeschichte zwar nur einen Titel gewonnen, 1987 den englischen Pokal, war aber zwischen 1967 und 2001 fast dreieinhalb Jahrzehnte lang ununterbrochen erstklassig und hatte danach die meiste Zeit in der Zweitklassigkeit gespielt. Nun ein Drittligist zu sein, empfanden alle in Coventry als Kränkung. Zudem hatte es einen Besitzerwechsel gegeben und anschließend einen Streit um die Stadionmiete, weshalb der Klub für zwei Spielzeiten nicht einmal mehr in Coventry selbst gespielt hatte. Die »Sky Blues« waren zweifellos ein Klub in der Krise, als Chris Anderson dort begann.

Irgendwelche hochfliegenden Fantasien, in Coventry zum Billy Beane des Fußballs zu werden, überlebten schon den ersten Realitätscheck nicht. »Ich hatte den Fußball intellektuell sehr gut verstanden und alles gelesen. Ich kannte Leute in diesem Geschäft, wusste aber nicht, wie es ist, rund um die Uhr Fußball zu leben. Nach ungefähr einer Woche war mir klar: Es ist das Anti-Billy-Beane-Sein.« Andersons Realität als Boss eines Drittligisten bestand darin, sich um den Ticketverkauf zu kümmern und dafür Sorge zu tragen, dass am Wochenende genug Ordner da waren. Er musste dafür sorgen, dass der Busfahrer bezahlt wurde, damit er das Team zum nächsten Auswärtsspiel fuhr, und er musste darauf achten, dass genug Waschmittel da war, um die Trikots zu waschen.

Anderson arbeitete in Coventry mit dem technischen Direktor Mark Venus zusammen. Venus war mit 16 Profi geworden und hatte seine Spielerkarriere nach über 500 Ligaspielen mit 37 Jahren beendet; Fußball war durch und durch seine Welt. »Er hatte dieses instinktive Wissen, was man sagen und machen muss, um den gewünschten Effekt zu haben, das ich nie haben werde. Denn er hat 20 Jahre lang in der Kabine mit den anderen zusammengelebt und ich nicht«, erzählt Anderson. Venus wusste, was ein Spieler wirklich will, wenn er etwas fragt, und ob er gerade glücklich oder unglücklich ist. »Ich weiß, dass ich einen wie ihn brauche, um im Fußball erfolgreich zu sein. Man kann im Fußball nicht einfach als General herumlaufen und sagen: So machen wir das! Man benötigt auch den Feldwebel, der weiß, wie man das umsetzt.«

Anderson war aber nicht nur von alltäglichem Kram wie Eintrittskarten und Waschmittel absorbiert, in Coventry verstand er, was den besonderen Charakter der Arbeit in Fußballvereinen so faszinierend und schwierig zugleich macht. »Alles wird mit der Hand gemacht und nicht intellektuell gesteuert. Man muss sich selbst die Hände schmutzig machen, oder man hat Leute, die das für einen machen. Die Menschen, mit denen man arbeitet, benötigen drei Charakteristika: Sie müssen kompetent sein, absolut vertrauenswürdig, und sie müssen an die Mission glauben.« Doch offensichtlich war das in Coventry nicht gegeben. Anderson übernahm den Job im Herbst 2015, der Klub beendete die Saison als Achter. Dann gab es im Sommer Probleme, über die er bei der Vertragsauflösung Stillschweigen vereinbart hat. Im Oktober 2016, also nach nur etwas mehr als einem Jahr, war seine Zeit in Coventry schon wieder vorbei.

Man könnte nun annehmen, dass die Geschichte des Deutschamerikaners Chris Anderson, der zum Billy Beane des Fußballs werden wollte, damit zu Ende war. Er war zu diesem Zeitpunkt kein amerikanischer Hochschulprofessor mit einem gemütlichen Leben und gesichertem Einkommen mehr, denn den Job hatte er für das Fußballabenteuer aufgegeben. »Ich hatte ganz wunderbare Erfahrungen, aber auch sehr schlechte und stressige. In meinem Professorendasein hätte ich sie nie gehabt, und dafür bin ich sehr dankbar. Ob ich noch Billy Beane werde, ist eigentlich egal, weil die Erfahrung so interessant war.«

Als ich ihn frage, ob er während der Zeit, als er in teuren Restaurants den möglichen Kauf von Klubs vorbereitete, nicht auf den Glamour des Geldes hereingefallen sei, antwortet er sehr bestimmt: »Null! Es ist zwar ein Sog, in den man gerät, und es ist sehr schwer, da wieder rauszukommen. Aber Geld ist nicht meine Motivation.« Er sieht sich weder als gescheitert noch durch die Erfahrungen in Coventry in seiner Annahme widerlegt, dass es für einen Outsider wie ihn im Fußballgeschäft einen Platz geben müsste. Im Gegenteil, Anderson glaubt weiterhin, dass einer wie er sogar im Vorteil gegenüber vielen dort handelnden Personen wäre. »Der Akademiker in mir ist ein Klugscheißer, und Fußball ist eine Industrie, die nicht sehr gern nachdenkt.«

Anderson hat festgestellt, dass im Fußball Innovationen bislang ausschließlich von Insidern kommen. »Mich treibt an, Innovation von außen an den Fußball heranzubringen. Ich will sehen, ob man als Außenseiter gewinnen kann, denn das finde ich romantisch«, sagt er. Mit David Sally zusammen hatte er schon vor dem Coventry-Abenteuer die Consultingfirma Anderson & Sally gegründet, die Investoren beim Kauf von Klubs in wirtschaftlichen und finanziellen Fragen berät. Nicht zuletzt in der Hoffnung, dass einer dieser Investoren bei den sportlichen Entscheidungen mutig auf Outsider setzt. Doch im Frühjahr 2018 nahm Anderson ein Angebot der Warwick University an. Der Mann, der Billy Beane sein wollte, arbeitet inzwischen wieder in der akademischen Welt, er ist Gastprofessor an der London School of Economics. Nebenbei betreibt er weiterhin Consulting für Fußballklubs, und wer weiß, was eines Tages daraus noch erwächst.

Der modernste Klub der Welt

Im Frühjahr 2015 fuhr ich nach Herning in Dänemark, um den modernsten Klub der Welt zu besuchen. Jedenfalls kam es mir damals so vor. Der Wind wehte über den Trainingsplatz des FC Midtjylland und gönnte sich keine Pause. Er weht hier, in der Mitte von Dänemark, weit entfernt von allem, sowieso eigentlich immer. Wenn nicht, dann stürmt es. Den säuerlichen Geruch von Gülle auf den Feldern nebenan konnte der Wind dennoch nicht wegblasen, wohl aber den Ball. Manchmal blieb er in der Luft fast stehen, als hielte er inne und fragte sich erstaunt: Und das hier soll die Mannschaft des Klubs sein, dessen Namen sich gerade alle zuraunen wie eine geheime Formel für den Sieg?

Die Profis des FC Midtjylland trainierten auf einer holprigen Wiese zwischen Bäumen mit Vogelhäuschen und dürren Hecken, die keinen Luftzug abhielten? In einer Gegend, wo selbst die Krähen umdrehen, wie ein dänisches Sprichwort sagt. Der Trainer mit den wasserblauen Augen hatte die Windjacke hochgeschlossen und feuerte seine Spieler an. Er sollte all die atemberaubenden Ideen auf den Platz bringen, die Rasmus Ankersen, sein smarter Vereinsboss mit Pferdeschwanz, der erst 31 Jahre alt war, der streitlustige Sportdirektor Claus Steinlein und Matthew Benham, der Profizocker mit der Wettfabrik in London, ausgeheckt hatten. Sie hatten diesen dänischen Provinzklub zu dem Verein gemacht, bei dem mathematische Modelle, Algorithmen und gewagte Ideen über das Spiel eine größere Rolle spielten als irgendwo sonst im Fußball.

Ich wurde so freundlich empfangen, wie das bei professionellen Fußballklubs nur selten passiert. Für ein paar Tage war ich quasi *embedded*, durfte bei der morgendlichen Mannschaftsbesprechung zuhören, bei den Trainern abhängen, beim Training zuschauen und nach dem Spiel sogar in die Kabine kommen. Die ganze Zeit über lag eine wunderbare Aufregung in der Luft, weil der Klub gerade auf den ersten dänischen Meistertitel der Vereinsgeschichte zusteuerte. Außerdem waren sie stolz darauf, wie cool es war, was sie da machten. Denn dass es cool war, daran zweifelten nicht einmal mehr die Skeptiker.

»Ich bin eher der altmodische Typ«, sagte mir Kristian Bach Bak. Der damals 32-Jährige war Mannschaftskapitän und uneingeschränkter Publikumsliebling. Einerseits stammte er aus der Gegend, und mit seinen kurz geschorenen Haaren, seinem Bart und den vielen Tattoos sah er spektakulär aus, wie der Bassist einer Metalband. Vor allem aber war Bak der Kämpfer rechts hinten, der nie aufgibt, und der Boss im Team. Als der FC Midtjylland im Juli 2014 einen neuen Besitzer bekam und sich von einem Tag auf den anderen alles änderte, war Bak alarmiert. Als er hörte, dass Transfers von den Ergebnissen eines mathematischen Modells abgesegnet würden, machte er sich ernsthafte Sorgen. Dass sein Trainer in der Halbzeitpause seltsame Statistiken aufs Handy geschickt bekam, die offensichtlich seine Bewertung beeinflussten, machte es auch nicht gerade besser. Bald saß Kristian Bach Bak einem Mentalcoach gegenüber, der ihn einem Persönlichkeitstest unterzog, und irgendwann gehörte ein Neurobiologe von der Oxford-Universität zum Trainerteam. Alle im Klub nannten ihn »den Gehirn-Typen«. »Anfangs habe ich gedacht, dass das alles Bullshit ist, weil es im Fußball doch darum geht, Herz zu zeigen«, sagte Bak.

Bak hatte zusammen mit Rasmus Ankersen in der Jugend des FC Midtjylland gespielt und damals mit ihm in einer WG gewohnt. Allerdings beendete Ankersen seine Karriere wegen einer schweren Knieverletzung schon mit 21 Jahren. Er wurde Jugendtrainer und fing an, Bücher über Erfolg im Sport zu schreiben. Ankersen zog nach London und reiste von dort aus um die Welt, seine Vorträge wurden fünfstellig honoriert, und er beriet Unternehmen wie Lego, Facebook und Ikea. 2013 lernte er Benham kennen, als dessen Verein FC Brentford ein Drittligist mit Aufstiegsambitionen war. Als Ankersen ihn fragte, wie groß Benham die Aufstiegschancen seines Klubs einschätze, war seine Antwort: »42,3 Prozent.« – »Da wusste ich, dass er anders denkt als die meisten Leute im Fußball«, sagt Ankersen. Die Zahl sollte keine Pointe sein, sie war das Ergebnis einer Wahrscheinlichkeitsrechnung. Benham und Ankersen mochten sich auf Anhieb. Der Däne erklärte dem Engländer den Fußball aus der Sicht eines Mannes, der selbst gespielt hatte und Trainer gewesen war. Der Engländer verblüffte den Dänen mit einer Fülle von Ideen zum Fußball, die sich vor allem aus mathematisch-statistischen Berechnungen ergaben. »Er hat mich gelehrt, Fußball anders zu sehen«, sagte Ankersen. Ich verstand sofort, was er meinte.

Ankersen hat die Haare zu einem Pferdeschwanz zusammengebunden und erinnert an den Geiger David Garrett. Er hat eine schöne Stimme, die warm und weich ist, man hört ihm gerne zu. Sein größtes Talent ist es, komplizierte Zusammenhänge in griffige Slogans zu verwandeln. 2011 veröffentlichte er in Dänemark ein Buch, das seither in 25 Sprachen übersetzt wurde. Er recherchierte dafür in Kenia, Jamaika, Brasilien und Russland, woher die besten Langstreckenläufer bzw. Sprinter, Fußballer und Tennisspielerinnen stammen. Das Buch heißt »Der Goldminen-Effekt« und versucht zu erklären, was Talent im Sport ausmacht und welche Faktoren dazu beitragen, dass Spitzenathleten erfolgreich werden.

Nachdem Benham 2012 die Mehrheit bei Brentford übernommen hatte, stellte er sehr bald fest, dass sich beim Klub nur wenig änderte. Seine Überlegungen und Erkenntnisse wurden von der sportlichen Führung zwar höflich kommentiert, weil er der Boss war, wirklich umgesetzt wurden sie nicht. Der englische Fußball, gerade in den unteren Ligen, war damals eine ausgesprochen konservative Welt, in der niemand etwas Neues versuchte. Immer wieder lief Benham vor die Wand, also überlegte er, wie er einen wirklich modernen Fußballklub erschaffen könnte.

Anfang 2014 beschloss er daher, einen ausländischen Klub zu kaufen, der offener für seine Ideen war. Benham hatte ursprünglich einen belgischen Verein im Blick, aber Ankersen fädelte den Kontakt zu seinem alten Klub ein. Der FC Midtjylland war in wirtschaftlichen Nöten, und so waren alle froh, als der Deal im Juli 2014 perfekt war. Benham hielt nun die Dreiviertelmehrheit am Klub, dessen Finanzsorgen damit gelöst waren, und er setzte Ankersen als Vereinsboss ein. Als Vorstandsvorsitzender war dieser nun Boss seines alten WG-Kumpels Bak.

Als der Verteidiger im Spiel gegen den Tabellenletzten Silkeborg wie gewohnt die rechte Abwehrseite beackerte, saß ich in der MCH-Arena hinter der Trainerbank. Mit Halbzeitpfiff schaute Trainer Glen Riddersholm beim Gang in die Kabine wirklich auf sein Handy. Midtjylland hatte verkrampft gespielt, die SMS aus der Firma von Benham in London bestätigte den Eindruck. Sie wies ein Chancenverhältnis aus, das zwar für Riddersholms Team sprach, aber nicht so klar, wie das Modell es anhand der Spielstärke beider Teams vorausgesagt hatte.

In der zweiten Hälfte blieb der Tabellenführer im schmucklosen 11 000-Zuschauer-Stadion weiter unter seinen Möglichkeiten und kämpfte sich zu einem 1:0-Sieg. Die Zuschauer waren trotzdem zufrieden, der kleine Fanblock hinterm Tor feierte enthusiastisch, und der Metaller Kristian Bach Bak stimmte in der Kabine mit freiem Oberkörper Jubelgesänge an. Klar, sie waren der Meisterschaft schließlich ein Stück näher gekommen. Doch da hatte die nächste SMS aus London dem Trainer längst mitgeteilt, dass seine Mannschaft vom Modell abgewertet worden war.

Das klingt im ersten Moment grausam, technologisch und kalt. Ein Computer, der einem Trainer vorrechnet, wie gut seine Mannschaft ist. Aber es ist nicht grausam, im Gegenteil! Für Riddersholm bedeutete es nämlich, dass ihm niemand einen Strick daraus drehen würde, wenn ein Stürmer kurz vor Schluss den sicheren Siegtreffer verballert oder der Gegner durch einen Glücksschuss aus 25 Metern punktete. Benham oder Ankersen würden ihn nicht dafür opfern, kein Glück zu haben. Und er würde sich jene Selbstzweifel ersparen, die Jürgen Klopp und sein Trainerteam in der Saison hatten, die mit deren Abgang aus Dortmund endete. Auf der anderen Seite würde sich Riddersholm sogar bei Siegen rechtfertigen müssen, wenn seine Mannschaft unter den Erwartungen gespielt hatte.

»Anstelle von Gefühlen haben wir jetzt Fakten«, sagte er, »und das gibt uns das Vertrauen, vor nichts Angst haben zu müssen, wenn wir gut arbeiten.« Der 42-Jährige erschien mir als ein emotionaler Coach, er sprach gerne und ausführlich über die menschliche und soziale Seite seiner Arbeit. Riddersholm lebte seit 20 Jahren in der Gegend und hatte die meiste Zeit über Trainerjobs im Nachwuchs beim FC Midtjylland gehabt, zwischendurch war er mal Coach der dänischen U17-Nationalmannschaft. Er kannte aus dieser Zeit viele berühmte Kollegen von Wenger bis Mourinho persönlich und hatte fast alle großen Klubs in Europa und Südamerika besucht. Es war also nicht einfach dahergeredet, als er sagte: »Wenn man unsere Möglichkeiten anschaut, findet man nirgendwo in der Welt einen Klub wie Midtjylland.« Riddersholm war deshalb so enthusiastisch, weil die Informationen und Berechnungen aus London seine Arbeit besser machten. »Die Augen sehen doch, was sie wollen«, sagte er. Ich fand diesen Satz schön.

Zur Bewertung seiner Spieler griff Riddersholm auf in London berechnete »KPIs« zurück, *Key Performance Indicators*, also Leistungsdaten, die als wichtig identifiziert worden waren. Außerdem erkundeten sie gerade, von welchen Positionen aus am wahrscheinlichsten Tore erzielt wurden, um die Mannschaft demnächst gezielt dorthin spielen zu lassen. Das war die umgekehrte Anwendung der *Expected Goals:* Wenn man weiß, dass auf einer Schussposition die Torchance doppelt so groß ist wie auf einer anderen, ist es sinnvoll zu überlegen, wie man dorthin kommt.

Sicherlich war es auch kein Zufall, dass Manchester City unter Pep Guardiola in der Hinrunde der Saison 2017/18 kein einziges Tor von außerhalb des Strafraums erzielte. Im Fußball beginnt das Wissen um Daten, das Spiel zu verändern, was im Basketball etwa schon längst passiert ist. Seit Berechnungen der Houston Rockets ergeben hatten, dass es sich lohnt, das größere Risiko eines Dreipunktwurfs einzugehen, hatten auch andere Klubs in der NBA diese Strategie übernommen.

Riddersholm hatte sich von Benham überzeugen lassen, dass man eine knappe Führung am besten durch Angreifen verteidigt, weil man sonst sowohl die Wahrscheinlichkeit eines eigenen Treffers reduziert als auch die eines Gegentors steigert. Der Trainer hatte das an seine Spieler weitergegeben, und inzwischen bekam niemand mehr Herzrasen, wenn er beim Stand von 1:0 zehn Minuten vor Schluss einen zusätzlichen Stürmer einwechselte.

Der FC Midtjylland war 1999 als Fusion zweier traditionell verfeindeter, aber für sich allein nicht mehr überlebensfähiger Klubs gegründet worden. Claus Steinlein war damals 27 Jahre alt und ist seither schon Trainer und Vorsitzender des Klubs gewesen sowie Leiter der berühmten Nachwuchsakademie. 2000 war sie die erste in Dänemark gewesen und hat seither mehr Profis hervorgebracht als alle anderen Vereine des Landes.

Midtjylland konkurriert in Dänemark vor allem mit den Spitzenklubs aus der Hauptstadt, FC Kopenhagen und Bröndby, die beide einen rund doppelt so hohen Etat haben. Es machte Steinlein Spaß, die Großen mit einem Spieleretat von gerade mal sieben Millionen Euro zu ärgern. Durch die Zusammenarbeit mit Smartodds wurden ihm aus London plötzlich 20 potenzielle Kandidaten für die Position vorgeschlagen, die neu besetzt werden sollte. »Früher hatten wir einen Teilzeitscout, jetzt haben wir 200«, sagte er und meinte damit die Mitarbeiter von Benhams Firma, die in London Daten sammeln. So bekam er Vorschläge in seiner Preisklasse aus Ländern, in denen Steinlein sich nicht auskannte, denn Smartodds verfügt über individuelle Leistungsprofile von Spielern. Diese und eine ausgiebige Sichtung per DVD halfen, die Auswahl zu reduzieren. Erst dann begann Steinleins klassisches Geschäft: Kontaktaufnahme mit Beratern, Scouting vor Ort und Gespräche mit den möglichen Neuzugängen.

Solche Abenteuer passten zu einem Klub, der 2004 eine Fußballschule in einem der schwierigsten Länder Afrikas gegründet hatte, in Nigeria. »Weil uns klar war, dass es schwierig und gefährlich sein würde, wussten wir auch, dass nur so Bekloppte wie wir das machen«, sagte Steinlein in seinem Büro in der Haupttribüne des Stadions. Die Schule in Lagos führt Churchill Oliseh, ein Bruder des früheren Nationalspielers Sunday Oliseh, der in Europa bei Ajax, Juventus und Dortmund gespielt hatte. Er schickte jedes Jahr die besten Youngster, ein Dutzend von ihnen verdienen inzwischen als Profis ihr Geld in Europa. Wer es in Dänemark nicht schafft, wird mit zwei Jahresgehältern in der Tasche nach Hause geschickt, um sich daheim eine neue Existenz aufbauen zu können. »Wir haben immer schon neue Wege bestritten, das ist Teil der DNA unseres Klubs«, sagte Steinlein.

So hatten sie hier in Herning schon immer gearbeitet, einem Städtchen von 48 000 Einwohnern mit roten Backsteinhäusern und einer Fußgängerzone, in der die Geschäfte schon um halb sechs schließen. Drum herum sind karge Heideböden, weshalb die Menschen früher eigensinnig und beharrlich auf Schafzucht setzten. Bald stellten sie aber nicht mehr nur Wolle, sondern Kleidung her, und irgendwann war Midtjylland das Zentrum der dänischen Textilindustrie. Die Unterhosen, für die Cristiano Ronaldo wirbt, kommen von hier. Vor ein paar Jahren wurde in Herning ein Messekomplex gebaut, der größte Skandinaviens. Daneben steht das Stadion des FC Midtjylland und die größte Veranstaltungshalle Dänemarks. Katy Perry trat dort schon auf und sogar Madonna. Das ist so, als würden sie in Deutschland nicht in Berlin spielen, sondern in Celle.

Nach dem glücklichen Sieg gegen den Tabellenletzten war Rasmus Ankersen aufgeräumt und klang enthusiastisch, als ich ihn über die Zukunftsaussichten befragte. »Ich habe ehrlich gesagt keine Ahnung, wohin uns das noch bringt«, sagte er, »aber vielleicht ist es wirklich eine Revolution.« Einige Wochen später gewann Midtjylland die dänische Meisterschaft vor den Klubs aus der Hauptstadt. Es sollte nicht der einzige Titel bleiben.

Revolution!

Geld regiert die Fußballwelt – aber nicht ganz. Wie man erfolgreich wird, wenn man sich nicht an die Regeln der Branche hält. Wohin das Spiel sich entwickelt und warum Standardsituationen so wichtig sind.

Mit Grips gegen Geld

Matthew Benham hatte an diesen Dänen aus dem Niemandsland von Beginn an gefallen, dass sie immer schon ungewöhnliche Wege gegangen waren, um erfolgreich zu sein – sogar den bis nach Nigeria. Sie waren also, wie Benham sagte, Dick Fosbury gewesen. »In jeder Branche gibt es zwei Modelle: ›Best in Business‹ zu sein – oder es so zu machen wie der amerikanische Hochspringer«, erklärte er mir. Im ersten Fall macht man, was alle anderen machen, nur eben möglichst am besten. Beim anderen versucht man so innovativ zu sein wie Dick Fosbury, der auf die zunächst durchgeknallt erscheinende Idee gekommen war, beim Hochsprung die Stange mit dem Rücken zuerst zu überqueren. Auf diese Weise gewann er 1968 bei den Olympischen Spielen in Mexiko City die Goldmedaille und revolutionierte seinen Sport.

Bis dahin hatten alle Athleten versucht, die Hochsprunglatte im Straddle zu überspringen, was logisch erschien, weil man sie dabei mit dem Bauch überwindet. Fosbury jedoch kam damit nicht zurecht und verwandelte eine alte, fast vergessene Sprungtechnik – den Scherenschlag – in eine neue, indem er eine Drehung einbaute und mit dem Rücken zur Hochsprunganlage absprang. Möglich wurde das auch durch eine neue Technologie: Hochspringer landeten in den 1960er-Jahren nicht mehr auf Sandhügeln oder in Bergen von Sägemehl oder Hobelspänen, sondern auf Schaumstoffmatten. Mit dem Rücken aus zwei Metern Höhe im Sand zu landen, wäre kaum möglich gewesen. Auch weil Fosburys Sprungtechnik so seltsam aussah, wurde anfangs gespottet, dass er wohl einen Flop gelandet hätte. Heute wissen selbst viele Leichtathleten nicht mehr, dass der Sprung Fosbury Flop heißt, weil keine andere Technik mehr benutzt wird.

Als Profiwetter hatte auch Benham versucht, Fosbury zu sein, indem er Marktschwächen im Wettbusiness mithilfe von Daten zu identifizieren begann. Nun versuchte er mit Brentford und vor allem dem FC Midtjylland, größere Fußballklubs zu überholen, die mehr Geld einsetzen konnten. Dass Benham in diesem Zusammenhang aber den Begriff Moneyball vehement ablehnt, hat zwei Gründe. Einerseits weckt dieser die Erwartung, dass es ausschließlich um Daten gehe und irgendeine fantastische Geheimformel für Siege, was angesichts der ungeheuren Komplexität des Fußballs eine absurde Vorstellung ist. Außerdem hat es insbesondere seit dem Film »Moneyball« eine inflationäre Nutzung des Begriffs gegeben. Vor allem in den USA wurde der Begriff Moneyball im Zusammenhang mit Start-ups und der Buchbranche, mit Rechtsanwälten, digitalen Medien und einer Reihe weiterer Branchen benutzt. Immer war damit die Vorstellung verbunden, dass Big Data nach bislang unbekannten Zusammenhängen durchforstet wird und die Ergebnisse alles umkrempeln. Doch letztlich ging es Benham um etwas anderes.

Die Geschichte von Dick Fosbury, dem Revolutionär des Hochsprungs, ist natürlich eine Variante der großen Menschheitserzählungen von David und Goliath. In der alttestamentarischen Legende trifft die Armee der Israeliten auf die der Philister, aus deren Reihen der drei Meter große Kämpfer Goliath vortritt. Er ist ein furchteinflößender Riese mit einem gewaltigen Brustpanzer aus Bronze und einem riesigen Sichelschwert. David dagegen ist ein einfacher Hirte und wäre im direkten Kampf chancenlos. Doch er greift in seine Tasche, holt einen Stein hervor und schießt ihn mithilfe einer Schleuder an Goliaths Kopf. »Der Stein drang in die Stirn ein, und der Philister fiel mit dem Gesicht zu Boden«, heißt es im Buch Samuel. »So besiegte David den Philister mit einer Schleuder und einem Stein; er traf den Philister und tötete ihn, ohne ein Schwert in der Hand zu haben.« Heute würde man das als asymmetrische Kriegsführung bezeichnen, wozu Guerillakrieg und Terrorismus gehören: Man attackiert übermächtige Gegner nicht mit deren Waffen, sondern greift zu anderen Taktiken.

Auch in der Welt des Fußballs gibt es inzwischen gewaltige Asymmetrien, die vor allem wirtschaftlicher Art sind und durchgreifende Folgen haben. 2009 veröffentlichten der englische Sportökonom Stefan Szymanski und der renommierte englische Journalist Simon Kuper das Buch »Why England Lose«. In den USA wurde es unter dem passenderen Titel »Soccernomics« veröffentlicht, denn das Buch ist eine hochinteressante Analyse des Fußballs aus wirtschaftlicher Sicht. Szymanski hatte schon länger über den Zusammenhang von Wirtschaftskraft und Erfolg am Beispiel englischer Klubs geforscht. Dabei stellte er sich unter anderem die Frage, was der entscheidende Hebel für sportlichen Erfolg ist, und untersuchte in diesem Zusammenhang die Personalkosten der 92 englischen Profiklubs in den Jahren 1998 bis 2007. Man kann die Zahlen nicht komplett mit den Gehaltskosten für die erste Mannschaft gleichsetzen, denn es sind alle Gehälter eingerechnet – von den Sekretärinnen über den Platzwart im Trainingszentrum bis zum Mittelstürmer. Das Ergebnis ist dennoch aussagekräftig. Szymanski setzte die jeweiligen Zahlen ins Verhältnis zum Durchschnitt der Liga und schaute, welche durchschnittliche Tabellenposition die Klubs einnahmen. Bei Manchester United etwa lagen die Gehaltskosten damals beim 3,16-Fachen des Durchschnitts.

Klub	Relative Gehaltskosten im Vergleich zum Durchschnitt	Durchschnittlicher Tabellenplatz
Manchester United	3,16	2
Arsenal	2,63	2
Chelsea	3,50	3
Liverpool	2,68	4
Newcastle United	1,93	9
Aston Villa	1,34	9
Tottenham Hotspur	1,60	10
Everton	1,41	12
Middlesbrough	1,32	12
Leeds United	1,70	13
West Ham United	1,31	14
Blackburn Rovers	1,48	14

Klub	Relative Gehaltskosten im Vergleich zum Durchschnitt	Durchschnittlicher Tabellenplatz
Charlton Athletic	0,98	15
Bolton Wanderers	0,92	16
Fulham	1,24	16
Southampton	0,92	16
Sunderland	1,24	18
Manchester City	1,24	18

Quelle: Kuper/Szymanski, »Soccernomics«

Auf den ersten Blick ist zunächst verblüffend, wie sehr sich die Welt der Premier League in den folgenden zehn Jahren verändert hat. Aston Villa, Middlesbrough, Leeds, Fulham, Sunderland, Blackburn und Charlton verschlug es inzwischen teilweise in die Zweit- und teilweise sogar Drittklassigkeit. Manchester City hingegen ist dank seiner Besitzer aus Abu Dhabi in die Spitze vorgestoßen – sicherlich auch bei den Personalkosten. Interessanter aber ist die relativ klare Korrelation zwischen Personalkosten und dem durchschnittlichen Tabellenplatz. Szymanski resümiert: »Je mehr man seinen Spielern bezahlt, desto höher wird man in der Tabelle stehen.«

Szymanskis Ergebnisse beeinflussten den europäischen Spitzenfußball sogar ganz direkt, wie der Spanier Ferran Soriano 2011 in seinem Buch »Der Ball geht nicht zufällig ins Tor« offenbarte. Als Vizepräsident des FC Barcelona drängte er darauf, den wirtschaftlichen Rückstand zu Real Madrid zu verkleinern. In den fünf Jahren zwischen 2003 und 2008 verdreifachte der FC Barcelona seinen Umsatz. »Wenn man eine Meistermannschaft haben will, die regelmäßig Titel gewinnt, muss man kontinuierlich dafür sorgen, dass der Klub groß ist und hohe Einnahmen generiert, um die besten Spieler unter Vertrag nehmen zu können, die man bekommen kann. Mit Glück hat das alles nichts zu tun«, schrieb Soriano. Heute ist er geschäftsführender Vorstand von Manchester City, und man kann nicht sagen, dass er dort mit veränderter Strategie arbeiten würde.

Saisonal betrachtet kann der Zusammenhang zwischen Personalkosten und Erfolg auch mal anders aussehen. Die unten aufgeführten Personalausgaben der Bundesligasaison 2016/17 gehen nicht auf Geschäftsberichte zurück, sondern sind das Ergebnis von Hintergrundgesprächen mit Managern der Klubs und wurden nach ihrer Veröffentlichung im Magazin *11 Freunde* in der Branche als realistische Auskunft über die Wirtschaftskraft nicht angezweifelt. Neben der Zahl für die Personalkosten (in Millionen Euro) findet sich die Tabellenposition am Ende der Saison und die Abweichung von der Position in der Personalkostentabelle.

Klub	Personaletat	Abschlusstabelle	Differenz zur Personalkostentabelle
FC Bayern	195	1	0
Bor. Dortmund	115	3	-1
Schalke 04	100	10	-7
VfL Wolfsburg	95	16	-12
Bayer Leverkusen	72	12	-6
Bor. M'gladbach	59	9	-3
Hamburger SV	53	14	-7
RB Leipzig	50	2	+6
Hertha BSC	46	6	+4
TSG Hoffenheim	44	4	+7

Klub	Personaletat	Abschlusstabelle	Differenz zur Personalkostentabelle
Mainz 05	42	15	–4
1. FC Köln	38	5	+8
Eintracht Frankfurt	35	11	+2
Werder Bremen	35	8	+6
FC Augsburg	30	13	+2
SC Freiburg	25	7	+9
FC Ingolstadt	25	17	0
Darmstadt 98	23	18	0

Quelle: 11 Freunde

»Der Markt für Spielergehälter ist ziemlich effizient«, hatte Szymanski angesichts seiner Langzeitanalyse festgestellt. Nach Ansicht der Bundesligasaison 2016/17 könnte man das für eine haltlose Behauptung halten, denn im Schnitt weichen die Klubs fast fünf Plätze von der Personalkostentabelle ab. Besonders spektakulär ist das im Fall des VfL Wolfsburg, der mit dem viertteuersten Kader sogar in die Relegation musste und sich erst dort vor dem Abstieg rettete. Freiburg hingegen hatte den drittbilligsten Kader der Liga hinter den beiden Absteigern Darmstadt und Ingolstadt, dennoch schafften sie es auf einen Platz, mit dem die Qualifikation zur Europa League erreicht wurde. Sicherlich gibt es in beiden Fällen wirtschaftliche Sondereffekte zu betrachten, denn der VfL Wolfsburg muss seine Spieler tendenziell überbezahlen, weil die Stadt als unattraktiver Wohnort gilt. Beim SC Freiburg hingegen sind Spieler mitunter bereit, finanzielle Abstriche zu machen, weil sie darauf hoffen, sich beim Trainerteam um Christian Streich sportlich weiterzuentwickeln und sich später andernorts besonders üppige Verträge zu sichern.

Aber das sind Spezialfragen, die Wahrheit ist letztlich schlichter. Die englischen Zahlen zeigen: Über einen Zeitraum von zehn Jahren setzt sich letztlich die höhere Wirtschaftskraft durch. Je mehr man in seine Mannschaft investieren kann, desto größer ist die Chance auf sportlichen Erfolg. Abweichungen von dieser Regel sind über einen längeren Zeitraum nur noch klein. Einen Zusammenhang zwischen Transferausgaben und sportlichem Erfolg hingegen gibt es nicht. Wenn man sich die Ergebnisse jener Klubs anschaut, die in den zehn Jahren zwischen 2007 und 2017 ununterbrochen in der Bundesliga gespielt haben, wird das offensichtlich. Borussia Dortmund ist die eindeutige Nummer zwei in Deutschland hinter den Bayern, hat aber durch Transfers mehr eingenommen als ausgegeben.

Klub	Durchschnittliche Tabellenposition	Transfersaldo in Mio.
FC Bayern	1,2	–387
VfL Wolfsburg	7,9	–143
Hamburger SV	9,8	–93
Schalke 04	5,8	–17
Bayer Leverkusen	5,3	3
Bor. Dortmund	2,9	28
Werder Bremen	9,2	41

Quelle: transfermarkt.de

Wenn die Transferausgaben aber nicht der entscheidende Hebel für den sportlichen Erfolg sind, führt das zu dem Schluss, dass Vereine nicht in Ablösesummen, sondern in

Gehälter investieren sollten. Überhaupt könnte man die Strategie ausgeben, alle Energie darauf zu verwenden, die Einnahmen zu steigern, um mehr für die Spieler ausgeben zu können, um dann erfolgreicher zu werden, um dadurch noch mehr Einnahmen zu erzielen, um noch besseren Spielern noch mehr Geld … Oder man versucht eben, das System zu schlagen, indem man schneller und schlauer ist als die Konkurrenz und so zum Dick Fosbury wird. Man muss sich dabei jedoch darüber im Klaren sein, wo man mit seinem Klub eigentlich steht.

Der englische Autor Daniel Fieldsend hat in seinem Buch »The European Game« eine Reichtumspyramide aufgestellt und darauf hingewiesen, dass Transferaktivitäten stets in diesem Rahmen zu sehen sind. Seine Pyramide hilft auch zu verstehen, dass es im Fußball inzwischen eine relativ geringe soziale Mobilität gibt. Fieldsend weist in seiner Pyramide fünf Etagen für fünf unterschiedliche Sorten von Vereinen aus.

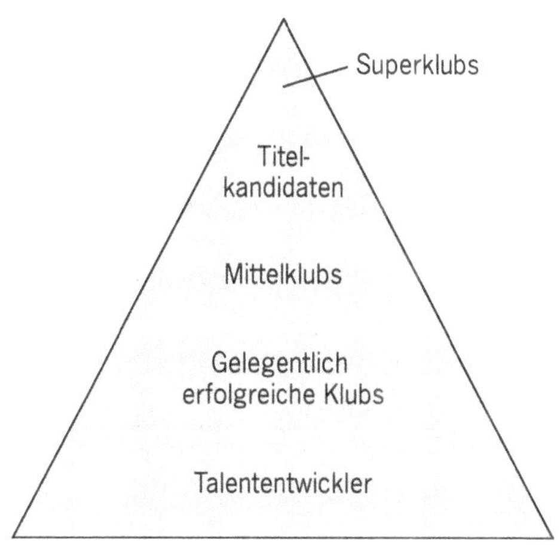

Quelle: Fieldsend, »The European Game«

Superklubs haben nach Ansicht des Autors quasi die Pflicht, Superstars in ihren besten Jahren zu kaufen. Das klassische Beispiel dafür wäre Real Madrid, ob sie nun Ronaldo kauften oder Cristiano Ronaldo, Luis Figo, David Beckham oder Zinédine Zidane. Ähnlich sieht es für Barcelona, Juventus Turin, die Spitzenklubs aus England und den FC Bayern aus. Hinter denen, die regelmäßig zu den potenziellen Gewinnern der Champions League gehören, stehen Klubs der zweiten Reihe, die im eigenen Land groß sind und gelegentlich in Europa relativ weit kommen, aber Superstars eher entwickeln, als dass sie diese auf dem Leistungszenit halten könnten: Atletico Madrid, der FC Sevilla, FC Porto, Benfica Lissabon oder Borussia Dortmund.

Ein im internationalen Vergleich klassischer Mittelklub wäre Udinese Calcio. Der norditalienische Verein gleicht seinen Standortnachteil, in einer Stadt von nur 100 000 Einwohnern ohne großes Einzugsgebiet beheimatet zu sein, durch ein extensives Transfergeschäft aus. Udinese hat ein globales Netz von Scouts und war immer wieder in der Lage, Transfercoups zu landen. Der größte war die Verpflichtung von Alexis Sánchez, der von Udinese für 25 Millionen Euro zum FC Barcelona wechselte. Dem Klubeigner gehört inzwischen auch der FC Watford in England, sodass talentierte Spieler sogar zwischen unterschiedlichen Ligen bewegt werden können.

Wo man in der Nahrungskette des Fußballs steht, hat nicht zuletzt mit der Wirtschaftskraft einer Liga zu tun. Diesbezüglich ist vor allem die Eerendivisie in Holland deutlich zurückgefallen. Früher einmal war sie eine Art Probebühne für südamerikanische Superstars von morgen. Romário und Ronaldo spielten in Europa zunächst beim PSV Eindhoven und Luis Suárez aus Uruguay beim FC Groningen. Das wäre heute unvorstellbar. Holländische Klubs gehören in die Kategorie der Talententwickler, deren größter im europäischen Vergleich Ajax Amsterdam ist. Allein in der holländischen Eerendivisie stammt fast ein Drittel der Spieler aus der Ajax-Akademie. Daley Blind bei Manchester United, Christian Eriksen und Jan Vertonghen bei Tottenham, Thomas Vermaelen vom FC Barcelona oder Toby Alderweireled bei Atletico Madrid sind nur die prominentesten Namen von 77 Spielern aus der Ajax-Akademie, die 2017 jenseits von Holland in Europas ersten Ligen spielten. In der Saison 2018/19, als Ajax mit fantastischen Talenten wie Frenkie de Jong und Matthijs de Ligt das Halbfinale der Champions League erreichte, zeigte sich diese Fähigkeit noch einmal besonders. Aber der Klub konnte die Spieler andererseits auch nicht halten.

Es gibt inzwischen also mannigfaltige Möglichkeiten der wirtschaftlichen Gestaltung. Sie betreffen das Verhältnis der Ligen untereinander wie innerhalb von Spielklassen. Besonders krass ist das in Frankreich, wo Paris Saint-Germain dank grenzenloser Mittel aus dem katarischen Staatsfonds die Ligue 1 dominiert. In vielen kleineren Fußballnationen sind Monokulturen entstanden, wo sich ein Klub mit den Einnahmen aus der Champions League einen fast uneinholbaren Vorsprung verschaffen konnte, das galt lange vor allem für den FC Basel in der Schweiz oder Olympiakos Piräus in Griechenland.

Wenn man schlauer sein will als die Konkurrenz, muss man sich also darüber im Klaren sein, was überhaupt realistisch möglich ist. Udinese wird nie italienischer Meister werden, und vermutlich kann Borussia Dortmund nicht ernsthaft mit den Superklubs mithalten, wenn es um den Gewinn der Champions League geht. Dass Leicester City gleich mehrere Kategorien übersprungen hat, als die Mannschaft 2016 englischer Meister wurde, sollte man nicht als Orientierungswert betrachten, sondern als sensationellen Ausreißer. Nun könnte man sich angesichts dieser Analyse traurig in sein Schicksal fügen oder alle Energien darauf lenken, die Einnahmen zu steigern, um teurere Spieler im Team zu haben. Oder man versucht Dick Fosbury zu werden.

Im Fußball gibt es aufgrund der Komplexität des Spiels viele Ansätze dazu. Und das war es auch, was Matthew Benham meinte, als er so vehement gegen die Erzählung von Moneyball als dem Siegeszug smarter Datenanalyse argumentierte. Denn es gibt natürlich viele Möglichkeiten, sich einen Vorteil im Fußball gegenüber wirtschaftlich übermächtiger Konkurrenz zu verschaffen, indem man die Dinge anders macht. Allerdings muss man dazu nicht irgendwelche Regeln brechen, sondern die richtigen.

Regelbrecher

Einer der am weitesten verbreiteten Wahrnehmungsfehler heißt *Social Proof* und führt dazu, dass wir die Dinge so machen, wie wir sie immer schon gemacht haben, und weil die anderen sie auch so machen. So war es Fußballspielern früher etwa verboten, während des Spiels zu trinken, weil das angeblich leistungsmindernd war. Der legendäre Bundestrainer Sepp Herberger war in dieser Frage sehr strikt, weshalb sich seine Berufskollegen bis in die 1970er-Jahre weitgehend daran hielten und ihren

Spielern selbst in größter Hitze das Trinken untersagten. Heute hingegen weiß man, dass Dehydrierung gesundheitsgefährdend ist, und so gibt es an heißen Tagen extra Trinkpausen während des Spiels.

In den 1960er-Jahren galt Torwart Petar Radenkovic von 1860 München als Exzentriker und Paradiesvogel, weil er sich am Spiel seiner Mannschaft durch weite Ausflüge aus dem Tor beteiligte. Er war damit ein Freak, galt als unterhaltend, aber auch unseriös. Heute hingegen erwartet man von Torhütern, dass sie zum elften Feldspieler werden, und das hat nicht nur damit zu tun, dass sie Rückpässe nicht mehr mit der Hand aufnehmen dürfen.

Bis zur Jahrtausendwende spielten fast alle Mannschaften in Deutschland mit einem Libero als Absicherung hinter der Abwehr oder manchmal davor. Das war einer der Gründe für den Niedergang des deutschen Fußballs und des Nationalteams zu jener Zeit, in der die taktischen Konzepte der Gegner schon weiter waren. Als der damalige Bundestrainer Berti Vogts die Nationalmannschaft erstmals »ballorientiert« verteidigen lassen wollte, wurde der Begriff in fast allen Medien höhnisch kommentiert. Heute ist Ballorientierung ein völlig selbstverständliches Defensivkonzept.

Fußball ist insofern besonders konservativ, und weil daher die Kräfte des *Social Proof* oft noch stärker wirken als in anderen Lebensbereichen, halten sich falsche Konzepte besonders hartnäckig. Dass es die Überwindung alter Glaubenssätze und Wissensstände hin zu Modernisierungen im Fußball so schwer hat, liegt auch daran, dass die Akteure unter größter sozialer Kontrolle durch Fans und Medien stehen. Wer etwas Neues macht und damit keinen Erfolg hat, wird härter kritisiert, als wenn man das macht, was alle machen. Auch deshalb war es erstaunlich, als 2012 ein junger deutscher Trainer vor der Rulebreaker Society einen Vortrag hielt. Diese Gesellschaft ist ein deutsches Unternehmen, das sich als »privater internationaler Businessclub neuer Art« versteht. Seine Protagonisten wollen durch Regelbrüche neue Märkte entdecken, Branchen grundlegend verändern und dabei reich werden, wie sie selbst sagen. Der junge Trainer, der dort sprach, hieß Thomas Tuchel, war 39 Jahre alt und in seiner vierten Saison Chefcoach des Bundesligisten Mainz 05.

Schon seiner Verpflichtung waren gleich mehrere Regelbrüche vorausgegangen. Christian Heidel, den damaligen Manager des Klubs, kann man sicher als einen der großen Revolutionäre der Bundesligageschichte bezeichnen, selbst wenn der gelernte Autohändler angesichts solcher Zuschreibungen nur abwinken würde. Aber bei der Verwandlung eines rheinhessischen Provinzklubs in einen etablierten Bundesligisten verfolgte er nicht nur einen Mehrjahresplan; gerade bei der Besetzung des Trainerpostens ging er unkonventionell vor. Jürgen Klopp machte er mitten im Abstiegskampf der Zweiten Liga zum Cheftrainer, obwohl Klopp da noch Abwehrspieler war, nie ein Team trainiert und nicht einmal einen Trainerschein hatte. Später als Manager in Schalke war Heidel der erste deutsche Manager, der eine Ablösesumme für einen Trainer bezahlte, an den FC Augsburg für Markus Weinzierl. Als diesem Transfer kein großer Erfolg beschieden war, ging Heidel anschließend nicht auf Nummer sicher und verpflichtete 2017 einen etablierten Trainer als Nachfolger von Weinzierl, sondern einen 31-Jährigen mit der Erfahrung von elf Spielen als Profitrainer beim Zweitligisten Erzgebirge Aue: Domenico Tedesco. »Erfahrung wird überbewertet«, meinte Heidel. In seiner ersten Saison als Bundesligatrainer führte Tedesco Schalke auf den zweiten Tabellenplatz.

Festgestellt hatte Heidel die Überbewertung von Erfahrung nicht nur durch seinen erfolgreichen Coup mit Jürgen Klopp, sondern auch, als er den norwegischen Trainer Jörn Andersen nur fünf Tage vor Beginn der Bundesligasaison 2009/10 entließ und Tuchel den Job gab. Das hatte es noch nie gegeben, zumal Andersen mit den Mainzern gerade erst den direkten Wiederaufstieg in die Bundesliga geschafft hatte. Doch nach einer Pokalniederlage bei einem Viertligisten war Heidel zu der Überzeugung gekommen, dass die Probleme, die er in der Arbeit von Andersen schon länger gesehen hatte, in der Bundesliga voll durchschlagen würden. Er störte sich am betont harten und wenig kommunikativen Umgang des Trainers mit seinen Spielern nicht zuletzt deshalb, weil er das Gegenteil für einen Teil der Klubidentität hielt. Andersen wurde später Nationaltrainer in Nordkorea.

Noch überraschender als der Trainerwechsel an sich aber war, wen Heidel zu Andersens Nachfolger machte. Einerseits gehörte Thomas Tuchel zum kleinen Kreis der Bundesligatrainer, die nicht selber Profi gewesen waren. Er war als Verteidiger mit dem SSV Ulm zwar deutscher Amateurmeister geworden, dann hatte eine Verletzung seine Karriere jedoch bald beendet. Gänzlich neu aber war etwas anderes, als Tuchel am 4. August 2009 sein Amt antrat: Zum ersten Mal in seinem Leben war er da als Trainer für eine Seniorenmannschaft verantwortlich. Tuchel hatte seit dem Jahr 2000 durchgehend als Jugendtrainer in Stuttgart, Augsburg und Mainz gearbeitet, und im Juni 2009 hatte er mit Mainz 05 die erste A-Jugend-

Meisterschaft des Klubs gewonnen. Tuchel war ein typisches Produkt der Nachwuchsleistungszentren, die nach der Jahrtausendwende in Deutschland entstanden waren. Dort sorgt ein sehr anspruchsvolles Zertifizierungssystem dafür, dass an den Wissensstand der Nachwuchstrainer allerhöchste Ansprüche gestellt werden. Viele Jugendtrainer waren daher in Fachfragen besser ausgebildet als die Profitrainer vorangegangener Generationen. Das änderte im Fall Tuchel aber trotzdem nichts daran, dass er nie zuvor Seniorenspieler trainiert hatte, geschweige denn eine Profimannschaft. Anders gesagt: Sein Debüt als Trainer einer Erwachsenenmannschaft fand in der Bundesliga statt.

Vom Auftritt Tuchels bei der Rulebreaker Society gibt es ein Video auf Youtube, das fast 400 000-mal abgerufen worden ist. Das ist eine spektakuläre Zahl, es ist aber auch ein bemerkenswerter Auftritt, in dem Tuchel mal bewegend, mal humorvoll, aber immer sehr analytisch davon erzählt, wie er die neue Aufgabe anging und wie sich seine Arbeit in der Bundesliga weiterentwickelte. Nicht nur seine Verpflichtung war ein Regelbruch, sondern er brach als Neuankömmling in der Bundesliga selbst mutig mit einem klassischen »Denkmuster«, wie Tuchel das nannte. In der Regel hieß es bei den meisten Mannschaften damals nämlich noch: »Man muss ein System spielen, und das besonders gut.« Vorherrschend war die Vorstellung, dass ein Trainer sich vor Saisonbeginn auf eine Grundaufstellung für sein Team festlegt und daran bis zum Saisonende festhält. Man spielte also ein 4-3-3-System, ein 4-2-3-1 oder was auch immer und blieb dabei, um die Abläufe zu automatisieren. Es gab sogar Klubs, die über Jahre die gleiche Formation pflegten.

Mit der unausgesprochenen Regel, sich auf ein solches System festzulegen, brachen Tuchel und sein Trainerteam. Sie taten das aus einem Gefühl der Unterlegenheit, weil die meisten Gegner von Mainz 05 schlichtweg die besseren Spieler hatten. Wenn sie also einfach das tun würden, was ihre besser besetzten Gegner taten, würden sie die Mehrzahl der Spiele verlieren und die Klasse nicht halten können. Tuchel griff zu einer radikalen Idee, er wollte die Spielsysteme der Gegner »spiegeln«, wie er das nannte. Damit machte er quasi das Gegenteil von dem, was die meisten Spitzenmannschaften jener Zeit auf dem Platz versuchten. Bei ihnen hieß die Maßgabe, teilweise gilt sie heute noch: »Wir wollen unser Spiel durchbringen.« Gemeint ist damit, dass sich ihre Gegner daran orientieren sollen, wie sie spielen. Tuchel hingegen übererfüllte bewusst die Rolle des Underdogs und richtete sich von vornherein komplett auf den Gegner aus, und zwar nicht nur gegen vermeintlich übermächtige Kontrahenten wie den FC Bayern oder Borussia Dortmund, sondern immer. Tuchel übte für jeden Gegner das Spielsystem ein, von dem er annahm, dass es am besten passen würde. Spielte eine Mannschaft im 4-2-3-1, ließ Tuchel seine Mainzer in einem 4-1-4-1 spielen. Er wollte seine Spieler dadurch von vornherein in die richtigen Räume auf dem Platz bringen. »Wir wollten Spielern ein Gerüst mitgeben, wie man intuitiv handeln kann«, erklärte er. Idealerweise sollten sie dadurch in einen »Flow« kommen, also den von allen Sportlern erstrebten Zustand, in dem die Dinge wie von selbst zu laufen scheinen. »Ich weiß noch, dass mich nach Ende meiner ersten Halbserie Trainerkollegen angerufen und mir gedankt haben, weil sie jetzt auch mal darüber nachdenken. Es ist bei uns die Einsicht entstanden, dass sich die Systeme gar nicht so sehr unterscheiden, sondern nur der Raum, in dem du deine individuellen Stärken einbringst und natürlich fleißig verteidigst. Und dass Spieler das während der Woche gar nicht groß lernen müssen, man kann vor allem die Defensivabläufe am Videobild jedem wunderbar plausibel machen. So haben wir die Scheu verloren, unterschiedliche Formationen zu spielen«, erklärte Tuchel später das, was damals passierte.

Er brach aber auch mit anderen Denkmustern. Zuvor hatte Mainz, wie viele Teams, den Gegner mit langen Bällen über die Außenpositionen attackiert. Das folgte der einfachen Logik, dass die Mitte des Spielfeldes verstellt und es dort folglich schwieriger war, das Spiel aufzubauen; also versuchte man es außen. Zugleich war aber die Aussicht geringer, von außen zu einem Tor zu kommen, weshalb ja alle wollten, dass der Gegner über außen und nicht durch die Mitte angriff.

Tuchel hingegen ließ so angreifen, dass Mainz den Gegner dort erwischte, wo es besonders gefährlich war: im Zentrum des Spielfelds. Um das einzuüben, nutzte er einen einfachen Kniff: Er schnitt im Training die Ecken des Spielfelds ab, indem er sie mit Hütchen absperrte und die Spieler sich dort nicht aufhalten durften. Dadurch bekam er ein diamantförmiges Spielfeld, was die Spieler in das Prinzip zwang, in die Mitte zu spielen. Außerdem verdichtete Tuchel in vielen Trainingsformen das Spielfeld extrem, sodass es seiner Mannschaft am Wochenende wie eine Erleichterung vorkam, endlich auf dem ganzen Platz spielen zu können.

Zu Tuchels Neuerungen gehörte es auch, dass in einer Trainingseinheit pro Woche seine Reservisten oder das eigene Jugendteam als Schattenteam des nächsten Gegners agierten. Er ließ also das kommende Spiel simulieren, indem das B-Team beispielsweise das 4-2-3-1 des kommenden Gegners spielte, um seinem A-Team noch erfahrbarer zu machen, was auf sie zukommen würde. Eine Arbeitsweise, die er später in Dortmund übrigens wieder als ineffektiv verwarf.

Zudem zerlegten Tuchel, sein Assistent Arno Michels und der Videoanalytiker Benjamin Weigelt das gegnerische Spiel so, dass sie darauf fußend einen *Matchplan* für ihre Mannschaft entwickelten. Diesen pseudoenglischen Begriff hat Tuchel erfunden. Wenn überhaupt, würde man im Englischen ein derartiges strategisches Vorgehen als *Gameplan* bezeichnen. Der Begriff wurde in Deutschland teilweise deshalb kritisiert, weil doch schließlich jeder Trainer einen Plan für ein Spiel habe. Das mag sein, aber die Pläne im zeitgenössischen Fußball gehen über simple Anweisungen weit hinaus. Gemeint ist damit, auf bestimmte Spielphasen und Spielentwicklungen so vorbereitet zu sein, dass jeder Spieler in jeder Situation stets weiß, was zu tun ist. Das führte in Mainz dazu, dass Tuchel nicht nur ständig die taktische Grundaufstellung, sondern auch das Personal wechselte – ebenfalls ein Bruch mit den üblichen Denkweisen, wo viel Wert auf eingespielte Mannschaften gelegt wurde.

Mainz 05 war in den fünf Jahren, in denen Tuchel dort arbeitete, phänomenal erfolgreich. Er übertraf sogar noch seinen Vorvorgänger Jürgen Klopp, auf den er anschließend in Dortmund folgen sollte. Mainz stellte unter Tuchel diverse Vereinsrekorde auf und erreichte einmal sogar internationale Plätze. Vor allem sorgte Tuchel aber dafür, den *Social Proof* zu verändern. Plötzlich wollten alle Klubs diese tollen Jugendtrainer zu Cheftrainern machen, gerne ohne Erfahrung im Profifußball. Und eigentlich wollten jetzt alle diese möglichst flexibel spielenden Mannschaften.

Liquider Fußball

Ein Jahr bevor Thomas Tuchel in Mainz Bundesligatrainer wurde, traf der FC Barcelona bei der Besetzung seines Cheftrainerpostens ebenfalls eine überraschende Entscheidung: Er besetzte ihn mit Pep Guardiola. Der war erst 37 Jahre alt und verfügte über die Erfahrung von nur einem Jahr als Trainer der zweiten Mannschaft. Aus der Ferne wirkte seine Verpflichtung bei einem der größten Klubs der Welt trotzdem irgendwie altmodisch: Mit Guardiola gab man einem verdienten, bei den Fans populären Spieler den Job. Einem, der aus Katalonien kam, elf Jahre im Trikot des FC Barcelona gespielt und in dieser Zeit alle wichtigen Titel gewonnen hatte.

Doch dann passierte etwas, das es in der Geschichte des Fußballs noch nie gegeben hatte. In seiner ersten Saison als Cheftrainer gewann Guardiola nicht nur die spanische Meisterschaft und den Pokal, sondern auch die Champions League, den europäischen Supercup und die Klubweltmeisterschaft, erreichte also nicht nur ein Double oder Triple, sondern ein Quintupel. Das allein wäre schon epochal gewesen, darüber hinaus aber spielte seine Mannschaft auf eine Weise, wie man das zuvor noch nicht gesehen hatte. Denn auch Guardiola entpuppte sich als ein Regelbrecher, der sich wenig darum scherte, was man im Fußball traditionell machte. Er schuf quasi ein neues Regelwerk, das seinen Ausgang von den Spielprinzipien des holländischen »totalen Fußballs« nahm, die er vor allem bei Johan Cruyff gelernt hatte.

In den folgenden Jahren, erst in Barcelona, dann beim FC Bayern München und schließlich bei Manchester City, entwickelte Guardiola sein Konzept weiter, passte es auf die jeweiligen nationalen Gegebenheiten an und veränderte damit den Fußball wie kein Trainer zuvor. Man konnte das auch daran sehen, dass er sehr unterschiedliche Trainer beeinflusste. Jürgen Klopp wird nicht zu Unrecht die Erfindung des »Gegenpressing« zugeschrieben. Aber Klopp wird nicht in Abrede stellen, dass sein Konzept stark vom FC Barcelona beeinflusst wurde. Denn dort sah man unter Pep Guardiola in dieser Radikalität zum ersten Mal, dass sich Spieler nach dem Ballverlust nicht erst einmal wieder in ihre Grundordnung zurückfallen ließen, sondern auf dem Platz so organisierten, dass sie den Ball gleich zurückerobern konnten.

Ich kann mich noch genau an den Effekt erinnern, den das hatte, wenn man es zum ersten Mal live erlebte. Beim Viertelfinale der Champions League zwischen Barcelona und Arsenal im April 2010 verschob Guardiolas Mannschaft das Spiel so weit nach vorne, dass Barcelonas Innenverteidiger als die am weitesten hinten platzierten Spieler tief in der Hälfte von Arsenal standen. Ich saß auf der Pressetribüne des Stadions Camp Nou, hoch oben unter dem Dach, von wo aus man eine fantastische Aufsicht hat, und mein erster Gedanke war: Irre! Der zweite war: Das kann nicht gut gehen! Aber es ging gut, sogar sehr gut. Das Spiel von Wengers Mannschaft wurde schon tief in deren Hälfte abgewürgt, sodass eines der großen Spiele des Jahres wie das Pokalspiel eines Erst- gegen einen Viertligisten wirkte. Zur Pause stand es 3:1, und damit waren die Engländer noch gut davongekommen, am Ende hieß es 4:1. Heute mag ein derart hohes Verteidigen und Gegenpressing zu den fest etablierten Stilmitteln gehören, auf die auch andere Trainer zurückgreifen. Damals war das atemberaubend.

Woran man beim FC Barcelona unter Guardiola aber zuerst denkt, ist das Kombinationsspiel, das zu kopieren viel schwieriger ist. Es waren die endlosen Passstafetten, die unter dem von Guardiola gehassten Begriff Tiki-Taka weltberühmt wurden. Sie hatten ein defensives Moment, denn Barcelona ruhte sich im Ballbesitz teilweise aus. Schließlich war dann der Gegner nicht am Ball. Vor allem aber machten die Passstafetten die Gegner müde, weil irgendwann die körperlichen wie geistigen Kräfte nachließen, wenn man endlos hinterherlaufen musste. Lange gehörte diese erbarmungslose Ermüdung des Gegners sogar zu Guardiolas Strategie, weshalb seine Mannschaft deutlich mehr Tore in der zweiten Halbzeit schoss als vor der Pause.

Im Zentrum der Passorgien standen mit Xavi, Andres Iniesta zwei Spieler, bei denen schon die Statur einen Regelbruch darstellte, weil sie weder besonders groß waren noch körperlich sonst wie einschüchternd wirkten. Bis zu diesem Zeitpunkt war man davon ausgegangen, dass es im Mittelfeld großer, physisch starker und besonders unbeugsamer Männer bedurfte, wofür der unerbittliche Franzose Patrick Viera bei Arsenal oder der beinharte Ire Roy Keane bei Manchester United beispielhaft standen. Doch Barcelona hebelte die Logik, dass harte Männer im Zentrum des Spielfelds die entscheidenden Zweikämpfe gewinnen müssen, dadurch aus, dass sie sich durch ihre perfekt gespielten Passfolgen den Zweikämpfen entzogen.

Man könnte auch sagen, dass der FC Barcelona mit drei Spielmachern spielte, wenn man Sergio Busquets noch hinzunahm. Aber was hieß schon Spielmacher, wo Guardiola fast alle Positionen neu dachte? Besonders spektakulär wurde es, als er Lionel Messi von der Außenbahn in die Mitte zog, nachdem der Versuch mit dem klassischen Mittelstürmer Zlatan Ibrahimovic sportlich und menschlich gescheitert war. Dass der nur 1,70 Meter große Argentinier nun im Zentrum spielte, wirkte im ersten Moment wie ein Witz. Aber Messi sollte nicht den Rammbock in der Spitze geben oder Flanken ins Tor köpfen. Messi wurde zu einer »falschen Neun«, wie es sie in der Fußballgeschichte früher schon gegeben hatte, weil er den klassischerweise einem Mittelstürmer zugedachten Raum immer wieder verließ, um da aufzutauchen, wo sonst Spielmacher platziert waren. Erstaunlicherweise erzielte diese falsche Neun aber mehr Treffer als selbst viele der größten Torjäger der Fußballgeschichte. In den vier Spielzeiten unter Guardiola waren es insgesamt 211 Pflichtspieltore, eine unglaubliche Zahl.

Mit seiner neuen Jobbeschreibung war Messi nicht allein. Letztlich spielte Busquets eine »falsche Sechs«, Iniesta eine »falsche Acht« und der brasilianische Außenverteidiger Dani Alves eine »falsche Zwei«, weil er de facto Außenstürmer war. Später in München ließ Guardiola seine Außenverteidiger teilweise auf Positionen spielen, die traditionell den »Achtern« zugedacht waren. Das alles zeigte, dass Guardiola das Spiel neu dachte und der FC Barcelona ein Labor war, in dem ein neuer Fußball entwickelt wurde. Dabei verlor die Frage nach Grundsystemen, also nach einem 4-4-2 oder 4-3-3 an Bedeutung, sie begannen sich regelrecht aufzulösen. Die Ordnung auf dem Platz war liquide geworden, zu einer ineinanderfließenden Abfolge von Situationen und Aufgaben.

Das sah auch Regelbrecher Thomas Tuchel so, der sicherlich nicht protestieren würde, wenn man ihn als Guardiola-Schüler bezeichnete. Insofern war es nicht verwunderlich, dass Tuchel in einem Gespräch vor Studenten der Universität Witten-Herdecke im Winter 2016 Ideen äußerte, die Guardiola sicherlich nicht fremd gewesen wären. Der damalige Trainer des BVB sagte: »Wir lernen gerade, dass es die Enge und die Starre der Grundordnungen auf dem Platz so gar nicht mehr gibt und dass sie vielleicht auch gar nicht so wichtig sind. Es geht eher um Handlungsprinzipien, wie man sich in welcher Situation verhält.« Dann erzählte Tuchel, dass er bei der Vorbereitung auf ein Spiel plötzlich bei einem 3-2-4-1-System angekommen war. »Ich wusste vorher gar nicht, dass man das spielen kann. Dieser dauernde Abgleich der Fragen, wie wir schneller die Seiten wechseln können oder die Passabstände verändern, führt irgendwann dazu, dass wir sagen, wir könnten mit einer anderen Grundordnung auftreten.«

Trainer wie Guardiola oder Tuchel gehen davon aus, dass Fußball ein endloses Ringen darum ist, auf dem Platz Überzahlsituationen zu schaffen, in der Defensive und der Offensive. Die Frage ist: Wie bin ich mit mehr Spielern in der Nähe des Balls als der Gegner? Deshalb werden die Räume auf dem Platz ständig so neu besetzt, dass mehrere Anspielstationen da sind. Tuchel benutzt sogar die erst einmal seltsam klingende Formulierung, dass seine Spieler »Respekt vor dem Raum« haben sollen. »Die Räume gehen oft nur kurz auf, und dann musst du die Gewissheit haben, dass sich jemand in dem Raum befindet, wo man ihn vermutet. Dann muss der Ball dorthin transportiert werden, so schnell wie möglich, so präzise wie möglich. Weil es auf jeden Fall so etwas gibt wie diesen Schmetterlingseffekt: Die Ballannahme und -mitnahme und der Pass vom rechten Halbfeld ins linke Halbfeld können den kompletten Angriff auslösen, aber nur, wenn er in den richtigen Fuß und den richtigen Raum und mit der richtigen Geschwindigkeit gespielt wird.« Tuchel offenbart hier eine subtile Betrachtung des Spiels, die er inzwischen mit vielen seiner Berufskollegen in aller Welt teilt. Trainer denken heute oft weniger um Systeme nach als um Hunderte möglicher Situationen und wie man sie bewältigt. Dabei geht es um Fußstellungen und genaue Abstände zwischen den Spielern auf dem Platz, selbst Unterschiede von 40 Zentimetern können bedeutsam sein.

Es gibt eine tief sitzende Antipathie bei vielen Fußballfans gegen den geplanten Fußball und die damit verbundene Vorstellung, dass Spieler wie Schachfiguren auf dem Platz umhergeschoben werden. Die damit verbundene Beschwerde sagt, dass so ihre Kreativität eingeengt werde und sie zu Marionetten der Trainer verkämen. Beim Gespräch an der Uni bestritt Tuchel das: »Das System gibt uns nur einen Rahmen, die Individualität auszuleben. Es ist nicht starr, sondern als Hilfe gedacht, um zu zeigen, wo der Gegner Probleme hat, welche Räume er nicht gut besetzt, wo Spieler sind, die sich taktisch falsch verhalten, sodass sie ihn aus den genannten Gründen in einem bestimmten Raum anspielen wollen. Diese Muster geben wir vor und zeigen sie auf Video. Sie werden eigentlich kaum trainiert; wir trainieren ausschließlich unsere eigenen Verhaltensweisen. Aber die Angriffe starten aus einem unterschiedlichen Muster zu einem unterschiedlichen Zeitpunkt gegen unterschiedliche Gegner. Dort den Raum zu besetzen, ist wichtig, um dann in dem Raum die Individualität in den Vordergrund zu stellen. Deshalb müssen die Spieler auch genau dorthin, wo sie am besten sind.«

Tuchel ist auch deshalb ein Rulebreaker, weil er weiter lernt. So traf er sich mit Matthew Benham, beide waren angetan voneinander. Aus seiner Wettfabrik versorgte Benham ihn eine Zeit lang mit Daten dazu, wie sein System die Leistungen von Borussia Dortmund bewertete. Tuchel war einer der ersten Trainer, der sich fürs *Packing* von Stefan Reinartz interessierte. Er kannte schon früh das Konzept der *Expected Goals* und hat es in seine Arbeit integriert, um auf dem Platz in die gefährlichen Räume zu kommen. Vermutlich hat er noch andere Wissensvorsprünge gegenüber einem Teil seiner Kollegen. Das könnte ein Grund dafür sein, dass er keine Interviews mehr gibt – um sein Wissen für sich zu behalten.

Standards auf Leben und Tod

In einer Welt hochkomplexer taktischer Entwicklungen gibt es aber auch ein hässliches Entlein, für das sich lange niemand so richtig interessiert hat: Standardsituationen. Im Schnitt eines Spiels hat eine Mannschaft ungefähr fünf Eckbälle und zehn Freistöße, aber auch 18 Einwürfe und acht Abschläge des Torhüters. Im Laufe einer Saison werden zwischen einem Fünftel und einem Viertel aller Tore nach Ecken und Freistößen erzielt. In der Premier League 2017/18 waren es genau 21,11 Prozent aller Tore, Elfmeter nicht eingerechnet. Oder andersherum: Im Schnitt erzielen Mannschaften 0,3 Tore pro Spiel nach Standardsituationen. Es gibt aber auch Teams, die nach Ecken, Freistößen und Einwürfen so herausragend sind, dass sie diese Quote deutlich übertreffen. Welche Folgen das haben kann, zeigt die Übersicht jener Teams in Europa, die in der Saison 2017/18 die absolut meisten Tore nach Standards erzielten, sowie jener, bei denen der Anteil der Standards an den erzielten Treffern am höchsten war. Nur in Portugal fielen beide Werte auf dasselbe Team.

Liga	Klub	Tabellenplatz	Standardtore	Tore gesamt	Anteil der Standardtore
Bundesliga	Hertha BSC Berlin	10.	14	43	33%
	FC Bayern	1.	16	65	25%
Premier League	Bournemouth	12.	16	88	36%
	WBA	20.	12	31	39%
Serie A	Juventus Turin	1.	19	86	22%
	Benevento	20.	12	33	36%
La Liga	Real Madrid	3.	20	94	21%
	Girona	10.	19	50	38%
Ligue 1	Monaco	2.	16	85	19%
	Angers	14.	12	42	29%
Portugal	Maritimo Funchal	6.	17	34	50%

Quelle: whoscored.com

In zwei Fällen, beim FC Bayern und bei Juventus, holte die Mannschaft mit den meisten Standardtoren auch den Meistertitel. Generell kommen Spitzenteams allein schon deshalb oft auf eine größere Zahl von Toren nach Standards, weil sie deutlich häufiger am Ball sind und mehr Ecken und Freistöße in gefährlichen Zonen zugesprochen bekommen. Aber es gibt auch sportlich limitierte Mannschaften, die sich über Standardsituationen signifikante Vorteile verschaffen. Angers in Frankreich wäre ohne erfolgreiche Standards vermutlich aus der Ligue 1 abgestiegen und Aufsteiger Girona in Spanien vermutlich nicht so ungefährdet durch die Saison gekommen. Wenn man sich das Verhältnis eigener Standardtore und der Zahl gegnerischer Treffer nach Standard anschaut, kam die erfolgreichste Mannschaft Europas aus Portugal. Sporting Braga erzielte 16 Tore nach Standardsituationen, ließ aber nur drei zu. Beeindruckend war diesbezüglich auch der FC Barcelona, der in der ganzen Saison nur ein einziges Tor nach einem Standard bekam.

Standards können für Underdogs unglaublich wichtig sein, denen es an spielerischen Mitteln fehlt, um den Gegner zu gefährden. Doch allein reichen sie natürlich nicht, wie die Beispiele von Benevento und West Bromwich Albion zeigen, die zwar jeweils den höchsten Anteil an Standardtoren erzielt hatten, aber als Tabellenletzte absteigen mussten. WBA war in der deutlich erfolgreicheren Vorsaison sogar auf den spektakulären Wert von 47 Prozent Standardtoren kommt. Ihr damaliger Trainer Tony Pulis und sein Kollege Sam Allardyce gehören in England zu denen, die sich dem Thema schon früh systematisch näherten. Bei Pulis geriet das mitunter sogar zur Freakshow, als er zwischen 2006 und 2013 bei Stoke City arbeitete. 2007 stieg er mit einer Mannschaft in die Premier League auf, die fast alle Experten für einen sicheren Absteiger gehalten hatten.

Pulis machte aber nicht nur Ecken und Freistöße zu gefährlichen Waffen, sondern auch Einwürfe. Es gab damals nur wenige Mannschaften, die sich Gedanken darüber machten, was sie eigentlich mit Einwürfen anfangen sollen, und einige geraten deshalb sogar regelmäßig in den Nachteil. Aber Stoke City schoss in der Saison 2008/09 nach Einwürfen nicht nur 53 Mal aufs Tor, sondern erzielte dabei acht Tore. Absender dieser Einwürfe war zumeist der Ire Rory Delap, damals bereits 32 Jahre alt, ein ehemaliger Speerwerfer, der unglaubliche Kraft im Oberkörper hatte. Er konnte den Ball 35 Meter weit werfen, also bis auf die Höhe des Tors. Pulis rückte ihn sogar noch näher an die gefährliche Zone heran, indem er das Spielfeld im heimischen Britannia Stadium auf die minimal erlaubte Größe reduzierte. Aufgrund der dabei aufgehobenen Abseitsregel ist es schwerer, gegen lange Einwürfe zu verteidigen als gegen Freistöße, bei denen man die Verteidiger weit hinausschieben kann. Gezielt überfüllte Pulis bei Einwürfen zudem den gegnerischen Fünfmeterraum mit seinen Spielern, um dort für Chaos zu sorgen.

In Stoke sangen die mitgereisten Fans in Richtung der heimischen Zuschauer teilweise spöttisch: »You're only here for the throw-ins.« Ihr seid nur wegen der Einwürfe hier. Das war lustig, aber nicht falsch. Denn zu »Pulisball« gehört es, den Anteil von Fußball im Sinne von Kombinationsfußball zu minimieren. Im Grunde stellte er die Mannschaft – und das sollte sich bei seinen späteren Stationen bestätigen – so zusammen, dass sie ideal für Standards war. In Stoke ließ er den Rasen im eigenen Stadion bewusst länger stehen als üblich, um das Kombinationsspiel technisch überlegener Gegner zu verlangsamen, während seine Mannschaft meist mit langen Bällen agierte.

Weil das Stadion an den Ecken offen war, zog es dort oft. So wurde in England der Ausdruck »nasser und windiger Abend in Stoke« zu einer feststehenden Redewendung für die Mühen von Spitzenteams gegen eine vermeintlich altmodische englische Mannschaft, die aber einen klaren Plan hatte. Legendär häufig strauchelten hier die fußballerischen Feingeister von Arsenal.

Schön spielten die Mannschaften von Pulis nie, er reagierte mit brutaler Konsequenz darauf, nicht *Best in Business* sein zu können. Die Zahlen von Tony Pulis bei West Bromwich Albion zeigen, dass er seinen Weg beibehalten hatte und einer der Großwesire des Spiels nach ruhendem Ball blieb. Allerdings gilt es nicht nur in England als irgendwie uncool, so zu Erfolgen zu kommen. Gute Standards haben das anrüchige Image, eine Waffe der Minderbemittelten und Armseligen zu sein, die nicht in der Lage sind, durch richtigen Fußball zu Toren zu kommen.

Dabei erkannte selbst Sir Alex Ferguson in seinen letzten beiden Spielzeiten als Trainer von Manchester United die Vorzüge guter Standardsituationen. Hatte er in den beiden vorangegangenen Jahren in der Premier League nur jeweils 13 Tore nach Ecken und Freistößen erzielt, waren es 2011/12 schon 18 und ein Spieljahr später sogar 22. Die Standardtore waren letztlich mit entscheidend, dass Ferguson als Meister abtreten konnte. Neben der Außenseitermeisterschaft von Midtjylland in Dänemark wäre auch die von Atletico Madrid 2014 in Spanien ohne die 18 Tore nach Standards nicht möglich gewesen. Das Tor, das Simeones Team am letzten Spieltag zum spanischen Meister machte, mit dem er also sensationell die Giganten FC Barcelona und Real Madrid hinter sich ließ, fiel passenderweise nach einem Eckball.

Wenn Standardsituationen aber so wichtig sind, sollte man davon ausgehen, dass sie ein wesentlicher Bestandteil der Trainingsarbeit sind. Nur: Das ist nicht so, denn Fußballspieler hassen das Einüben von Standards. Einerseits ist es langweilig, weil man dabei viel herumstehen muss. Das wiederum führt dazu, dass die Spieler auskühlen und die Verletzungsgefahr steigt. Außerdem muss eine erfolgreiche Strategie für Standards sorgfältig erarbeitet werden. Zwar sieht man immer wieder mal eingeübte Laufwege, dass Torhütern also die Sicht verstellt wird oder Verteidiger geblockt werden, doch nur wenige Mannschaften kommen über das Episodische hinaus. Es dauert halt seine Zeit, bis sich regelmäßige Erfolge einstellen.

Bei der Weltmeisterschaft 2018 in Russland hatten viele Nationaltrainer das Thema offensichtlich auf die Agenda gesetzt. 47 von insgesamt 169 Toren fielen nach Standards, das entsprach 28 Prozent und war der höchste Wert aller Zeiten bei einer WM-Endrunde. Der Erfolg einiger Mannschaften war vor allem auf ihre Stärke bei Standards zu erklären. Uruguay und Kolumbien schossen zwei Drittel ihrer Treffer nach Standards, bei Portugal und England waren es die Hälfte. Von Englands zwölf Treffern fielen sechs nach Standards, drei nach Elfmetern und nur drei aus dem Spiel heraus.

Es gab während des Turniers eine Reihe von Thesen zu den vielen Standardtoren. Eine davon besagte, dass der Video Assistant Referee dafür gesorgt hätte, dass im Strafraum weniger gehalten würde, wenn Freistoßflanken oder Ecken in den Strafraum geschossen wurden. Das mag sein, aber vermutlich hatten sich die Trainer vor allem mehr mit dem Thema beschäftigt und mehr Übungszeit für Standards aufgewandt. Gareth Southgate und sein

Trainerteam etwa hatten in dieser Frage ausführlich recherchiert und mit etlichen Vereinskollegen gesprochen, die erfolgreiche Standards praktizierten.

Dass sich das lohnt, hatte bereits das vorangegangene WM-Turnier in Brasilien bewiesen. Zuvor war es ein Running Gag bei der deutschen Nationalmannschaft gewesen, dass der damalige Assistenztrainer Hansi Flick darauf drängte, Standards zu üben, wofür Löw sich nicht interessierte. Erst in der Vorbereitung zur Weltmeisterschaft 2014 änderte sich das. Vor der Abreise nach Brasilien wurde sogar eine geheime Trainingseinheit unter dem Titel »Standard Competition« abgehalten. Die Spieler wurden in Gruppen eingeteilt und durften sich, ausgerüstet mit Zetteln und Stiften, eine Viertelstunde lang Varianten ausdenken. In Brasilien wurde kontinuierlich weiter daran gearbeitet, und auf dem Weg zum Titel schoss die deutsche Mannschaft fünf Tore nach Standards, mehr als jedes andere Team im Turnier.

Eine andere Nationalmannschaft, die nicht zuletzt durch Standardsituationen ungeahnte Höhen erreicht hat, ist die aus Island. Im Frühjahr 2017 saß ich auf der Insel Vestmannaeyjar daheim bei Heimir Hallgrímsson auf dem Sofa, während draußen ein gewaltiger Sturm tobte, der lautstark an den Fenstern rüttelte. Der damalige isländische Nationalcoach erzählte mir, dass er sich schon mit den Standardsituationen beschäftigt hatte, als er noch Assistent des schwedischen Nationaltrainers Lars Lagerbäck war. Das Thema hatte für Hallgrímsson stets eine hohe Priorität, denn Island ist per se einer der großen Underdogs des Weltfußballs. Es gibt nur etwa 300 000 Isländer. Das bedeutet, dass man die Spieler fürs Nationalteam unter einer Einwohnerzahl finden muss, die nicht größer als die von Bielefeld ist. Island hat einige großartige Spieler hervorgebracht, und Gylfi Sigurdsson im Team dieser Jahre hat zweifellos internationales Format. Aber insgesamt reicht das Talent des Teams nicht aus, um einen Gegner spielerisch zu dominieren. »Wir wissen, dass wir nicht so oft an den Ball kommen«, sagte Hallgrímsson. Seine Mannschaft würde folglich zumeist eher auf Konter setzen und selten vor dem gegnerischen Tor auftauchen. Das waren auch die Gründe dafür, warum sich Hallgrímsson so viel mit Standardsituationen beschäftigte, denn sie waren für eine fußballerisch unterlegene Mannschaft ein fantastisches Mittel, das gegnerische Tor zu bedrängen.

»Spieler hassen das Einstudieren von Standardsituationen, das ist bei uns nicht anders. Aber sie wissen auch, wie wichtig das für uns ist«, sagte Hallgrímsson. Dementsprechend viel Trainingszeit verwandte er darauf. Noch raffinierter wurden die Standards seines Teams, nachdem er bei einem Seminar zur Spielanalyse in Barcelona Nicolas Jover kennengelernt hatte. Der Franzose hatte alle Standardsituationen in der Ligue 1 der vorangegangenen Jahre analysiert und hielt darüber einen Vortrag. »Wir haben uns angefreundet. Ich war wahrscheinlich der Einzige, dem das Thema Spaß gemacht hat«, sagte Hallgrímsson und lachte. Zu diesem Zeitpunkt hatte er zwar schon sechs Jahre lang Standardsituationen vorbereitet, doch nun taten sich ihm noch einmal neue Welten auf. Er erfuhr, warum Midtjylland und Atletico so erfolgreich nach Eckbällen, Freistößen und Einwürfen waren. »Sie trainieren den zweiten Ball. Ich selbst hatte vorher im Zusammenhang mit Standards noch nie davon gehört, aber danach haben wir damit angefangen.« Mit zweiten Bällen sind jene gemeint, die nach einer Abwehraktion wieder frei sind und erobert werden müssen. Bei Standards bedeutet das, dass die Teams Verhaltensweisen dafür einüben, ob ein Standard kurz geklärt wird oder weit aus dem Strafraum geschlagen, ob nach rechts oder links. Die Spieler sollen also auf unterschiedliche Eventualitäten vorbereitet sein.

Nicolas Jover hat Sport studiert, kam dann als Spielanalytiker zum HSC Montpellier und war dabei, als der Klub 2012 sensationell französischer Meister wurde. In jener Zeit untersuchten er und sein Analyseteam die Standards in der französischen Liga, dazu schauten sie sich Videos von Tausenden Ecken, Freistößen und Einwürfen an. Jover kann mit großer Ausdauer und Begeisterung darüber sprechen und einem so verständlich machen, was daran faszinierend ist. Im Grunde geht es ihm um ein System aus Wenn-dann-Beziehungen, das strukturelle Ähnlichkeiten mit Schach hat. Wenn man üblicherweise an Standards denkt, hat man ein bestenfalls durchchoreografiertes Gerenne vor Augen, an dessen Ende die Eckball- oder Freistoßflanke von einem Spieler ins Tor geköpft oder geschossen wird. Klar, manchmal werden Spieler halt freigeblockt oder Torhüter im Rahmen der Regeln behindert. Aber Jover wollte mehr als das Äquivalent zum Playbook im American Football, wo die festen Laufwege und Aktionen eingeübt werden. Wenn man sich mit ihm Videos von Standards anschaut, führt einen das in eine Welt voller Möglichkeiten.

Ich traf ihn bei einer Konferenz in Deutschland, wo Hallgrímsson ihn mir vorstellte. Jover bat mich, darüber nicht genauer zu schreiben, denn sein Wissen sei sein Betriebsgeheimnis. Damals war er fest angestellter Trainer für Standardsituationen beim – wen wundert das? –

FC Brentford. Der Klub hatte zuvor schon mit dem Italiener Gianni Vio zusammengearbeitet, der bei Catania und in Florenz die Zahl der Standardtore hatte nach oben schnellen lassen. Von Brentford wechselte Vio weiter zu Leeds United. Auch der Einwurftrainer Thomas Gronnemark, der Spielern Techniken dafür beibrachte, den Ball möglichst weit zu schleudern, war in Brentford gewesen und in Deutschland auch mal bei Hertha BSC. Weltbekannt wurde der Däne aber 2018, als er beim FC Liverpool anheuerte.

Für Jover stellte sich in Brentford eine interessante Situation, weil er ein Konzept entwickeln musste, das zu einer Mannschaft passt, die letztlich untypischen Fußball für The Championship spielt. Es fehlten der Mannschaft, die eher Kombinationsfußball spielte, physisch starke Spieler für erfolgreiche Luftkämpfe. Von daher würde sie nie auf Werte kommen wie die hünenhaften Teams von Tony Pulis. Die Spieler sollten dafür die Situation lesen und die entsprechenden Schlüsse ziehen können. Um das zu erreichen, war vertraglich festgelegt, dass Jover mit der Mannschaft jeden Tag zwischen 10 und 15 Minuten arbeiten konnte. Letztlich ging es bei Torwartabschlägen, Einwürfen, Freistößen und Eckbällen um das, was wir vorher als die Prinzipien moderner Fußballtaktik kennengelernt haben: das Lesen von Situationen und Lösungsmöglichkeiten dafür zu haben. »Ich träume davon, einen Stil für Standardsituationen zu entwickeln, wie es einen Spielstil gibt«, sagte mir Jover.

Besonders gerne tauscht Jover sich aus mit Mads Buttgereit, seinem Kollegen bei Brentfords Partnerverein FC Midtjylland, der mit physisch stärkeren Spieler teilweise fast ein Tor im Schnitt pro Spiel nach Standards erzielte. Sie waren auch entscheidend bei den Titelgewinnen des FC Midtjylland 2015 und 2018. »Je länger ich mich damit beschäftige, was wir hier machen, desto deutlicher sehe ich die Vorzüge«, hatte mir Mannschaftskapitän Kristian Bach Bak bei meinem Besuch im Frühjahr 2015 gesagt. Bei Ecken und Freistößen ging es seiner Ansicht neben der richtigen Strategie nämlich nicht zuletzt um die richtige Haltung: »Jeder Standard ist für uns eine Sache auf Leben und Tod.« Manchmal entschied das Spiel eben die Entschlossenheit eines Mannes wie Bak, der jeder Ecke entgegenflog, als wäre es die letzte.

Ein neues Bild des Spiels

Von Schnappschüssen des Spiels zu seinem Röntgenbild. Wie einst Videos den Fußball revolutionierten, können heute komplexe mathematische Modelle dabei helfen, das Spiel besser zu analysieren.

Die Kunst der Videoanalyse

Als Ottmar Hitzfeld 1991 Trainer von Borussia Dortmund wurde, qualifizierte er sich gleich im ersten Jahr für den UEFA-Cup, im zweiten Jahr gleich noch einmal und anschließend durfte der BVB sogar zweimal als deutscher Meister in der damals noch jungen Champions League spielen, die er 1997 sensationell gewann. Mit den internationalen Spielen stellte sich aber ein Problem: In einer Zeit vor dem Internet, in der man im Fernsehen nur wenige, kurze Ausschnitte aus ausländischen Ligen sehen konnte, wussten Hitzfeld und sein Assistent Michael Henke teilweise kaum etwas darüber, wie die nächsten Gegner spielten. Zwar traten sie Beobachtungsreisen, um die Gegner zu studieren, aber das lieferte natürlich einen nur zufälligen Ausschnitt, außerdem hatte der Beobachter hinterher nicht die Möglichkeit, dem Trainer oder den Spielern etwas zu zeigen.

Bei Borussia Dortmund gab es jedoch eine Abteilung,

die dieses Problem bereits gelöst hatte. Die Handballerinnen gehörten in den 1990er-Jahren zu den besten Frauenteams in Deutschland und waren auch international erfolgreich, und zur Vorbereitung auf die Europapokalspiele schnitten Sportstudenten für den Trainer Videos aus Material zusammen, das sie sich mühsam in den Ländern der Gegner besorgt hatten. Michael Henke war davon so begeistert, dass er den Handballanalysten Markus Schulz bat, ihm solche Videos auch für die Fußballer aufzubereiten. Kurz darauf gründeten die beiden das Unternehmen Sports Analytics und wurden damit zu Pionieren der Videoanalyse in Deutschland.

In den großen Fußballnationen gab es zur selben Zeit ähnliche Entwicklungen. Viele Spieler haben die Videositzungen jener Jahre jedoch bis heute als quälend zähe Veranstaltungen in Erinnerung, weil dort teilweise ganze Spiele gezeigt wurden oder umständlich zu wichtigen Szenen vorgespult werden musste. Doch dann lernten die Assistenztrainer durch das Umkopieren auf einen zweiten Videorekorder, die Szenen für die Schulung der eigenen Mannschaft oder die Analyse von Stärken und Schwächen gegnerischer Mannschaften passend zusammenzuschneiden.

Um die Jahrtausendwende sicherte sich Sports Analytics das Recht, bei Bundesligaspielen mit eigenen Kameras Spielaufzeichnungen zu machen. Die meisten Trainer hatten nämlich festgestellt, dass normale Fernsehbilder auf die Dauer nicht aussagekräftig genug waren, weil sie nur eingeschränkte Bildausschnitte lieferten. Also stellte Sports Analytics zusätzliche Kameras auf, die das ganze Spielfeld und damit die Spieltaktik erfassten. Wenn ein Bundesligatrainer nach einem Auswärtsspiel im Mannschaftsbus saß, konnte er auf der Heimfahrt bereits eine

CD-ROM mit den Bildern der Partie in sein Laptop legen. Später erhielt er eine E-Mail mit einem Datencode und konnte so schneller Spielszenen finden, Eckbälle filtern oder die Fehlpässe seines Teams in der eigenen Spielhälfte.

Es mag seltsam klingen, aber der Videorekorder ist die technische Erfindung, die den Fußball im letzten Vierteljahrhundert am meisten verändert hat. Und nicht nur, weil Trainer ihre berühmten Kollegen besser studieren konnten. Einerseits halfen die Bilder bei der Analyse des eigenen Spiels und der Arbeit mit der eigenen Mannschaft, auf der anderen Seite dienten sie der Gegneranalyse. Didaktisch sind Videos nach wie vor unschlagbar, denn ein Trainer kann einem Spieler zeigen, was er richtig oder falsch gemacht hat, statt es nur zu behaupten. Das führte zu großen Lernfortschritten. Außerdem ging man nicht mehr blind in die Spiele, sondern konnte seine Spieler darauf vorbereiten, was auf sie zukam.

2008 wurde Michael Henke unter Jürgen Klinsmann Chefanalytiker beim FC Bayern. Ein Teil seiner Arbeit fand damals oben unterm Dach statt, im sechsten Stock der Allianz Arena mit perfekter Sicht auf das Spielfeld. Dort saß er während der Partien mit dem jungen Spielanalytiker Michael Niemeyer in einer Art Regieraum. Sie verfügten über einen digitalen Schnittplatz, der es möglich machte, schon zur Halbzeitpause wichtige Szenen aufzubereiten und in die Kabine zu schicken, wo der Trainer sie den Spielern zeigen konnte. Das konnte zu dem Zeitpunkt in der Bundesliga sonst niemand.

Der damalige Berufseinsteiger Michael Niemeyer, Jahrgang 1976, stammt aus München und hatte viel anderes gemacht, bevor er bei der Spielanalyse landete. Er hatte unterschiedliche Fächer studiert, neben Sport eine

Zeit lang Kunst und Fotografie. »Aber was man studiert oder in welcher Liga man gespielt hat, ist nicht entscheidend. Wichtig ist, mit welchen Trainern man zusammenarbeiten durfte«, sagte er mir bei einem Treffen in Berlin. Heute ist Niemeyer Head of Department Match Analysis beim deutschen Rekordmeister, wo er acht fest angestellte Mitarbeiter hat, und findet, dass er mit seinen Lehrmeistern großes Glück hatte. Nach dem Einstieg über Michael Henke und den langjährigen Bayern-Scoutingchef Wolfgang Dremmler arbeitete er für Louis van Gaal, einen der Väter der Spielanalyse, der Holländer setzte sie schon Mitte der 1990er-Jahre bei Ajax Amsterdam extensiv ein. Van Gaal war einer der am systematischsten und strukturiertesten arbeitenden Trainer der letzten beiden Dekaden. Ein wesentliches Hilfsmittel bei der Entwicklung seiner Mannschaften waren Videos. Der Holländer hatte in seinem Trainerteam mit Max Reckers schon früh einen Spezialisten allein für die technische Seite und IT.

Unter Van Gaal wurde beim FC Bayern auch damit begonnen, alle Trainingseinheiten, Spielanalysen und -vorbereitungen zu dokumentieren, der Klub wurde also selbst zu einer Universität. Jeder Trainer, der heute neu zum Klub kommt, könnte sich also anschauen, wie Van Gaal, Jupp Heynckes, Pep Guardiola oder Carlo Ancelotti gearbeitet haben, also vier der größten Trainer der Gegenwart, mit ganz unterschiedlichen Stärken und Überlegungen zum Fußball. Niemeyer schwärmt von allen, aber die Zusammenarbeit mit Guardiola hat ihn besonders fasziniert. »Bei Pep wurden stundenlange Sitzungen gehalten. Mit uns und mit den Spielern. Das war fußballerisch eine Offenbarung. Ihm geht es immer darum, einen Weg zum gegnerischen Strafraum zu finden, um das Schaffen von

Überzahl durch Positionsspiel. Darüber hat er stunden- und nächtelang gegrübelt, natürlich im Austausch mit der Spielanalyse. Um eine Strategie zu finden, hat er sich die Spiele auch selber angeschaut. Da wurde vielleicht Arbeit doppelt gemacht, aber das war nötig.«

Guardiola steht prototypisch für einen Typus Trainer, der ohne Videotechnologie nicht vorstellbar wäre. Längst gehört es zum Mythos um seine Person, dass er sich stundenlang unansprechbar mit Spielvideos vergräbt, um Lösungen für die kommenden Partien zu finden. Letztlich hat das sogar zu einer Veränderung des Berufsbildes des Trainers geführt, findet Niemeyer: »Für mich sind gute Trainer auch Spielanalysten. Und wenn man, so wie wir, gute Lehrer hatte, fängt man als Spielanalyst selber an, wie ein Trainer zu denken. Nicht in dem Sinne, dass ich draußen auf dem Platz irgendwelche Übungen ansagen oder einem Spieler sagen kann, wie er Flanken reinspielen soll. Aber so, wie ich das Spiel verstehe.« Die Entwicklung geht also dahin: Analysten müssen wie Trainer denken und haben mit Trainern zu tun, die wie Analysten arbeiten.

Die Trainer von heute und ihre Stäbe verfügen über Bilder zu fast allen eigenen Spielen und denen der Gegner. Aus dem Mangel von einst ist heute ein Überfluss geworden. Wenn man sich die Biografien erfolgreicher Trainer anschaut, gibt es darin fast immer Phasen fanatischen Videostudiums. Das gilt nicht nur für Guardiola und Tuchel, sondern auch für Jürgen Klopp, der bei der WM 2006 zudem als Erster im Deutschen Fernsehen dem Publikum auf interessante Weise Fußballtaktik vermittelte. Es gilt auch für fast alle Toptrainer in den großen Ligen.

Ohne dieses technische Hilfsmittel wären sie andere Trainer geworden, denn sie hätten sich allein auf ihr Auge und ihre Auffassungsgabe verlassen müssen. Vermutlich wäre Tuchel nicht zum Rulebreaker geworden – oder auf andere Weise. Und mit Sicherheit hätte Guardiola ohne Tausende Stunden Videostudium den Fußball nicht so verändert, wie er das getan hat. Durch die Allgegenwart der Bilder ist aber nicht nur der Trainerberuf anders geworden, sondern der Fußball insgesamt. »Ich sehe es so, dass durch Trainer wie Pep, Tuchel und viele andere, die inzwischen so arbeiten, das Spiel taktischer geworden ist«, sagte Niemeyer. Und das Interesse des Publikums an taktischen Fragen ist ebenfalls gewachsen.

Anfang 2010 startete der Engländer Michael Cox die Website *zonalmarking.net.* Er setzte sich daheim mit einer magnetischen Taktiktafel vor den Bildschirm und versuchte nachzuvollziehen, was auf dem Platz passierte. Dann schrieb er seine Beobachtungen und Analysen auf, und viele Leute wollten sie lesen. Innerhalb kurzer Zeit wurde Zonal Marking ein großer Erfolg – bei den Fußballfans war das Bedürfnis offenbar groß, sich diese Ebene eines Spiels erklären zu lassen. Man kann es aber auch umdrehen: Endlich gab es eine Form von Taktik auf dem Platz, die vielschichtig genug war, sich damit zu beschäftigen. Im Jahr darauf startete in Deutschland die Website *spielverlagerung.de,* die dem Vorbild von Zonal Marking folgte und sich auf vielfältige Weise den Fragen von Fußballtaktik widmete, auch in Holland gab es ein ähnliches Projekt.

Die Macher solcher Seiten werden oft als Nerds bezeichnet, was cool klingen mag, aber ihre Arbeit zugleich auch als randständig oder besserwisserisch denunziert. Das mag damit zu tun haben, dass manche Beiträge so klingen, als würden ihre Autoren das taktische Geschehen für den einzig entscheidenden Faktor halten. Das Aufkommen der populären Taktikanalyse beweist aber, dass die Wahrnehmung des Spiels sich geändert hat und komplexer geworden hat. Natürlich sagen auch heute noch Fans, dass ihre Mannschaft verloren hat, weil die Spieler verdammte Memmen sind, die sich nicht ausreichend den Arsch aufgerissen haben. Aber es gibt kaum noch jemanden, der ernsthaft behaupten würde, dass Taktik im Fußball unwichtig oder nur nachrangig wäre. Wenn etwa der Trainer die falsche Grundaufstellung gewählt hat, weshalb der Gegner im Mittelfeld stets in Überzahl gewesen sei und dort hätte machen können, was er wollte. Damit ist das Argument über die Memmen, die nicht reinhauen, zwar nicht automatisch vom Tisch, aber wie schreibt der englische Autor Jonathan Wilson in seiner Taktikgeschichte »Revolutionen auf dem Rasen«: »Beim Fußball geht es nicht nur um Spieler; es dreht sich um Formationen und um Raum, um die intelligente Anordnung von Spielern und ihre Bewegungen innerhalb dieser Anordnung.«

Nur: Wie konnte man das in Zahlen abbilden? Wie können Daten dabei helfen, taktische Fragen zu entscheiden und das Geschehen auf dem Platz noch genauer zu verstehen?

Der große Datenkater

Es ist kalt in Boston, eisige Winde sind aus Kanada hinuntergeweht und pfeifen um die Häuser der Stadt. Selbst wenn man nur auf die andere Seite der Straße will, muss man den Kragen hochschlagen. Die Sportsbar McGreevy's liegt direkt gegenüber dem John B. Hynes

Memorial Convention Center, und wenn man seine Akkreditierung für die MIT Sloan Sports Conference abgeholt hat, ist der Weg dorthin nicht weit. Vorne sitzen Gäste im Trikot der Boston Bruins, denn ein Spiel des lokalen Eishockeyteams läuft im Fernsehen. Die bessere Stimmung herrscht jedoch am Ende des Raums, wo Howard Hamilton seine Gäste im schwarz-roten Trikot von Atlanta United begrüßt, dem gerade neu gegründeten Team der Major League Soccer. Der massige Mann, der eine fast schüchterne Sanftheit ausstrahlt, ist wie in jedem Jahr Gastgeber beim globalen Treffen der Fußballanalytiker.

Der ehemalige Maschinenbauingenieur Zach Zlaton ist gekommen, der für ESPN und Forbes aus statistischer Sicht über Fußball schreibt. Er steht neben Chris Anderson und seinem Kompagnon David Sally. Die beiden unterhalten sich mit Ted Knutson, dem Mitgründer der einflussreichen Website *statsbomb*. Er hat bis vor Kurzem in London für Matthew Benham gearbeitet und orientiert sich beruflich gerade neu, nachdem das Team für Fußballanalyse bei Smartodds aufgelöst wurde. Aus Kanada ist Daniel Stenz gekommen, der jahrelang Spielanalytiker beim Zweitligisten Union Berlin war, anschließend als »Head of Scouting and Analysis« bei den Vancouver Whitecaps arbeitete und zwischendurch beim ungarischen Fußballverband. Ein paar Monate später wird er in China technischer Direktor bei einem der größten Klubs der Super League werden. Raúl Peláez Blanco, Leiter der Abteilung für Sporttechnologie und -wissenschaft beim FC Barcelona, schaut kurz vorbei, geht aber bald wieder. Padraig Smith, Sportdirektor der Colorado Rapids, diskutiert hingegen lange mit dem Gastgeber. Howard Hamilton hat einen Doktortitel in Luft- und Raumfahrttechnik der renommierten Stanford University und arbeitete früher in der Raumfahrt- und Militärindustrie. Er war einer der ersten US-Amerikaner, der sich mit der statistischen Analyse von Fußball beschäftigte, 2009 gründete er das Unternehmen Soccermetrics.

Die Stimmung ist gelöst, wozu auch die Biere beitragen, die Hamilton spendiert. Aber in Wirklichkeit ist das hier ein Krisentreffen, denn viele im Raum fragen sich, ob sie sich wirklich für den richtigen Berufsweg entschieden haben. Vor einem Jahrzehnt, als erstmals riesige Datensätze zur Verfügung standen und der Fußball zählbar wurde, schien die Zukunft ihnen zu gehören. Als jeder Schuss, die Länge der Pässe und Laufwege gemessen werden konnten und als »Moneyball« in die Kinos kam. Vermutlich hat nicht nur Chris Anderson, sondern jeder in diesem Raum mal davon geträumt, durch smarte Datenanalyse den Fußball zu revolutionieren. Doch an diesem eisigen Abend im März 2017 stehen andere Fragen im Raum: Werden wir in den nächsten Jahren im Fußball unseren Lebensunterhalt verdienen können? Werden jene Leute, die den Fußball heute bestimmen, irgendwann einmal Außenseiter wie uns zulassen, also Mathematiker, Physiker, Ökonomen oder eben Wahlforscher, die den Umgang mit Zahlen gelernt, aber nie professionell gekickt haben?

Die nächsten beiden Tage in Boston können die Fußballanalytiker je nachdem als große Ermutigung oder totale Entmutigung interpretieren. Fast 4000 Menschen drängen sich durch die Gänge des Convention Center, um Veranstaltungen über »Die Zukunft der Basketball-Analyse«, »Datenbasiertes Storytelling« oder »Die Quantifizierung des Verletzungsrisikos« zu besuchen.

Die MIT Sloan Sports Analytics Conference fand 2006 erstmals statt. Damals kamen nur ein paar Freaks auf den Campus der Sloan School of Management am Massachusetts Institute of Technology. Heute ist die Veranstaltung ein gigantischer Hybrid aus wissenschaftlichem Kongress, Verkaufsmesse, Vorträgen im Stil der TED-Talks und Showauftritten geworden. Wenn Stars der Szene wie Billy Beane, Daryl Morey von den Houston Rockets oder der Statistik-Guru Nate Silver die Bühne des größten Auditoriums betreten, hören ihnen bis zu 2000 Leute zu, und es fühlt sich an, als wäre man auf einem Rockkonzert.

Fußball spielt auf der Konferenz allerdings nur eine Nebenrolle, das wichtigste Panel findet zeitgleich mit der am populärsten besetzten Veranstaltung der Konferenz statt. Es ist sehr vorsichtig betitelt: »Mit den Erwartungen umgehen: Das Aufkommen der Fußballanalyse«. Mit rund 250 Zuschauern wird die Talkrunde nicht gerade überrannt. Abgesehen vom FC Barcelona ist sowieso kein großer Klub aus Europa in Boston vertreten, und auf der Bühne ist der Ton gedämpft. »Fußballklubs sind hyperengagiert, wenn es um die Verpflichtung von Spielern und Trainern geht, aber nicht bei Analysten. Das wird sich ändern«, sagt Ted Knutson, der eine der wichtigsten Stimmen in dieser Welt ist. Man weiß nicht, ob das eher eine Voraussage oder eine Beschwörung ist.

Noch hat sich diese kleine Community allerdings nicht vom großen Datenkater erholt, dem ein kurzer Rausch vorausging. Als 1995 in Leeds die Firma Prozone gegründet wurde, die heute in das amerikanische Unternehmen STATS aufgegangen ist, begann die Verwandlung des Fußballs in ein Spiel der Zahlen. Wobei der Ausgangspunkt seltsam war, zunächst stand der Name des Unternehmens nämlich für »Professional Zone«, und seine Hardware waren 22 Massagesessel, die in einem Container auf dem Gelände des damaligen Zweitligisten Derby County standen. Jeden Morgen um halb elf Uhr kamen die Spieler, setzten sich für eine Viertelstunde in diese Sessel, die durch elektrische Impulse die Muskulatur der Profis lockerten, während ihnen ein Assistenztrainer namens Steve McClaren ein paar Spielszenen auf dem Bildschirm vorführte. Dieser McClaren sollte später englischer Nationaltrainer werden.

In diesem Umfeld entwickelte Prozone-Gründer Ram Mylvaganam die Idee, das Spiel anders als nur durch Videos zu erfassen, und so kaufte er ein Viertel der französischen Firma Video Sports, die eine frühe Trackingsoftware entwickelt hatte. Um die Spieler zu erfassen, wurden im Pride Park von Derby acht Wärmebildkameras aufgestellt. Sie übersetzten die Aktionen der Spieler in Daten, doch anfangs funktionierte die Technik schlecht. Die Kameras verloren die Spieler, oder sie wurden teilweise nicht erfasst, sodass Prozone die Software überarbeiten musste. »Es war dennoch revolutionär. Wir haben statistisch definiert, was ein Fußballspiel ist«, sagte Mylvaganam einem Reporter des Magazins Wired. Ob die Revolutionäre wirklich in Leeds saßen oder vielleicht doch eher in Frankreich, wo das Unternehmen Sports Universal Process 1996 ebenfalls schon eine Trackingtechnologie zur Marktreife geführt hatte, ist schwer zu klären, doch auf jeden Fall begann sich der Fußball zu ändern.

Spieldaten hatte es vorher nur äußerst sporadisch gegeben. Von Nerds geführte Strichlisten, wie bei dem legendären Wing-Commander Charles Reep, und von

Sportwissenschaftlern am Video geduldig gezählte Spielaktionen tauchten nur hier und da mal auf. Wir wissen also nicht, wie viele Torschüsse der Hamburger SV in der Saison 1982/83 im Heimspiel gegen Bayern München abgab. Wir wissen nicht, wie viele Pässe Diego Maradona in seiner besten Saison bei Napoli spielte und auf welchen *Expected-Goals*-Wert Pelé im Trikot des FC Santos kam. Wir kennen weder die Zweikampfquote von Berti Vogts, noch wissen wir so richtig, wie viele Kilometer eigentlich Rudi Völler pro Spiel gelaufen ist.

Mit der Trackingtechnologie, so fehlerhaft sie anfangs noch war, standen diese Informationen zur Verfügung. 1999 wurde Steve McClaren von Sir Alex Ferguson zu Manchester United geholt und bekam den Wunsch erfüllt, dort weiter mit Prozone arbeiten zu dürfen. Damit hatte Prozone den ersten zahlenden Kunden, der gleich die beste Saison seiner Vereinsgeschichte erlebte und das Triple aus Champions League, englischer Meisterschaft und FA Cup gewann. Im August 2000 arbeitete das Unternehmen für sechs Klubs der Premier League, und Sam Allardyce, der damals die Bolton Wanderers trainierte, schrieb durch den Umgang mit Daten Fußballgeschichte. Allardyce war zum Ende seiner Spielerkarriere noch bei den Tampa Bay Rowdies in den USA und hatte fasziniert registriert, wie verbreitet dort schon Anfang der 1980er-Jahre der Einsatz von Technik war. In Bolton, das zunächst noch Zweitligist war, aber gleich in seiner ersten Saison in die Premier League aufstieg, entwickelte er dadurch inspiriert eine Art von rudimentärem datenbasiertem Spielstil. Er und seine Analysten entwickelten ein Modell, das sie »The Fantastic Four« nannten und das auf vier Säulen ruhte. Sie hatten errechnet, dass sie in

38 Punktspielen wenigstens 16-mal ohne Gegentor bleiben mussten, um nicht abzusteigen. Sie gingen davon aus, dass sie eine 70-prozentige Siegchance hatten, wenn sie in Führung gingen. Sie wussten, dass Standardsituationen bis zu einem Drittel der Tore beitragen können und dass sie gefährlicher sind, wenn sie aufs Tor zu- statt davon weggespielt werden. Also übten sie es und setzten auch Einwürfe als Waffe ein. Außerdem fanden sie heraus, dass es eine 80-prozentige Chance gab, ein Spiel zumindest nicht zu verlieren, wenn man eine größere Distanz als der Gegner schneller als mit 19,8 m/h absolviert. Das alles mündete zwar in eine wenig attraktive Spielweise, aber die Bolton Wanderers waren fantastisch erfolgreich damit. Zwischen 2003 und 2007 war der Klub regelmäßig in den Top Acht und qualifizierte sich zweimal für den UEFA-Cup.

Ab ungefähr 2005 gab es auch im internationalen Spitzenfußball flächendeckend Spieldaten, wobei das Interesse in England und Deutschland daran von Beginn an größer war als etwa in Italien und Spanien. Michael Cox erwähnt in seinem Buch »The Mixer«, dass in der englischen Premier League in den zehn Jahren von der Saison 2003/04 bis 2013/14 die Zahl angekommener Pässe von 70 auf 81 Prozent stieg. Ein gewaltiger Sprung, der aus unterschiedlich großen Hopsern bestand. In den ersten drei Spielzeiten verbesserte sich der Wert nur um ein Prozent, in den letzten beiden dafür gleich um sechs Prozent. Cox schreibt, dass die Trainer in jener Zeit viel davon redeten, dass sie die Zahl angekommener Pässe steigern wollten, vor allem orientiert am FC Barcelona. Rio Ferdinand von Manchester United schrieb über den Umgang mit Daten von David Moyes, dem Nachfolger von Sir Alex Ferguson, spöttisch:

»Er sagte so was wie ›Heute müssen wir 600 Pässe im Spiel spielen, letzte Woche waren es nur 400‹. Aber wen interessiert das? Ich würde lieber fünf Tore als zehn Pässe machen.« Das war nicht die intelligenteste Pointe eines an sich intelligenten Spielers, aber sie zeigt, was passiert, wenn Neues verhandelt werden muss.

Die Daten veränderten das Spiel insofern, denn dadurch, dass etwas gezählt wird, kann man es vergleichen und diskutieren. Die neuen Zahlen wirkten in das Spiel hinein und in die Wahrnehmung von Leistung. Zugleich gab es aber viel Skepsis, zumal Fußballtrainer oder -manager irgendwann feststellten, dass Daten nicht per se genau oder objektiv sind. Daten haben ein großes Einschüchterungspotenzial, weil sie unangreifbar wirken. Das birgt die Gefahr, dass ihre Aussagekraft überschätzt wird, nicht nur im Fußball. Wenn man hingegen ihre Schwächen erkennt, werden sie wiederum mitunter zu schnell verworfen.

Ein Problem der Fußballdaten, das bis heute nicht ganz behoben ist, ist ihre Uneinheitlichkeit, denn sie werden unterschiedlich erhoben. Einerseits automatisiert durch Tracking, wobei teilweise noch die Notwendigkeit der Nachbereitung besteht, wenn die Wärmebildkameras in einem Spielerknäuel die unterschiedlichen Akteure nicht mehr voneinander trennen können. Die Datenerfassung von Spottern im Stadion oder vor Bildschirmen, von zumeist jungen Männern, die alle Aktionen auf dem Platz erfassen und im Computer ablegen, war gerade anfangs sehr fehleranfällig und ist es vermutlich auch heute noch. Die FIFA stellte bei der WM 2018 sogar verblüfft fest, dass sie von unterschiedlichen Datenanbietern fürs selbe Spiel völlig unterschiedliche Werte angeboten bekam. Beim Spiel zwischen Brasilien und Mexiko wurde die Laufleistung der Mexikaner wahlweise mit 93,01, 97,01 und 104,7 Kilometern ausgewiesen, was natürlich bizarre Abweichungen sind. Außerdem haben unterschiedliche Datenanbieter unterschiedliche Definitionen für ihre Daten. Das ist nicht so banal, wie man vermuten könnte. Wahrscheinlich könnte man problemlos ein mehrtägiges Symposium darüber abhalten, was eigentlich ein gewonnener Zweikampf ist und was nicht.

Doch zu all diesen technischen Problemen kommt noch ein wesentlich grundsätzlicheres, wie die Daten der unten stehenden Partie zeigen. Wer eine Wette gewinnen möchte, sollte sie Freunden zeigen und sie bitten, daraus das Ergebnis abzuleiten. Es sind übrigens die Zahlen eines Spiels, das wirklich stattgefunden hat und das bis heute niemand vergessen haben dürfte, der es gesehen hat.

	Team A	Team B
Ballbesitz	52%	48%
Pässe in den Strafraum	19	11
Flanken	22	10
Ecken	7	5
Gefährliche Angriffe	55	34
Gewonnene Tackles	5	1
Ballverluste	69	76
Schüsse	18	14
Schüsse aufs Tor	13	12
Tore	?	?

Wenn man sich diese Daten anschaut, würde man intuitiv davon ausgehen, dass Team A knapp gewonnen hat, denn es liegt in allen Parametern teilweise sogar deutlich vorn. Weil wir uns jedoch bereits klargemacht haben, dass im Fußball der Zufall eine gewisse Rolle spielt, sind wir mit der Voraussage vielleicht vorsichtig: Es könnte unentschieden ausgegangen sein oder gar mit einem knappen Sieg für Team B.

Nur ist nichts davon richtig. Die Daten gehören zu einer der größten Sensationen der Fußballgeschichte, dem Halbfinale der Weltmeisterschaft 2014 zwischen Gastgeber Brasilien und dem späteren Weltmeister Deutschland. Die Mannschaft von Löw gewann ein Spiel mit 7:1, das die Brasilianer als Erniedrigung erlebten. Nie zuvor war der Gastgeber einer Fußball-Weltmeisterschaft so hoch geschlagen und niemals zuvor war ein WM-Halbfinale so deutlich entschieden worden. Doch in dieser Statistik sind die Daten von Team B die des deutschen Teams. Jene Mannschaft also, die fantastisch triumphiert hatte, war statistisch gesehen in den sogenannten *Key Performance Indicators* unterlegen. Das konnte nur eins bedeuten: Diese Indikatoren der Leistung lieferten keinen Schlüssel zum Erfolg. Jedenfalls nicht auf diese Weise.

Zu diesem Schluss kamen sogar jene, die damit ihr Geld verdienten. Nach der WM 2014 sprach ich mit Christofer Clemens, dem Chefanalytiker der deutschen Nationalmannschaft, und wollte wissen, welche Rolle die Analyse von Fußballdaten beim Titelgewinn gespielt hatte. Seine Antwort war bemerkenswert deutlich: »Wir Spielanalysten haben während der WM all das ziemlich außer Acht gelassen, worauf wir in den vorangegangenen Jahren geschaut haben, seien es Ballkontaktzeiten oder die Zahl vertikaler Pässe und dergleichen. Wir haben nämlich zunehmend den Eindruck, dass Daten fehlen, die einem wirklich Auskunft darüber geben, wie man im Fußball erfolgreich ist.« Das war insofern verblüffend, weil

Clemens beileibe kein Datenskeptiker ist. Im Gegenteil, der Mittvierziger gehört zu den besten Fußballanalytikern in Deutschland und hat so viel Erfahrung im Umgang mit Video- und Datenanalysen wie wenige sonst auf der Welt.

Als Spielanalytiker arbeitete er nach Ende seines Sportstudiums in Oslo mit dem datenaffinen norwegischen Nationaltrainer Egil Olsson. 2001 kehrte Clemens nach Deutschland zurück und kam in Düsseldorf zur deutschen Dependance des französischen Unternehmens Sports Universal Process, das mit Amisco das erste marktfähige Trackingsystem auch in Deutschland erfolgreich anbot. Clemens bekam also von Beginn an mit, wie sich der Fußball in ein Spiel der Daten verwandelte.

Bald wusste man daher genau, wie viele Pässe im Angriffsdrittel ankamen, wie hoch die durchschnittliche Erholungszeit zwischen zwei intensiven Läufen war oder wie viele Pässe im Schnitt eine Mannschaft brauchte, bevor sie einen Torschuss abgab. Vor allem den Athletiktrainern gaben die Daten wichtige Rückschlüsse über den körperlichen Zustand eines Spielers, und in diesem Bereich ist ihr Einsatz inzwischen unumstritten. Warum einer plötzlich weniger Meter läuft oder eine deutlich geringere Zahl von Sprints absolviert, lässt Rückschlüsse auf seine Befindlichkeit zu. Die Trainingssteuerung verbesserte sich dadurch erheblich, dass man die körperliche Belastung in Training und Spiel ermitteln konnte. Das ist nicht nur zur Vermeidung von Verletzungen wichtig und gehört seither zum Standard – wenn auch auf unterschiedlichem Niveau. Vielleicht etablierte sich die Benutzung der Daten in diesem Feld leichter, weil hier Sportwissenschaftler arbeiteten. Vielleicht erschloss sich den

Trainern ihre Benutzung auch schneller, weil sie einfach über optimal trainierte Spieler verfügen wollten.

Aber was ließ sich aus den Daten für erfolgreiche spielerische Strategien und Taktik ableiten? Denn nicht nur Clemens oder den beiden Profis Stefan Reinartz und Jens Hegeler war aufgefallen, dass ein klarer Zusammenhang zwischen Daten und sportlichem Erfolg fehlte. So gewannen in der Bundesligasaison 2016/17 von den Spielen, die nicht unentschieden ausgingen, jene Mannschaften mit mehr

Ballbesitz	in 54 Prozent der Fälle
gewonnenen Zweikämpfen	in 56 Prozent der Fälle
gelaufenen Metern	in 60 Prozent der Fälle
abgegebenen Torschüssen	in 61 Prozent der Fälle
mehr Torchancen	in 75 Prozent der Fälle

Quelle: Impect

Zwei Jahre nach der WM in Brasilien traf ich mich noch einmal mit Clemens, er war zu einem Workshop des Trainerteams nach Berlin gekommen. Inzwischen formulierte er seine Ansicht zu den bisherigen Fußballdaten sogar noch schärfer: »Alle nutzbaren Daten bilden das Spiel in der Retrospektive ab. Sie beschreiben also nur, was passiert ist, und bleiben dabei im Wesentlichen so oberflächlich, dass wir keine Prognosen abgeben können. Wir können daraus keine Ausbildungsidee entwickeln und keine konkrete Handlungsanweisung, mit der man arbeiten könnte. Das hat keine Aussagekraft über einen Spieler, einen Spielerfolg oder eine Spielwirksamkeit.«

Das war eine bemerkenswerte Aussage auch deshalb,

weil die Erfolgsgeschichte der deutschen Nationalmannschaft seit 2004 selbst von Trainer Jogi Löw teilweise durch Daten erklärt wurde. Ende 2010 etwa bilanzierte er das Jahr der deutschen Nationalmannschaft auf ungewöhnliche Weise: »Wir hatten von allen Nationen die wenigsten Foulspiele. Wir hatten zudem die meisten Ballgewinne im Zweikampfverhalten und kamen am schnellsten zum Abschluss. Die Ballkontaktzeiten waren auf dem höchsten Niveau. 2005 dauerte es von der Ballannahme bis zum Abspiel jedes unserer Spieler im Schnitt noch 2,8 Sekunden. Das Spiel war langsam und in die Breite mit viel Zeitverlust angelegt. 2008 bei der EM haben wir uns auf 1,8 Sekunden verbessert, und 2010 waren es noch 1,1 Sekunden. Gegen England und gegen Argentinien sind wir auf Werte unter einer Sekunde gekommen, auf 0,9. Nur die Spanier waren im Schnitt etwas besser …« Löw bezog sich in seinem Resümee des Länderspieljahres also nicht auf die Spielergebnisse, obwohl das einfach gewesen wäre, denn Deutschland war bei der Weltmeisterschaft in Südafrika Dritter geworden und hatte teilweise spektakulär gespielt. Er lieferte Indikatoren für die Leistung seiner Mannschaft wie die Zahl der Foulspiele oder Ballkontaktzeiten. Das war insofern bemerkenswert, als Löw damit sagte: Das Ergebnis meiner Arbeit ist jenseits von Sieg und Niederlage messbar. Das zeigte auch, in welche Richtung sich der Blick gewendet hatte.

Aber Clemens hatte trotzdem recht, denn natürlich war auch das eine rückblickende Aussage. In Bezug auf sein eigenes Arbeitsfeld fällte er letztlich ein vernichtendes Urteil: Die Daten zeigten keinen Weg zum Sieg auf. Waren also alle einem Hype zum Opfer gefallen und war die Datenblase inzwischen geplatzt? Clemens schüttelte den

Kopf: »Nein, aber es geht darum, Daten zu generieren, die nicht offensichtlich sind.« Oder anders gesagt: Die Sache wurde komplizierter.

Von der Strichliste zum Algorithmus

Als sich Colin Trainor im Winter 2014 mit der Situation von Borussia Dortmund auseinandersetzte, interessierte ihn nicht nur, ob Klopps Mannschaft Glück oder Pech hatte. Er wollte genauer wissen, warum eine der besten Mannschaften Europas in ihrer Liga auf dem Abstiegsplatz gelandet war. Also stieg er tief in die Daten des BVB hinab, um eine Erklärung dafür zu finden. Obwohl zumeist einheitlich der Begriff Daten benutzt wird, unterscheiden sich Spieldaten im Fußball in ihrer Komplexität deutlich voneinander. In der einfachsten Form, bei Toren, Schüssen oder Pässen, reicht es im Prinzip, simple Strichlisten zu führen. Bei anderen Statistiken braucht man schon eine genauere Definition dessen, was da eigentlich gezählt wird, etwa bei Zweikämpfen oder bei Dribblings. Und schließlich gibt es Werte, die das Ergebnis von Rechenoperationen oder mathematischen Modellen sind, wie etwa die *Expected Goals*. Die Datenanalyse im Fußball kann deshalb vielschichtiger werden, weil die Daten umfangreicher und die Metriken zu ihrer Berechnung komplexer geworden sind.

Für seine BVB-Analyse entwickelte Trainor die Kategorie *After Shot Expected Goals*, die untersuchte, wohin die Torschüsse gegangen waren. Waren sie geblockt worden oder weit am Tor vorbeigeflogen, bekamen sie den Wert null zugewiesen, weil sie quasi wertlos waren. Gingen sie hingegen dahin, wo sie dem Torwart die Abwehr schwer machten, bekamen sie einen hohen Wert. Das Ergebnis relativierte die ursprüngliche Rechnung von 25 *Expected Goals*, aber Borussia hätte immer noch 21 Tore schießen müssen statt der nur 18 Treffer, die sie wirklich erzielt hatten.

Weil Dortmunds Schützen mit ihren Schussgelegenheiten nicht gut umgegangen waren, untersuchte Trainor für alle Spieler, die mehr als zwölfmal aufs gegnerische Tor geschossen hatten, wie gut ihr Abschluss gewesen war. Das Ergebnis war deprimierend. Man könnte sagen, dass Trainor hier eine Art Chancentod-Faktor ermittelte. Auf jeden Fall traf das auf Henrikh Mkhitaryan zu, der in der Hinrunde der Saison 2014/15 insgesamt 34 Schüsse abgegeben und kein einziges Tor erzielt hatte. Er war auch der einzige Spieler in der Bundesliga, der mehr als 21-mal aufs Tor geschossen hatte, ohne zu treffen. Trainors Berechnungen belegten zudem, dass die Torschüsse des Armeniers unterdurchschnittlich waren. Normalerweise hätten sie zu 2,24 Toren führen müssen; da aber viele seiner Versuche geblockt worden oder weit vorbeigeflogen waren, reduzierte sich dieser Wert um zwei Drittel. Der als Torjäger verpflichtete Italiener Ciro Immobile schloss so schlecht ab wie fast alle anderen auch. Nur die Torschüsse von Marco Reus und vor allem diejenigen von Pierre-Emerick Aubameyang fielen gefährlicher aus, als zu erwarten.

Spieler	**Zahl der Torschüsse**	**xG**	**After Shot xG**	**Abweichung**	**Tore**
Aubameyang	50	5,04	6,37	+1,33	5
Mkhitaryan	34	2,24	0,76	−1,49	0
Immobile	31	4,10	3,63	−0,46	3
Reus	29	2,46	3,25	+0,79	3

Fortsetzung nächste Seite

Spieler	Zahl der Torschüsse	xG	After Shot xG	Abweichung	Tore
Ramos	18	2,90	1,73	–0,60	2
Kagawa	16	1,40	0,81	–0,61	1
Schmelzer	14	0,42	0,11	–0,31	0
Gündogan	14	0,93	0,90	–0,03	1
Jojic	14	0,67	0,52	–0,15	0
Großkreutz	13	1,05	0,51	–0,54	0

Quelle: Colin Trainor

Dass die Qualität der Torschüsse beim BVB schlechter geworden war, konnte man der gesunkenen Torquote entnehmen. Sie war im Vergleich zum Vorjahr um zwei Prozent zurückgegangen. Zwar gaben nur Bayern München und Bayer Leverkusen mehr Torschüsse ab, die Dortmunder schossen sogar häufiger als in ihrer Meistersaison zwei Jahre zuvor, aber sie trafen eben seltener. Im Ligavergleich hatten zum damaligen Zeitpunkt nur der 1. FC Köln und der spätere Absteiger Paderborn eine schlechtere Torquote.

Saison	Torschüsse pro Spiel*	Torquote
2012/13	15,9	10,6%
2013/14	17,8	10,3%
2014/15 Hinserie	16,9	8,3%

** ohne Elfmeter*
Quelle: Opta

Eine erste Erklärung für die gesunkene Torquote fand Trainor darin, dass der BVB durchschnittlich aus größerer Entfernung aufs gegnerische Tor schoss. Im Vergleich zur Vorsaison war die Distanz um fast einen Meter gestiegen.

Nun stehen durchschnittliche Schussdistanz und sportlicher Erfolg in keinem unmittelbaren Verhältnis, obwohl der FC Bayern in allen Spielzeiten mit teilweise großem Vorsprung die Topmarken setzte. In Leverkusen, wo sich der Wert gewaltig änderte, drückte sich darin die Spielphilosophie des neuen Trainers Roger Schmidt aus. Er setzte nicht mehr auf geduldiges Ausspielen des Gegners, sondern auf zügigen Abschluss. Dennoch galt im Prinzip weiter: Aus größerer Nähe aufs gegnerische Tor zu schießen, erhöht die Torwahrscheinlichkeit. Bei Borussia Dortmund indes war der Abstand größer geworden.

Klub	2012/13	2013/14	Hinserie 2014/15
FC Bayern	16,21 m	16,36 m	16,31 m
Eintracht Frankfurt	19,33 m	17,40 m	16,37 m
Mainz 05	19,43 m	17,77 m	16,92 m
Hannover 96	17,60 m	18,30 m	16,97 m
Schalke 04	17,01 m	17,64 m	17,44 m
VfB Stuttgart	18,44 m	19,16 m	17,57 m
Hamburger SV	19,32 m	20,46 m	17,71 m
Hertha BSC	2. Liga	17,89 m	17,86 m
SC Freiburg	18,19 m	18,71 m	18,29 m
Borussia Dortmund	***17,42 m***	***17,88 m***	***18,86 m***
Werder Bremen	18,93 m	17,65 m	19,12 m
SC Paderborn	2. Liga	2. Liga	19,16 m
VfL Wolfsburg	18,20 m	19,54 m	19,30 m
Borussia M'gladbach	20,28 m	19,06 m	19,50 m
FC Augsburg	20,36 m	19,84 m	19,83 m
TSG Hoffenheim	22,96 m	21,98 m	19,97 m
Bayer Leverkusen	17,26 m	18,27 m	21,56 m
1. FC Köln	2. Liga	2. Liga	22,43 m

Quelle: Opta

Um dem Problem der verringerten Schussqualität noch tiefer auf den Grund zu gehen, verglich Trainor individuelle Statistiken aus der schlechten Halbsaison mit dem deutlich besseren Vorjahr. Dabei zeigte sich, was jeder Fußballfan auch ohne komplizierte Schussmetriken gewusst hätte: Der Abgang von Robert Lewandowski zum FC Bayern hatte ein kratergroßes Loch hinterlassen, das keiner der Neuzugänge und damals auch Pierre-Emerick Aubameyang noch nicht füllen konnte. Lewandowski kombinierte, wie Trainor feststellte, »eine ziemlich hohe Zahl von Schüssen mit einer sagenhaften Schussqualität«. Der Wert der *Expected Goals* pro Schuss schwankte bei ihm von Saison zu Saison kaum. Bei Ciro Immobile war es in Italien – allerdings auf niedrigerem Niveau – nicht anders gewesen. »Spieler haben ganz individuelle Tendenzen, welche Positionen sie einnehmen, welche Wege sie machen und wie aufmerksam sie sind, im richtigen Moment am richtigen Ort zu sein.« Das entsprach dem, was Omar Chaudhuri im Zusammenhang mit Cristiano Ronaldo festgestellt hatte.

Hinserie 2014/15				Saison 2013/14			
Schüsse	**Spieler**	**xG pro Schuss**	**xG pro 90 Minuten**	**Schüsse**	**Spieler**	**xG pro Schuss**	**xG pro 90 Minuten**
50	Aubameyang	0,101	0,319	112	Lewandowski	0,162	0,565
34	Mkhitaryan	0,066	0,207	104	Reus	0,081	0,333
30	Immobile	0,111	0,427	71	Mkhitaryan	0,092	0,234
29	Reus	0,085	0,369	64	Aubameyang	0,112	0,317
18	Ramos	0,161	0,383	54	Sahin	0,065	0,111
16	Kagawa	0,088	0,157	30	Großkreutz	0,059	0,055
14	Gündogan	0,067	0,136	21	Hummels	0,160	0,150
14	Schmelzer	0,030	0,068	21	Sokratis	0,087	0,070

Quelle: Colin Trainor

Wenn man die Statistik anschaut, hatte der BVB im Prinzip richtig damit gelegen, Adrian Ramos von Hertha BSC zu verpflichten, nur spielte der Kolumbianer letztlich zu selten. Immobiles Schussqualität hingegen war fast ein Drittel schlechter als die von Lewandowski.

Als ich im Sommer 2017 Peter Krawietz traf, um die Situation von damals mit einem Beteiligten zu besprechen, war deutlich spürbar, dass Klopps Assistent das schlimme Halbjahr immer noch beschäftigte, obwohl es schon länger zurücklag. Er sprach sehr engagiert darüber und wirkte ausgesprochen selbstkritisch. Krawietz verwahrte sich dagegen, den Einbruch auf Lewandowskis Abgang und Immobiles nachweisbar schwache Leistungen zurückzuführen. »Natürlich war Lewandowski ein großer Verlust, denn das Spiel war in den Jahren zuvor stark auf ihn zugeschnitten gewesen, und es hatten sich Automatismen entwickelt. Es gab auch eine gewisse Zuverlässigkeit, dass er das Tor macht. Wenn man so einen Idealtypen verliert, versucht man, ihn mit einem ähnlichen Typen zu ersetzen. Aufgabe eines Trainerteams ist es aber, auch bereit zu sein, bestimmte Dinge zu ändern und variabel auf die Situation zu reagieren.« Anders gesagt: Der BVB hatte mit Immobile eine ganz andere Art von Mittelstürmer verpflichtet, spielte aber weiter den gleichen Fußball wie mit Lewandowski.

Damit meinte Krawietz nicht, dass der BVB alle Ideen vom Fußball über Bord hätte schmeißen sollen, im Gegenteil. »Wir als Trainerteam haben unsere Vorstellung von Fußball und vom Fußballspielen. Die Idee ist immer, aktiv zu verteidigen. Wir wollen das Spiel gewinnen, also müssen wir Tore schießen, also müssen wir den Ball haben. Und Tore schießen wird umso einfacher, je früher wir den Ball gewinnen – das ist nicht verhandelbar.« Genau das passierte aber nicht mehr in dem Maße wie vorher, wie Trainor mit einer neuen Metrik nachweisen konnte, die er PPDA (*Passes per Defensive Action*) nannte, Pässe pro Defensivaktion. Als ich mit Trainor darüber sprach, sagte er: »Durch meinen Job bin ich geübt darin, die Dinge systematisch und logisch anzugehen. Wenn ich also höre, ›Diese Mannschaft spielt ein gutes Pressing‹, frage ich mich, wie man das messen und vergleichen kann.« So kam er auf PPDA, wobei er sich beim Begriff Defensivaktionen auf jene vier Kategorien bezog, die der Datenanbieter Opta darunter subsumierte: erfolgreiche Tacklings, nicht erfolgreiche Tacklings, abgefangene Bälle und Fouls. Der PPDA-Wert gab also eine Orientierung, wie aggressiv eine Mannschaft den Gegner angreift, wenn dieser in Ballbesitz ist, und zwar in dessen ersten 60 Metern des Spielfelds. Je niedriger der Wert, desto aggressiver ist das Pressing, denn desto weniger ungestörtes Passspiel erlaubt man dem Gegner.

Das war natürlich deshalb besonders interessant, weil Pressing eines der zentralen Stilelemente des Dortmunder Teams unter Klopp war. Der Trainer hatte nach dem verlorenen Finale der Champions League 2013 gegen den FC Bayern sogar ausdrücklich versprochen: »Wir werden eine neue Mannschaft bauen, eine neue Pressingmaschine.« Die Zahlen aus der ersten Halbserie 2014/15 sprachen jedoch eine andere Sprache, denn im Vergleich zum Vorjahr war die Intensität des Pressings zurückgegangen. Der BVB erlaubte dem Gegner durchschnittlich fast einen Pass mehr, bevor er die Mannschaft attackierte. Der sinkende Wert wurde noch wichtiger, da der BVB den Ball eigentlich häufiger gebraucht hätte. Er lag nämlich viel seltener in Führung als in den Vorjahren. Der

BVB jagte dem Ball also weniger entschlossen nach, obwohl das Gegenteil nötig gewesen wäre.

	PPDA	Zeit in Führung
2012/13	8,76	51 %
2013/14	8,72	40 %
2014/15	9,59	25 %

Quelle: Colin Trainor

Krawietz erzählte mir, dass er nicht sonderlich an Spieldaten interessiert sei. »In den letzten Jahren habe ich allerdings immer geguckt, wie viele Pässe wir gespielt haben, um unsere Spielweise zu überprüfen.« In einem wirklich guten Spiel früher von Borussia Dortmund oder heute vom FC Liverpool, wenn die Mannschaft also sehr dominant auftrat, kam sie auf rund 600 Pässe. Mehr wäre nicht besser, sondern vermutlich Ausdruck von zu viel Ballgeschiebe. »Und bei 15 Flanken von rechts und zwei von links hast du ein Problem, wahrscheinlich mit der linken Seite«, sagte Krawietz und lachte.

Von PPDA hatte er noch nicht gehört. Ihm leuchtete das Konzept sofort ein, jedoch wandte er ein, dass dieser Wert aufgrund unterschiedlicher Matchpläne schwanken könne. »Man sagt manchmal: ›Heute gehen wir mit Wumms ganz vorne drauf.‹ Oder die Spielvorbereitung und Gegneranalyse haben ergeben, dass man den Gegner erst drei Pässe spielen lässt, um ihn dann zu attackieren, wo er nicht ballsicher genug ist oder die Räume nicht entsprechend besetzt sind.« Für Krawietz drückte sich die damalige Misere daher eher in den vielen frühen Rückständen aus. Wie bereits erwähnt, war der BVB schon beim ersten Spiel der Saison gegen Leverkusen durch das schnellste Tor der Bundesligageschichte nach neun Sekunden in Rückstand geraten. »Das kann passieren, genügt dann aber eigentlich für eine komplette Saison. Bei uns hat sich das aber als Systematik ein Stück weit verfestigt. Und dann sprechen wir über Einstellungen, über Wachheit, darüber, was vor dem Spiel passiert und mit welchem Energielevel ich in ein Spiel gehe.« Ein wichtiges Thema in dem Zusammenhang war für ihn die Weltmeisterschaft 2014, wo Deutschland mit fünf Dortmunder Spielern den Titel gewonnen hatte, von denen aber nur Mats Hummels regelmäßig auf dem Platz gestanden hatte. Erik Durm, Kevin Großkreutz, Matthias Ginter und Torwart Roman Weidenfeller waren nur Nebenfiguren beim Titelgewinn. »Was ist im Kopf passiert, was haben die Jungs empfunden? Das war ein Riesenerfolg, der größte Erfolg überhaupt. Aber unsere Jungs waren in Brasilien vor allem dabei, um die Trainingsgruppe aufzufüllen und die Stimmung oben zu halten. Welcher Druck hat sich daraus für sie ergeben? Wie ist das in der Bundesliga, wenn der Gegner kommt und sagt: Weltmeister, aha, denen zeigen wir mal, wo der Hammer hängt? Darüber wurde nie gesprochen, aber das war da.«

Um zu verstehen, welche Spieler weniger pressten als in der Vorsaison, verglich Trainor, wie oft sie Defensivaktionen in der gegnerischen Hälfte starteten. Erfasst wurden alle Spieler, die mindestens 40 Prozent der Spielzeit absolviert hatten und dabei im Durchschnitt mehr als 45 Meter vom eigenen Tor entfernt standen, also keine Torhüter und Verteidiger. Die Tabelle ist absteigend danach sortiert, wer durchschnittlich am weitesten vorne und wer dahinter auf dem Spielfeld platziert war.

2014/15 Hinserie				2013/14			
Spieler	**Defensiv-aktionen in gegn. Hälfte**	**Spiel-minuten**	**Defensiv-aktionen in gegn. Hälfte pro 90 Min.**	**Spieler**	**Defensiv-aktionen in gegn. Hälfte**	**Spiel-minuten**	**Defensiv-aktionen in gegn. Hälfte pro 90 Min.**
Immobile	13	703	1,66	Lewan-dowski	103	2898	3,20
Ramos	28	682	3,70	Reus	58	2281	2,29
Auba-meyang	34	1424	2,15	Auba-meyang	58	2029	2,57
Kagawa	15	807	1,67	Mkhi-taryan	119	2511	4,27
Mkhi-taryan	26	975	2,40	Groß-kreutz	57	2898	1,77
Groß-kreutz	22	954	2,05	Sahin	124	2865	3,90
Piszczek	21	1365	1,38	Schmel-zer	33	1640	1,81
Durm	17	1085	1,41	Piszczek	21	1454	1,30
Kehl	29	1109	2,35	Durm	24	1440	1,5
Bender	29	986	2,65	Bender	57	1411	3,64

Quelle: Opta/Trainor

Man sieht gleich auf den ersten Blick, dass Robert Lewandowski nicht nur als Torschütze, sondern auch im Spiel gegen den Ball ein riesiger Verlust war. Sein nomineller Nachfolger Ciro Immobile war gerade einmal halb so aktiv, während der andere Neuzugang im Sturm, Adrian Ramos, zwar von seiner Statistik bestens passte, aber, wie schon gesagt, zu wenig Spielzeit bekam. Mit Shinji Kagawa kehrte ein Spieler zurück, der sich nicht sonderlich aktiv am Spiel gegen den Ball beteiligte. Bei Henrikh Mkhitaryan brach die Zahl der Defensivaktionen im Vergleich zum Vorjahr ein, und Nuri Sahin, dessen Wert in der Vorsaison so stark gewesen war, spielte in der unseligen Hinrunde 2014/15 nur sieben Minuten in der Bundesliga, weil er wie Reus verletzt war. Wer angesichts dieser Statistik meint, dass die Gegner vielleicht inzwischen anders gegen den BVB spielten und der Ball weniger in der gegnerischen Hälfte gewesen war, der irrt. Die Abweichung zum Vorjahr betrug hier gerade mal ein Prozent. Die Spieler arbeiteten einfach nicht so gut gegen den Ball.

»Wir machen viel für nichts, und der Gegner muss nicht allzu viel tun, um gegen uns Tore zu schießen, das ist die Situation«, hatte Klopp damals geklagt. Man könnte sagen: Seine Mannschaft tat insgesamt zwar etwas weniger als in der Vorsaison, bekam aber deutlich weniger heraus, zugleich waren Dortmunds Gegner glücklicher. 15 Prozent aller gegnerischen Torschüsse führten zu Toren, was der höchste Wert der Liga war. 6,3 Prozent der Schüsse von außerhalb des Strafraums waren Treffer, fast doppelt so viele wie der Ligadurchschnitt von 3,6 Prozent. Kein Wunder, dass anstatt der von Trainor errechneten 16,5 zu erwartenden Gegentore üppige 26 fielen. Das hatte auch damit zu tun, dass die Torhüterleistungen nicht stimmten. Stammkeeper Roman Weidenfeller kassierte 18 Gegentore statt 13,2, wie Trainor sie nach dem Modell der *After Shot Expected Goals* errechnet hatte. Dass Weidenfeller schwächelte, sorgte dafür, dass Klopp Ende November den Ersatzmann Mitch Langerak brachte. Mit ihm wurde es allerdings noch schlechter, der Australier musste sieben Mal hinter sich greifen statt der von Trainor errechneten 4,2 Gegentore.

Krawietz wollte sich verständlicherweise nicht zu den Leistungen einzelner Spieler äußern, ihm ging es um ein Gesamtbild, und da passte in jener vermaledeiten Halbserie wenig zusammen. Das Gespräch mit ihm lieferte Hintergründe dazu, was im Dortmunder Spiel nicht geklappt hatte. Die Metriken von Trainor zeigten, welch interessante Hinweise man damit über die Leistungen von Mannschaften bekommt. Es wäre interessant gewesen zu sehen, was passiert wäre, wenn Trainor diese Arbeit damals nicht nur gemacht hätte, um seinen Erkenntnishunger zu stillen und Leser einer hoch spezialisierten Website zu erfreuen, sondern in Dortmund gearbeitet und die Analysen des Trainerteams mit seinen Ergebnissen bereichert hätte. Vielleicht hätten sie dann Adrian Ramos häufiger spielen lassen oder Pierre-Emerick Aubameyang schon damals zum Mittelstürmer gemacht, um den torgefährlichsten Spieler in jene Position zu bringen, wo er die meisten Abschlüsse bekommt.

Alle Ergebnisse von Trainor muss man aber im Kontext sehen, letzte Wahrheiten liefern sie nicht – aber das tun Videoanalysen auch nicht. Nur weil man ein paar Spielszenen anschaut, hat man noch kein Spiel analysiert, entscheidend ist auch hier der Kontext. Pep Guardiola hat den Fußball nicht weiterentwickelt, weil er auf Videos zurückgreifen konnte, sondern weil er diese Videos mit seinem scharfen Blick, seinem Verständnis und seinem Entwurf des Spiels analysierte. Die Technik hat ihm geholfen, sein Genie vielleicht besser, vielleicht schneller zu entwickeln, aber Video und Computer waren Werkzeuge dabei, sie haben es nicht allein erschaffen.

Das Beispiel der Tiefenanalyse des Dortmunder Spiels durch Colin Trainor zeigt einen grundsätzlichen Wandel an. Die irreführenden Daten aus dem WM-Spiel Brasilien gegen Deutschland folgten dem Prinzip Strichliste: ein Pass ein Strich; ein Schuss ein Strich. Natürlich kann man damit auch ein Bild des Spiels in Zahlen zeichnen, es wird aber nicht sehr zuverlässig oder aussagekräftig sein. Viel interessanter wird es, wenn man nicht nur weiß, dass eine Aktion auf dem Platz stattgefunden hat, sondern auch, wo genau das passiert ist. Und das ist inzwischen so.

Michael Niemeyer vom FC Bayern hatte mir erzählt, dass Pep Guardiola sich für Daten nicht interessiere, er ziehe alle Informationen aus den Videos. Das leuchtet ein: Seine fanatische Suche nach dem Weg zum gegnerischen Tor, nach den Räumen und der Überzahl ist leichter mithilfe von Bildern zu bewerkstelligen. Aber wie Guardiola und seine Generation durch endlose Stunden vor Videos geschult worden sind, so wird es jetzt vermutlich die ersten Virtuosen der Datenanalyse geben. Nur müssen vermutlich noch ein paar Regeln gebrochen werden, damit sie ihren Platz im Fußball finden, denn mit großer Wahrscheinlichkeit werden es Außenseiter sein.

Expected Assists oder gar Pre Expected Goals Chains

Bei Trainors Analyse der unseligen Saison von Borussia Dortmund war eine Reihe neuer Metriken entstanden, die Fragen an das Spiel zu beantworten versuchten. In den letzten Jahren passiert das ständig, um bestimmte Spielsituationen zu quantifizieren, wie die Intensität des Pressings durch PPDA. Nicht selten kommen diese Entwicklungen aus dem globalen Data-Underground, wo Nerds an der Weiterentwicklung solcher Fragen arbeiten – und von den Datenfirmen, die um Kundschaft buhlen.

Bei neuen Metriken geht es oft um das Angriffsspiel,

weil die Torproduktion besonders interessiert. Traditionell stehen in diesem Zusammenhang neben den Torschützen die Assists im Mittelpunkt des Interesses, also die direkten Torvorlagen. Bereits 2012 definierte Devin Pleuler, der heute als Analyst beim FC Toronto arbeitet, erstmals *Expected Assists* (xA). »Expected Assists messen die Wahrscheinlichkeit, dass ein Pass zu einer Torschussvorlage wird«, schrieb er. »Das Modell basiert auf dem Ort, wo der Pass ankommt, was für eine Art von Pass es war und einigen anderen Faktoren. Ob wirklich geschossen worden ist, ist in diesem Zusammenhang nicht wichtig, um alle Pässe zu würdigen.« Inzwischen sind die *Expected Assists* fest etabliert und werden von Datenfirmen wie OptaPro durchgehend erhoben. Für die in dieser Kategorie zehn besten Spieler der Premier League 2017/18 sieht das so aus. Der Wert *Chances created* wird von OptaPro exklusiv ermittelt.

Spieler	**Team**	**xA**	**Assists**	**Chances created**
Kevin de Bruyne	Manchester City	11,67	16	106
Christian Eriksen	Tottenham	10,69	10	95
Alexis Sánchez	Arsenal/ Manchester United	9,91	6	71
David Silva	Manchester City	8,11	11	61
Mesut Özil	Arsenal	7,71	8	84
Cesc Fabregas	Chelsea	7,59	4	90
Xherdan Shaqiri	Stoke City	7,38	7	77
Eden Hazard	Chelsea	7,36	4	84
Leroy Sané	Manchester City	7,21	15	58
Riyad Mahrez	Leicester City	7	10	58

Quelle: OptaPro

Beim Vergleich der *Expected Assists*, die Auskunft über die Qualität der Assists geben, mit der Zahl der wirklichen Assists, schärft sich das Bild. Kevin de Bruyne war zwar bester Vorarbeiter der Liga, profitierte wie sein Mannschaftskamerad Leroy Sané aber enorm von der Qualität seiner Stürmerkollegen. Bei Eden Hazard und Cesc Fabregas war es bei Chelsea genau andersherum. Und der Wert des Schweizers Shaqiri beim Absteiger Stoke dürfte mit ein Grund dafür sein, weshalb Liverpool ihn verpflichtete.

Man kann über die *Expected Assists* hinaus noch einen Schritt weiter gehen und danach schauen, welche Spieler an einer Passkette beteiligt waren, die zu einem Torschuss geführt hat. Die Sache ist ziemlich einfach: Wer an einer Ballbesitzphase beteiligt war, der bekommt den Wert für *Expected Goals* zugeschrieben, wenn es einen Torschuss gab. Das kann auch der Torhüter sein, der einen Angriff per Abwurf einleitete, oder ein Verteidiger, der den elftletzten Pass vor einem Torschuss spielte. Dieser Wert heißt *Expected Goals Chain* (xGC).

In der Top 20 von Spielern, die 2016/17 mehr als 600 Minuten in den großen fünf Ligen gespielt haben, tauchen wenig überraschend vor allem offensive Spieler auf, aber mit Philipp Lahm und Joshua Kimmich auch defensive.

Liga	Team	Spieler	xGC/90
La Liga	FC Barcelona	Lionel Messi	1,73
Serie A	AS Rom	Mohamed Salah	1,50
Bundesliga	FC Bayern	Arjen Robben	1,47
La Liga	Real Madrid	Álvaro Morata	1,41
Bundesliga	FC Bayern	Thiago Alcántara	1,39
La Liga	FC Barcelona	Luis Suárez	1,38

Liga	Team	Spieler	xGC/90
Bundesliga	FC Bayern	Philipp Lahm	1,38
Bundesliga	FC Bayern	Robert Lewandowski	1,35
La Liga	Real Madrid	Cristiano Ronaldo	1,34
Serie A	SSC Neapel	Dries Mertens	1,31
La Liga	FC Barcelona	Arda Turan	1,31
Bundesliga	FC Bayern	Arturo Vidal	1,28
Bundesliga	FC Bayern	Douglas Costa	1,26
Bundesliga	FC Bayern	Franck Ribéry	1,25
Bundesliga	FC Bayern	Joshua Kimmich	1,25
Bundesliga	FC Bayern	Thomas Müller	1,24
Premier League	Manchester City	Nolito	1,24
Serie A	AS Rom	Edin Dzeko	1,22
La Liga	Real Madrid	Gareth Bale	1,21
Premier League	FC Liverpool	Philippe Coutinho	1,21

Quelle: Opta

Um übersehene Kreativspieler in den frühen Momenten des Aufbauspiels noch deutlicher zu identifizieren, rechnete Pleuler die Torschüsse und Assists heraus. So stößt man auf interessante Kräfte im Maschinenraum der Mannschaften, darunter bemerkenswert viele Spieler des FC Bayern. Den Wert nannte Pleuler *Pre-Expected Goals Chain,* kurz: pre-xGC. Das Ergebnis zeigt, welchen Verlust das Karriereende von Philipp Lahm und Xabi Alonso für den FC Bayern bedeutete und dass die kreative Seite des wilden Brasilianers Pepe im Trikot von Real Madrid vielleicht etwas unterschätzt wurde. Interessant ist hier, wie bei der vorangegangenen Tabelle, wie wenige Spieler aus der Premier League auftauchen.

Liga	Team	Spieler	pre-xGC/90
Bundesliga	FC Bayern	Thiago Alcántara	1,36
La Liga	FC Barcelona	Lionel Messi	1,29
Bundesliga	FC Bayern	Philipp Lahm	1,24
Bundesliga	FC Bayern	Arturo Vidal	1,19
La Liga	Real Madrid	Pepe	1,10
Bundesliga	FC Bayern	Xabi Alonso	1,05
Bundesliga	FC Bayern	Franck Ribéry	1,02
La Liga	Real Madrid	Toni Kroos	1,01
La Liga	FC Barcelona	Samuel Umtiti	1,01
Bundesliga	FC Bayern	David Alaba	1,01
Bundesliga	FC Bayern	Arjen Robben	1,00
La Liga	FC Barcelona	Ivan Rakitic	1,00
Serie A	SSC Neapel	Jorginho	0,99
Serie A	Juventus Turin	Paulo Dybala	0,99
Bundesliga	FC Bayern	Mats Hummels	0,98
Premier League	Arsenal	Alex Iwobi	0,98
La Liga	FC Barcelona	Sergio Busquets	0,96
Ligue 1	Paris Saint-Germain	Marco Verratti	0,95
Bundesliga	FC Bayern	Douglas Costa	0,95
Bundesliga	Borussia Dortmund	Julian Weigl	0,94

Quelle: OptaPro

Solche Metriken haben auch einen gewissen Grad von Verspieltheit, und man darf sich gerne fragen, zu welchen handhabbaren Erkenntnissen sie eigentlich führen. Ist Ivan Rakitic besser als Mats Hummels – und zwar 0,02 pre-xGC? Doch wer sich den Ergebnissen so nähert, ist schon verloren, denn wir müssen den Resultaten der neuen Metriken mit einer gewissen Lässigkeit und

Offenheit begegnen. Eine interessante Frage wäre eher, warum zwar Paulo Dybala in diesem Ranking auftaucht, aber sein Mittelstürmerkollege Robert Lewandowski nicht. Was sagt das über das Spiel der beiden? Oder darüber, was die Metrik genau erfasst. Angesichts der guten Werte möchte man gerne verstehen, welche Rolle Samuel Umtiti im Aufbauspiel des FC Barcelona genau einnimmt. Und wie gesagt: Warum sind hier so wenige Spieler aus der Premier League vertreten?

Aber letztlich geht es darum, die Leistung von Spielern zu quantifizieren, bei denen das schwierig ist. Torhüter gehören dazu, denn bei ihnen ist es oft schwer, zwischen *Signal* und *Noise* zu unterscheiden. Ein krasser Fehler bleibt beim Publikum klarer in Erinnerung, als wenn ein Torhüter über einen längeren Zeitraum keine groben Fehler macht, aber auch keine besonderen Highlights setzt. Oder wie bewertet man einen Keeper, der bei einem Abstiegskandidaten ständig den Kasten vollgehauen bekommt? Und ist wirklich derjenige der beste Torhüter, der die wenigsten Gegentore bekommt, oder profitiert er nur von den guten Abwehrspielern vor ihm?

Von der Logik der *Expected Goals* und *Assists* ist der Übertrag auf eine Kategorie für Torhüter naheliegend. Dazu müssen wir wissen, wie viele Schüsse welcher Qualität aufs Tor gekommen sind (also *Shots on Target*) und aus welchen Situationen heraus geschossen wurde. Konnte der Keeper einen Verzweiflungsschuss locker herunterpflücken, ist der Wert nicht so hoch, wie wenn er mit ganzem Einsatz und aller Klasse einen Schuss aus fünf Metern abwehrt. Man ermittelt also die *Expected Goals Against* (xGA) und wie viele Gegentore es wirklich waren. Das Verhältnis daraus nennt das Datenunternehmen

Opta *Keeping Goals Prevented Rate*, und sie ist das, was sich ein Torwart gutschreiben kann – oder liegt der Wert unter eins auch nicht. Leipzigs Pèter Gulásci hätte knapp 39 Gegentore kassieren müssen, es waren tatsächlich aber nur 26, was die herausragende Leistung in der Bundesliga 2018/19 war. Insgesamt sah das für die Stammkeeper, also jene mit der meisten Spielzeit, so aus:

Spieler	Team	Expected Goals on Target	Tore	Keeping Goals Prevented Rate
Pèter Gulásci	RB Leipzig	38,55	26	1,43
Yann Sommer	Borussia Mönchengladbach	48,88	42	1,16
Koen Casteels	VfL Wolfsburg	42,02	39	1,08
Alexander Nübel	Schalke 04	30,45	29	1,05
Jiri Pavlenka	Werder Bremen	47,95	47	1,02
Roman Bürki	Werder Bremen	40,35	40	1,01
Rune Jarstein	Hertha BSC	46	46	1,00
Alexander Schwolow	SC Freiburg	59,30	60	0,99
Oliver Baumann	TSG Hoffenheim	48,71	50	0,96
Kevin Trapp	Eintracht Frankfurt	45,40	47	0,95
Michael Esser	Hannover 96	62,55	65	0,95
Florian Müller	Mainz 05	40	43	0,93
Michael Rensing	Fortuna Düsseldorf	57,59	62	0,93
Manuel Neuer	FC Bayern	20,13	22	0,88
Georg Kobel	FC Augsburg	35,37	41	0,84
Ron-Robert Zieler	VfB Stuttgart	58,31	66	0,83
Lukás Hrádecky	Bayer Leverkusen	38,29	45	0,81
Christian Mathenia	1.FC Nürnberg	31,55	38	0,79

Quelle: OptaPro

Doch nicht nur Leistungen einzelner Spieler kommt man mit diesen neuen Metriken auf die Spur, auch die Besonderheiten von Trainern helfen, sie aufzudecken.

Das Favre-Rätsel

Der Schweizer Lucien Favre, Trainer von Borussia Dortmund, ist einer der sympathischsten wie erratischsten Trainer, die ich bislang kennenlernen durfte. Er kann ein außergewöhnlich charmanter und liebenswerter Gesprächspartner sein oder fast trotzig wirken und sich gegen jede Frage wehren, als wäre sie eine Zumutung. Immer jedoch hat man bei ihm das Gefühl, mit einem Menschen zu sprechen, der in seiner eigenen Welt lebt. Vermutlich ist das auch so, und wahrscheinlich ist es eine karge Welt des Videostudiums hinter vorgezogenen Vorhängen. Als Favre noch in Mönchengladbach arbeitete, so erzählen die Mitarbeiter des Klubs, schaute er eigentlich immer Videos, wenn er nicht direkt mit der Mannschaft arbeitete, selbst zu Hause und am Wochenende. Er hatte sogar eine perfekte Technik entwickelt, sich durch die Videos zu navigieren, nämlich indem er sofort den schnellen Vorlauf betätigte, wenn der Ball nicht im Spiel war.

Auf der anderen Seite erzählt jeder Manager oder Vereinspräsident, mit dem Favre zusammengearbeitet hat, augenrollend von seiner legendären Entscheidungsschwäche, sich zu Transfers durchzuringen. Auch überfiel Favre immer wieder das Gefühl, dass es für ihn mit der Mannschaft nicht mehr weitergehe, mit der er gerade arbeitete. Weshalb er öfter unversehens kündigte und nur unter gutem Zureden wieder zur Arbeit zurückkehrte. Nur bei Borussia Mönchengladbach war er nach fünf Niederlagen zu Beginn der Saison 2015/16 wirklich nicht mehr umzustimmen.

Nun könnte man angesichts solcher Geschichten annehmen, dass die meisten Manager am Ende froh gewesen wären, diesen anstrengenden Coach losgeworden zu sein. Doch das ist falsch, denn Favre ist nicht nur ein liebenswürdiger Mensch, sondern ein ausnehmend erfolgreicher Trainer. Letztlich hat er mit seinen Mannschaften fast immer mehr erreicht, als zu erwarten gewesen wäre. Favre stieg mit dem kleinen Klub Echallons in die zweite Liga der Schweiz auf, dann führte er Yverdon in die erste, mit Servette Genf wurde Favre Schweizer Pokalsieger, mit dem FC Zürich zweimal Schweizer Meister und zweimal Pokalsieger. Hertha BSC führte er fast in die Champions League, Borussia Mönchengladbach rettete er zunächst vor dem fast sicheren Abstieg und erreichte mit dem Klub anschließend zweimal die Europa League sowie schließlich die Champions League. Und OGC Nizza führte er gleich im ersten Anlauf auf einen dritten Platz in Frankreich.

Das allein ist spektakulär, aber die Daten hinter diesen Erfolgen sind so sensationell wie rätselhaft. Denn sowohl in Mönchengladbach wie in Nizza übertrafen Favres Teams die *Expected Goals* dramatisch, und zwar galt das sowohl für die selbst erzielten Tore (xG) wie für die Gegentore (xGA). Am Beispiel der Saison 2016/17 sah das so aus:

Team	xG	Tore	Angriffs-effizienz	xGA	Gegen-tore	Defensiv-effizienz	Gesamt-effizienz
Nizza	50,88	63	12,12	61,09	36	25,09	37,21
Monaco	78,73	107	28,27	39,68	31	8,68	36,95
Marseille	56,92	57	0,08	53,66	41	12,66	12,74
Bordeaux	50,30	53	2,70	49,04	43	6,04	8,74
St. Etienne	49,01	41	-8,01	55,43	42	13,43	5,42

Quelle: Opta

Favres Mannschaft hätte nach dem Modell für *Expected Goals* ein Torverhältnis von –10 haben müssen, Nizza hatte aber eines von +27, übertraf also die Wahrscheinlichkeit um 37 Treffer. Bei nur einer Saison wäre Favre damit der größte Glücksritter des europäischen Fußballs gewesen, aber er war Wiederholungstäter. In den Bundesligaspielzeiten 2012 bis 2014 übertraf Favres Borussia Mönchengladbach dreimal die *Expected Goals,* die beiden höchsten Werte in diesem Zeitraum gehörten seiner Mannschaft. Bei den *Expected Goals Against* und den wirklich gefallenen Gegentoren sah es genauso aus, die beiden besten Werte in den drei Jahren gehörten der Borussia.

Über die drei Jahre hatte Gladbach ein Verhältnis der *Expected Goals* zu den geschossenen Toren von 1,20, Favre bekam also immer 20 Prozent mehr heraus als erwartet. Das ist eine Menge, wird aber noch spektakulärer, wenn man es in einen größeren Kontext stellt. Nur drei Teams in den fünf großen Ligen kamen in diesen drei Jahren an diesen Wert heran, aber jeweils nur in einer Saison: Sunderland 2012/13 1,23; Man City 2010/11 1,21; Levante 2013/14 1,30. Oder anders gesagt: Es bestand eine Chance von gut einem Prozent, dass Gladbach dreimal in

Folge einen solchen Wert erreichte. Dass Gladbach das so beharrlich gelang, konnte kein Glück sein. Aber was war es dann?

Wenn wir davon ausgehen, dass uns die *Expected Goals* einen Hinweis auf die Lücke zwischen Leistung und Ertrag liefern, Favres Mannschaften aber beständig erfolgreicher als erwartet waren, musste der Schweizer Trainer einen blinden Fleck des Modells gefunden haben. Es ist kein Wunder, dass die Community der Fußballanalytiker von Favres Mannschaften fasziniert war und dem Geheimnis des Schweizers auf die Spur kommen wollte. Am ausführlichsten machten sich 2014 der US-amerikanische Blog *Saturdays on the Couch* und 2017 Ashwin Raman im indischen Bangalore daran. Beide versuchten, den Spielstil von Favres Mannschaften quantitativ zu beschreiben, um eine Erklärung dafür zu finden, warum seine Teams so sensationell abschnitten.

Saturdays on the Couch fiel schon bei Borussia Mönchengladbach auf, dass die Mannschaft ihre Gegner weitgehend ungehindert passen ließ. In allen drei Spielfelddritteln erlaubte sie dem Gegner mehr Pässe als alle anderen Bundesligisten. Das Bild änderte sich auf den letzten Metern, im Strafraum zogen die Borussen die Bremse. Auf den letzten zwölf Metern vor dem Tor erlaubten sie dem Gegner plötzlich nur noch 70 Prozent der Pässe des Ligadurchschnitts, gegnerische Pässe innerhalb des Strafraums ließ Gladbach am wenigsten von allen Bundesligisten zu. Favres Mannschaft ließ die Gegner also lange spielen, aber wo es ernst wurde, traten sie massiv dagegen auf.

Kai Peter Schmitz arbeitete damals in Mönchengladbach als Spielanalytiker für Favre und erinnert sich daran, wie der Trainer sogar Nationalspielern stets genau erklärte, wie sie sich in Zweikämpfen zu verhalten hatten: »Die Keimzelle ist für ihn das Eins-gegen-eins. Deshalb zeigte er selbst gestandenen Spielern, dass sie einen Schuss mit dem Fuß blocken sollten, mit dem sie dadurch ein paar Zentimeter mehr zur Abwehr hätten.«

Im Offensivspiel offenbarte sich ein ähnliches Muster. In der Bundesliga, wo viele Mannschaften auf Umschaltspiel und schnelle Konter setzten, ging Gladbach den Spielaufbau meist fast schon gemütlich an und konterte nur ausnahmsweise. Keine andere Mannschaft der Liga hatte ein so niedriges Verhältnis von angekommenen Pässen im Angriffs- zu jenen im Verteidigungsdrittel. Das sah auf den ersten Blick aus wie die Bilanz eines Abstiegskandidaten, der nicht weiß, wie er nach vorne kommt und ratlos hintenrum spielt. Aber das war nicht so. Favre, der als Profi ein eleganter Spielmacher war, ist in seiner Vorstellung von Fußball stark von Johan Cruyff geprägt, bei dem er sogar mal hospitierte. Auch hat vieles, was nach Cruyff beim FC Barcelona passierte, Favre tief beeindruckt. So kann Ballbesitz auch eine Defensivmaßnahme sein – aber nicht nur. Favre will den Ball in den eigenen Reihen halten, bis sich die Chance auftut, auf die seine Mannschaft hingearbeitet hat. Gladbach kombinierte sich zumeist nicht nur langsam und vorsichtig nach vorne, sondern zunächst dorthin, wo es eigentlich ungefährlich ist, nämlich auf die Außenbahn. Es ist dreimal so wahrscheinlich, durch einen Pass aus dem Zentrum eine Torchance vorzubereiten wie von der Seite. Dass von der Seite so wenige Tore vorbereitet werden, liegt daran, dass von dort meistens Flanken in den Strafraum geschlagen werden, die ziemlich gut zu verteidigen sind. Doch das tat Gladbach nicht, denn die Mannschaft hatte keinen klassischen Goalgetter, der entsprechend angespielt werden musste. Das Experiment mit dem Holländer Luuk de Jong, der dieses Profil hatte, war fehlgeschlagen. Gladbach schlug sogar die wenigsten Flanken aller Bundesligisten, legte aber von Außenpositionen die meisten Bälle zurück. Damit produzierten sie in der Saison 2014/15 einen weiteren statistischen Ausreißer, denn 20 Torvorlagen kamen nach Zuspielen aus mehr als 14 Metern zustande. Auch das gab es bei keiner anderen Mannschaft, der Ligadurchschnitt lag bei acht solch langer Torvorlagen.

Kai Peter Schmitz beschreibt dieses Spiel nicht als Folge einer generellen Spielidee, sondern als Ergebnis einer Fülle von auf den Gegner angepassten Spielplänen: »Favre weiß immer, wie sich welcher Spieler und die gegnerische Mannschaft in welcher Situation verhält.« Phänomenal sei seine Voraussagegenauigkeit gewesen, mit welcher Aufstellung und welchem Plan der Gegner gegen Gladbach antreten würde. Im Laufe der Trainingswoche brachte Favre seinem Team vier oder fünf Situationen bei, auf die sie warten oder die sie provozieren sollten. Eine davon war der Rückpass auf Granit Xhaka, der heute beim FC Arsenal spielt, um im zentralen Mittelfeld das Spiel auf die andere Seite zu verlagern. Wozu aber der Pass notwendig scharf genug gespielt werden musste, damit der Schweizer ihn direkt auf die Außenbahn weiterleiten konnte, von wo aus ein Offensivspieler am Strafraum in Schussposition gebracht wurde. Solche Passfolgen wurden in einem Elf-gegennull beim Abschlusstraining eingeübt. »Das war relativ einfach, ziemlich strukturiert, und so kamen im Laufe einer Saison natürlich viele eingeübte Muster zusammen«, sagt Schmitz.

Welche Folgen das hat, beschreiben relativ deutlich die Daten, wie wir sie beim OGC Nizza wiederfinden. In Favres erster Saison 2016/17 hatte seine Mannschaft hinter Paris Saint-Germain den zweithöchsten Ballbesitz und spielte nach dem Team aus der Hauptstadt die meisten Pässe. Nizza kam über die gesamte Saison aber nur 653-mal in die gefährliche Zone vor dem gegnerischen Tor, nur Absteiger Bastia hatte einen niedrigeren Wert. Dennoch gab Nizza die zweitmeisten Schüsse aus der gefährlichen Zone ab. Auf der anderen Seite schossen nur zwei Teams häufiger von außerhalb des Strafraums, also aus eigentlich ungefährlicheren Situationen.

Der Wert für *Expected Goals* ist eine mathematische Näherung, und diese hat einen blinden oder sagen wir halb blinden Fleck: den Gegner. Denn es ist natürlich ein großer Unterschied, ob man völlig unbedrängt aufs Tor schießen kann oder ob ein entschlossener Innenverteidiger einen bedrängt, den Lucien Favre genau instruiert hat, seinen starken Fuß zum Blocken des Balles zu nehmen. Auch ist es besser, wenn sich nur ein Gegner und nicht vier oder fünf in die Schussbahn werfen können. Bei den meisten xG-Modellen nutzen Analytiker sogenannte Proxys, mit denen die Anwesenheit des Gegners hochgerechnet wird. Etwa, dass der Druck der Gegner bei einem Konter niedriger ist, als wenn man auf eine stehende Abwehr zuläuft.

Ashwin Raman jedoch hatte bei seiner Analyse des OGC Nizza für die Website *chanceanalytics.com* die Möglichkeit, auf die Erhebungen einer Wettfirma zurückzugreifen, die anhand der Positionen der Spieler auf dem Platz den Gegnerdruck auf einer Skala zwischen 1 und 5 errechnete. Und wieder stellte er Erstaunliches fest: Nizza schoss unter höherem Druck als alle anderen Teams der Ligue. Das ist nun endgültig unverständlich: Wie kann eine Mannschaft, die langsam spielt, nur selten in gefährliche Räume kommt und dann auch noch unter höchstem Druck des Gegners abschließt, so erfolgreich sein? Doch Raman machte einen interessante Feststellung: Nizza schoss zwar unter Bedrängnis, aber dann, wenn nicht so viele gegnerische Feldspieler zwischen Ball und Tor waren, im Schnitt 2,27. Das war der niedrigste Wert der Liga, aber noch interessanter war, dass Favres Mannschaft fast 60 Prozent ihrer Schüsse aus dem Spiel heraus abgab, wenn nur noch zwei oder weniger gegnerische Feldspieler zwischen Ball und Tor waren. Am anderen Ende des Spielfelds, in der Defensive von Nizza, gab es das Gegenstück dazu. Die Gegner durften gerne passen und wie schon bei Borussia Mönchengladbach auch schießen, das aber nur unter höchstem Gegnerdruck und mit vielen Spielern vor dem Ball. So halfen den Gegnern die vielen Schüsse aus statistisch guten Positionen nicht. Im Grunde genommen folgte Favre also konsequent einer einfachen Idee: Er sorgte dafür, dass seine Mannschaft gute Schüsse abgab und der Gegner schlechte.

Im Fußball geht es immer darum, den Gegner aus der Balance zu bringen. Deshalb sind Umschaltspiel und Konterfußball so beliebt, denn das ist der kürzeste Weg dahin, für den es am wenigsten fußballerische Klasse braucht. Favres Fußball folgt der exakt gegensätzlichen Idee: Der ehemalige Spielmacher, dessen Karriere durch ein brutales Foul beendet wurde, spielt die Gegner fein auseinander. Am Beispiel Favre kann man sehen, wie man durch Tiefenbohrungen in den Datensätzen Spielideen genauer analysieren kann. Es zeigt auch, dass Favre ein Trainer mit

Alleinstellungsmerkmal ist und er Mannschaften dadurch schlichtweg besser macht. Im Grunde war es erstaunlich, dass er so lange keine internationale Spitzenmannschaft trainiert hatte, bevor er im Sommer 2018 Trainer von Borussia Dortmund wurde.

In seiner ersten Saison beim neuen Klub wiederholte Favre die erstaunlichen Ergebnisse aus Mönchengladbach und Nizza – allerdings nur in der Offensive. Die Zahl von 44 Gegentoren war beim BVB sogar etwas schlechter als die der erwarteten Gegentore (43). Dafür traf sein Team 81 Mal, bei einem Wert von 65 *Expected Goals*, also 16 Treffer mehr. Weil diese zudem häufig in den engen Spielen fielen, gewann Favres Mannschaft 13 Punkte mehr als expected und wurde Zweiter statt Vierter.

Der Fall zeigt auch, dass die Entwicklung des Modells für *Expected Goals* noch nicht abgeschlossen ist. Die Firma *Statsbomb* bot ihren Kunden ein fortgeschrittenes Modell an, dass den Gegner stärker einbezog. Auch die Datenfirma Opta bereitete die Optimierung ihres Modells durch *Shot Clarity* und *Shot Pressure* vor, also wie viele Spieler sich zwischen Torschützen und Tor befinden bzw. wie groß der Druck ist, den die gegnerischen Abwehrspieler ausüben. Also genau die beiden Schlupflöcher, durch die Favre gekommen war und durch die er das Modell geschlagen hatte.

Vielleicht bedarf es aber nicht nur verfeinerter Metriken, sondern noch einer ganz anderen Art von Daten, um das Spiel besser zu verstehen. Komplexe Daten liefern heute schon einen Blick in die Tiefenschichten des Spiels, sie sind so etwas wie das Röntgenbild des Fußballs. Aber vielleicht braucht es dazu ein Äquivalent zum Ultraschall oder am besten zum MRT, um alles noch besser zu verstehen.

Am 15. Juni 2016, die Europameisterschaft in Frankreich ging in ihren fünften Tag, hatte es *Packing* in Deutschland geschafft. Die populäre Satirewebsite *Der Postillon* meldete: »Mit dem Analysetool Packing sorgt die ARD derzeit bei der Europameisterschaft für Furore. Nun hat das ZDF nachgezogen und ebenfalls einen neuartigen Messansatz vorgestellt, der den Fußball revolutionieren dürfte: Beim sogenannten Goaling wird gezählt, wie oft es einer Mannschaft gelingt, den Ball ins gegnerische Tor zu befördern. Der Clou: Teams mit einer höheren Goaling-Rate als ihr Gegner gewinnen zu 100 Prozent. ›Auf so eine aussagekräftige Statistik hat der Sport lange gewartet‹, schwärmt Ex-Fußballer Reinard Stefantz, der das Goaling über einen Zeitraum von zwei Jahren in seiner Garage in Fulda entwickelt hat.«

Zum Zeitpunkt dieser Satire redeten viele Fußballfans in Deutschland vom *Packing*, weil Mehmet Scholl als Fernsehexperte der ARD dem Publikum den Ausgang der Begegnungen damit zu erklären versuchte, wie viele Spieler einer Mannschaft durch Aktionen des Gegners überspielt und dadurch aus dem Spiel genommen worden waren. Die also »gepackt« worden waren, so die etwas holprige Begriffsherleitung zum *Packing*. Doch weil Scholl das eher ungeschickt erklärte, waren die meisten Zuschauer vom *Packing* ziemlich schnell genervt. Oder wie die lustige Meldung im *Postillon* bewies: Die Sache war zur Lachnummer geworden.

Nun hatten Reinartz und Hegeler das Ganze nicht in Fulda entwickelt, sondern in Köln. Die beiden Bundesligaspieler hatten auch nicht in einer Garage zusammengesessen, sondern oft genug im Teamhotel von Bayer Leverkusen, wenn sie mit ihrer Mannschaft unterwegs gewesen waren. Dabei folgten sie beharrlich der Ausgangsfrage: Wie könnten neue statistische Daten aussehen, die aussagekräftiger als die bestehenden darüber sind, was auf dem Platz zum Erfolg führt. »Wenn du vom Trainer um die Ohren gehauen bekommst, dass wegen deiner schlechten Passquote ein Spiel verloren wird, dann feuert einen das zusätzlich an«, sagte Reinartz bei einem Treffen in seinem Kölner Büro in einem Gewerbegebiet in der Nachbarschaft von Firmen für Filmzubehör, türkische Lebensmittel und Verpackung.

Als die beiden mir in Berlin erstmals von ihren Überlegungen erzählt hatten, hatte ich noch leise gespottet, dass sie wohl bei »Jugend forscht« mitmachen wollten, dem populären Nachwuchswettbewerb im Bereich Naturwissenschaft und Technik. Es hatte aber tatsächlich etwas Forschendes, wie sie sich der Suche nach neuen Daten näherten. Ihre erste Idee war es gewesen, nach überspielten Reihen zu schauen, diese hatten sie aber schnell verworfen. Schließlich funktioniert Fußball nicht wie an einem Kickertisch, wo die Spieler brav in einer Linie stehen. »Dann war relativ schnell der Begriff ›Gegner überspielen‹ da«, erinnerte sich Reinartz. Er lag nahe, denn um Tore zu erzielen, muss man schließlich am Gegner vorbeikommen. In einem ersten praktischen Versuch setzten sich Reinartz und Hegeler mit Zettel und Stift vor den Bildschirm und werteten zehn Spiele von Borussia Dortmund aus. Dort konzentrierten sie sich auf die Szenen von Innenverteidiger Mats Hummels und seinem damaligen Abwehrpartner Neven Subotic.

Doch bei der Frage, was sie da eigentlich erfassten, ergaben sich praktische Probleme. Wie zählt man den langen Ball eines Innenverteidigers, wenn der Stürmer ihn mit den Haarspitzen ins Nichts verlängert? Zwar waren viele Gegner überspielt worden, aber der Ball war weg. Also definierten sie das als eine ineffektive Aktion. Es stellte sich die Frage, wie wichtig der Abnehmer eines Passes in diesem Zusammenhang war und wohin das alles eigentlich führte. Während sie erst Strichlisten führten, dann Exceltabellen mit Daten füllten und schließlich mit einer Statistiksoftware arbeiteten, schälte sich immer deutlicher ihre Aufgabe heraus: Aus der Praxis des Spiels mussten sie eine Theorie entwickeln, um daraus neue Parameter abzuleiten. Sie untersuchten also die Anatomie des Spiels, um zu identifizieren, wie es einer Mannschaft gelingen kann, dorthin zu kommen, wo es für den Gegner gefährlich wird. »Man braucht einen Passgeber von hinten und einen Passempfänger, um in einen halbwegs interessanten Raum zu kommen. Man braucht jemanden, der den Ball zieht, und einer muss den tödlichen Ball spielen«, sagte Reinartz. Das allein ist keine revolutionäre Erkenntnis, aber bislang gab es eben keinen Wert, der sagte: Zahl der gegnerischen Spieler, die nicht mehr beim Verteidigen helfen können, weil ein Spieler der angreifenden Mannschaft angespielt worden ist. Es gibt trotz aller Passstatistiken auch keinen Wert für den Spieler, der diesen Pass gespielt hat. Das Spiel so zu beschreiben und zu quantifizieren, wie sie es taten, war nicht weniger als eine Weltneuheit.

2015 waren ihre Überlegungen dann so weit fortgeschritten, dass sie ein Unternehmen gründeten, das sie Impect nannten. Ein Jahr später musste Reinartz wegen andauernder Verletzungsprobleme seine Spielerkarriere im Alter von nur 27 Jahren beenden. Das war bitter, andererseits lockte es ihn unübersehbar, sich nun mit voller Kraft um die Entwicklung des Unternehmens zu kümmern.

Um zu verstehen, warum die erhobenen Informationen für Trainer und Manager interessant sein können, hilft es, einen Blick auf die Bewertung von Spielern durch *Packing* zu werfen. Ein interessantes Beispiel ist etwa Mesut Özil. Er hat eine große Zahl von Fans in der ganzen Welt, wie die Zahl von über 13 Millionen Followern bei Instagram und 16 Millionen bei Twitter zeigt, bei Facebook hat er sogar über 30 Millionen Freunde. Dennoch steht Özil bei vielen Fußballfans seit Langem unter dem Generalverdacht, oft unter seinen Möglichkeiten zu bleiben. Seine Körpersprache wird sowohl von Fans des FC Arsenal und wurde auch von den Zuschauern der Spiele der deutschen Nationalmannschaft bemängelt, ebenso wie der Umstand, dass er in wichtigen Spielen mitunter nicht zu sehen ist. All das ist wahrlich nicht von der Hand zu weisen, aber Özil leidet auch darunter, dass ein wesentlicher Aspekt seiner Kunst schwer zu erkennen und normalerweise nicht zählbar ist – das, was Reinartz »Pässe ziehen« nennt. Dabei enthüllt sich, welche Spieler dafür sorgen, dass gefährliche Pässe überhaupt gespielt werden können. Weil diese Spieler fleißig genug sind, sich entsprechend anzubieten. Und weil sie mit der richtigen Intuition ausgestattet sind, zum richtigen Ort zu laufen, oder weil sie sich an die präzisen Anweisungen ihrer Trainer halten.

An Özils 30. Geburtstag, Mitte Oktober 2018, meldete die Datenfirma Opta, dass seit der Aufzeichnung dieser Daten im Sommer 2006 kein anderer Spieler in den Top-Fünf-Ligen in Europa so viele Chancen vorbereitet hatte wie Mesut Özil. Aber *Packing* zeigt auch seine andere Seite, denn er erreicht zumeist Spitzenwerte für die Zone zwischen gegnerischem Mittelfeld und gegnerischer Abwehr, er ist ein Genie darin, die »Pässe zu ziehen«. Mit im Schnitt 66 überspielten Gegnern pro Partie als Zielspieler war er diesbezüglich bester offensiver Mittelfeldspieler bei der Europameisterschaft 2016 in Frankreich.

Für jede Mannschaft ist es ein Segen, solche Spieler zu haben. Denn heute geht es zumeist so gedrängt auf dem Rasen zu, dass es unheimlich schwierig ist, in die Räume zu kommen, in denen Mesut Özil agiert. Zugleich fällt es eben weniger auf, der Empfänger eines guten Passes zu sein als dessen Absender. Es wird einem daher seltener gutgeschrieben, als dass es negativ auffällt, wenn einer wie Özil einen minder engagierten Gesichtsausdruck hat.

Bei der Weltmeisterschaft 2018 übertraf er den Wert von der Europameisterschaft sogar noch und kam auf 68 überspielte Spieler, nur ein Spieler war besser: Thomas Müller kam auf 72. Das zeigt aber auch, dass zum Verständnis dieser Daten stets der Kontext nötig ist, denn natürlich waren Özil und Müller bei dem Turnier nicht die irgendwie übersehenen Topspieler in einer desolaten deutschen Mannschaft. Zumindest aber waren ihnen in Russland zumindest ihre außergewöhnlichen Fähigkeiten als Anspielstationen nicht verloren gegangen.

Auf jeden Fall hilft *Packing* bei der Unterscheidung, ob ein Spieler nur viele Pässe spielt oder ob er der eigenen Mannschaft damit einen echten Vorteil bringt. Mats Hummels etwa hatte in seiner letzten Saison bei Borussia Dortmund eine Passgenauigkeit von 84,6 Prozent, während der international weitgehend unbekannte albanische Nationalspieler Mergim Mavraj beim 1. FC Köln auf einen Schnitt von 89,5 Prozent angekommener Pässe kam. Warum wechselte also Hummels zum FC Bayern und Mavraj erst zum Hamburger SV und dann zu Aris Saloniki nach Griechenland? Eine Antwort darauf liefert *Packing:* Hummels setzte mit 72 überspielten Gegnern pro Spiel die Benchmark in der Bundesliga, während Mavraj mit nur 23 überspielten Gegner am unteren Ende des Rankings zu finden war.

Packing schlüsselt die Aktionen auf dem Platz zudem in unterschiedliche Richtungen auf, und damit lässt sich auch die Qualität von Defensivspielern besser quantifizieren. Zwar werden Spieler wie Hummels heute auch an ihrer Fähigkeit gemessen, das Spiel mit guten Pässen zu eröffnen, aber ihr Kerngeschäft bleibt die Defensive. Beim *Packing* gibt es zwei unterschiedliche Werte für Balleroberungen, was zunächst einmal irritierend ist. Einer zeigt an, wie viele gegnerische Spieler durch eine Balleroberung nicht mehr verteidigen können. Beim anderen geht es um die Frage, wie viele Mitspieler durch die Balleroberung wieder hinter dem Ball sind.

Nehmen wir ein Beispiel für den ersten Fall. Ein Spieler erobert den Ball im Mittelfeld, sodass vier Angreifer der gegnerischen Mannschaft dadurch plötzlich hinter dem Ball stehen. Sie sind aus dem Spiel genommen; oder in der Begrifflichkeit des *Packing:* Sie sind gepackt worden. Das ist ein Wert, der oft bei Mannschaften höher ist, die ein starkes Gegenpressing spielen. Sie attackieren nämlich schon, wenn der Gegner gerade auszuschwärmen beginnt. Im zweiten Fall wird die Defensivleistung dadurch quantifiziert, dass man die Zahl der eigenen Spieler ermittelt, die durch eine Balleroberung wieder zurück ins Spiel geholt werden. Nehmen wir etwa das Beispiel, dass ein Spieler allein auf einen Torwart zuläuft, der letzte Verteidiger ihm nachjagt und den Ball abnimmt. Damit hätte er zwar nur einen gegnerischen Spieler »gepackt«, aber neun seiner Mitspieler wieder ins Spiel zurückgeholt. Zurecht würde das als spektakuläre Rettungsaktion gewertet werden.

Das Ganze kann man natürlich auch aus Sicht der »gepackten« Spieler betrachten. Wenn der Ball im Aufbauspiel in dem Moment verloren geht, in dem viele Mitspieler vor ihm sind, bedeutet das höchste Gefahr. Wer die Bälle im Angriff nicht halten oder zum Abschluss kommt, schwächt die Angriffskraft seiner Mannschaft. Diese unterschiedlichen Ansätze machen das *Packing* zu einer Art Schweizer Taschenmesser der Analyse. Sie helfen die Leistung von Feldspieler anders zu quantifizieren.

Doch wie groß ist der Zusammenhang zwischen den Packing-Werten und dem sportlichen Erfolg? Denn das war schließlich die Ausgangsfrage, die sich Reinartz und Hegeler vor allem gestellt hatten. Bei der Europameisterschaft 2016 in Frankreich siegten bei insgesamt 51 Spielen in 34 Partien jene Teams, die mehr Verteidiger überspielt hatten, nur drei von ihnen verloren. (Siehe Abb. S. 181 oben) Das war besser als bei allen Ballbesitz- oder Passstatistiken.

Bei der Weltmeisterschaft 2018 in Russland bestätigte sich der Zusammenhang zwischen guten Packing-Werten und sportlichem Erfolg. Das zeigte sich bereits nach den drei Spielen der Vorrunde, einer natürlich sehr kleinen Datenbasis. Sieben der acht Mannschaften mit dem besten Verhältnis von überspielten gegnerischen und eigenen Verteidigern pro Spiel überstanden nicht nur die Vorrunde, sondern auch das Achtelfinale, nur der Iran schied schon in der Vorrunde aus.

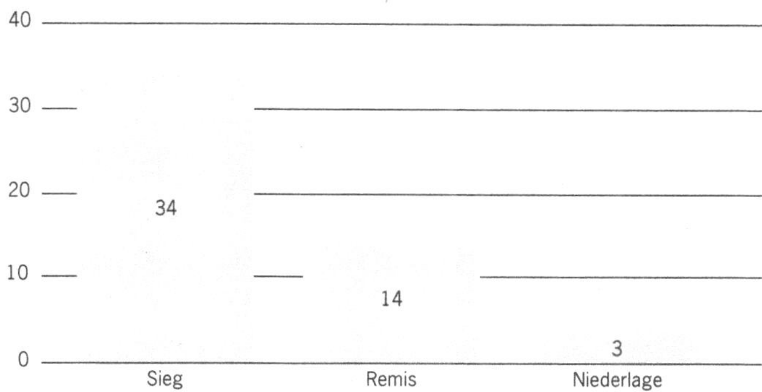

Quelle: Impect

Team	Überspielte Verteidiger	Überspielte eigene Verteidiger	Differenz
Belgien (3.)	55	30	25
Russland (VF)	42	21	20
Schweden (VF)	39	21	18
Brasilien (VF)	48	32	16
England (4.)	36	21	15
Frankreich (1.)	32	19	13
Kroatien (2.)	39	27	12
Iran (1. Runde)	28	20	8

Noch interessanter werden die Ergebnisse über eine ganze Saison. Der FC Bayern war der Konkurrenz 2018/19 defensiv haushoch überlegen, in der Offensive kam der Meister auf den zweitbesten Wert hinter Florian Kohfeldts Bremern. Nürnbergs Abstieg hatte damit zu tun, dass sie den Gegner zu wenig gefährdeten, Stuttgart war defensiv instabil. Frankfurts defensive Schwäche spielte aufgrund der Offensivstärke letztlich keine Rolle, während Hannover mit mäßigen Werten sang- und klanglos abstieg.

Team	Überspielte Verteidiger	Überspielte eigene Verteidiger	Differenz
FC Bayern	51	30	21
Werder Bremen	55	44	11
Düsseldorf	50	41	9
RB Leipzig	54	47	7
Bayer Leverkusen	51	46	5
Borussia Dortmund	46	42	4
TSG Hoffenheim	52	50	2
Wolfsburg	44	42	2
Hertha BSC	46	47	–1
Mönchengladbach	43	44	–1
Hannover 96	45	48	–3
Schalke 04	41	44	–3
SC Freiburg	36	41	–5
FC Augsburg	42	48	–6
Mainz 05	42	49	–7
1. FC Nürnberg	35	45	–10
Eintr. Frankfurt	50	60	–10
VfB Stuttgart	41	54	–13

Quelle: Impect

Wie gut die defensive Stabilität einer Mannschaft ist, erkennt man aber auch daran, wie kostspielig die Ballverluste sind, die sie sich leistet, weil anschließend viele eigene Spieler vor dem Ball stehen und beim Verteidigen nicht mehr helfen können. In der Bundesligasaison 2018/19 war der SC Freiburg darin besonders stark, wie übrigens auch schon in den Jahren zuvor. Die Auflistung zeigt aber auch, dass einige starke Mannschaften das Risiko solcher Situationen durchaus miteinkalkulieren, namentlich das Trio am Ende. Sowohl Bayer Leverkusen unter Peters Bosz, RB Leipzig unter Ralf Rangnick und Adi Hütters Frankfurter Eintracht griffen den Gegner meist schon sehr weit vorne an und riskierten dabei auch, ausgekontert zu werden.

Team pro Spiel	**Ballverlust (eigene Spieler raus pro Spiel)**
SC Freiburg	95
Mönchengladbach	105
FC Bayern	106
Düsseldorf	107
Nürnberg	112
Augsburg	117
Schalke	117
Hertha BSC	118
Stuttgart	118
Borussia Dortmund	118
Mainz 05	122
Werder Bremen	123
Hannover 96	126
Hoffenheim	127
VfL Wolfsburg	127
Bayer Leverkusen	131
RB Leipzig	134
Eintracht Frankfurt	134

Quelle: Impect

Das Vorhandensein von neuen Daten schafft neue Wirklichkeiten. Darauf hatte Michael Cox am Beispiel der Passstatistiken hingewiesen, die sich auch deshalb verbesserten, weil die Trainer plötzlich darauf schauten. Bei mir hat die Beschäftigung mit dem *Packing* den Blick auf Spiele geändert. Es schärft den Blick auf »tödliche Pässe« und »lebensgefährliche Ballverluste«. Ich achte mehr darauf, wer Empfänger von guten Pässen ist, und bin nicht mehr so sehr auf den Absender fokussiert. Gänzlich neu ist das nicht, aber man kann nun etwas quantifizieren, wo das vorher nicht möglich war.

Wie sich das praktisch niederschlagen kann, zeigt das Beispiel Julian Weigl. Er wurde als einer der Shootingstars der Bundesliga für die Europameisterschaft 2016 nominiert, nachdem er erst im Sommer zuvor vom Zweitligisten 1860 München zu Borussia Dortmund gewechselt war. Während der Europameisterschaft in Frankreich sagte er in einem Interview, dass er sich am meisten an Toni Kroos orientiere, weil der die meisten Gegner überspiele und sein damaliger Vereinstrainer Thomas Tuchel ihm gesagt habe, genau das sei sein größter Entwicklungsfaktor. Weigl überspielte damals pro Spiel im Schnitt 42 Gegner, Kroos erreichte in der Nationalmannschaft gewaltige 82.

Noch ist *Packing* ein relativ junges Konzept, und wir lernen noch den Umgang damit. Doch mit jeden Jahr und jeder Liga, die auf diese Weise mehr erfasst wird, wird der potenzielle Schatz der Erkenntnis größer. *Packing* schärft auch den Blick auf Mannschaftsleistungen. Als Bayer Leverkusen in der Saison 2016/17 weit unter den Möglichkeiten blieb und zwischendurch sogar in den Abstiegskampf geriet, schaute Reinartz auf der Suche nach Erklärungen für den Absturz in die eigenen Daten. Die meisten Bayer-Fans waren damals vor allem auf die Abwehrspieler schlecht zu sprechen, weil Bayer so viele Gegentore kassierte, aber Reinartz analysierte die Situation anders: »Wir würden sagen, was für eine gute Abwehr, nur der Rest funktioniert nicht.« Die Mannschaft hatte viele schlimme Ballverluste, nach denen oft vier oder fünf Spieler vor dem Ball standen und nicht mehr helfen konnten. Dadurch fehlte den Verteidigern die Unterstützung. »Das muss man sich wie Wellen vorstellen. Wenn man die Abwehr von Bayern München mit der einer Mannschaft aus dem unteren Tabellendrittel vergleicht, rollen auf die von Bayern nur ein Drittel so viele Angriffe zu. Deshalb muss man auf das Verhältnis schauen, wie viele Wellen eine Abwehr im Vergleich zu denen stoppt, die auf sie zurollen«, sagt Reinartz. Für Bayer Leverkusen bedeutete das: Die Verteidiger hielten zwar viele Wellen auf, ihre Kollegen ließen aber zu viele davon zu. Zu einem ähnlichen Schluss kam Reinartz übrigens auch angesichts der schlechten Leistung der deutschen Nationalmannschaft bei der WM in Russland. Auch dort wurden die Verteidiger vom Rest des Teams im Stich gelassen.

Werte fürs *Packing* zu erheben, ist aufwendig und teuer. In Deutschland passiert das auf Basis der Trackingdaten, die für die Bundesligaklubs von der Deutschen Fußball Liga erhoben werden. Dennoch ist die Automatisierung bislang nur zu rund drei Viertel möglich, der Rest wird händisch erfasst, also von Menschen. Spiele ohne eine Basis aus Trackingdaten zu erfassen, dauert rund sieben Stunden pro Partie. 40 Studenten der Sporthochschule in Köln finanzieren sich so einen Teil ihres Studiums. Anfangs wurden Daten aufgrund des hohen Aufwands nur für die Spiele der Bundesliga, der französischen Ligue 1, der Uefa Youth League erhoben. Dazu kamen die Spiele der Europa- und Weltmeisterschaften. Doch im Frühjahr 2018 eröffnete Impect eine Niederlassung in der Bonifacio Global City, dem hochmodernen Business-Distrikt der philippinischen Hauptstadt Manila. »Da ist das Büro teurer als in Köln«, sagte Reinartz. Allerdings sind die Lohnkosten für die 21 fest angestellten Mitarbeiter deutlich niedriger, und das Unternehmen expandiert. Wohin, das werden wir noch sehen.

Kontrolle des Raums

Packing ist nicht der einzige Versuch, ein zunehmend reicheres Bild des Spiels zu quantifizieren, indem man einzelne Aktionen verbindet. Das amerikanische Unternehmen STATS bietet ein Produkt an, das sie »Playing Styles« nennen, in dem unterschiedliche *Key Performance Indicators* verknüpft werden, um den Stil einer Mannschaft mit einem anderen Team vergleichbar zu machen. OptaPro arbeitet seit 2017 mit sogenannten Sequenzen, deren Definition einfach und leicht nachvollziehbar ist: »Eine Sequenz wird als eine Passage des Spiels definiert, die einer Mannschaft gehört und mit einer Defensivaktion, einer Spielunterbrechung oder einem Schuss beendet wird.« Eine Sequenz kann unterbrochen sein, aber wenn die Mannschaft anschließend weiter am Ball ist, etwa weil der Gegner ins Aus klärt oder ein abgeprallter Schuss wieder bei der Mannschaft in Ballbesitz landet, geht die Ballbesitzphase weiter. Letztlich sollen jene Abschnitte identifiziert werden, in denen eine Mannschaft das Spiel kontrolliert. Davon gibt es bei den meisten Spielen ungefähr 200, jede Mannschaft ist also zwischen 90-und-100-mal am Ball – und zwar logischerweise einmal mehr oder einmal weniger als der Gegner, denn der Ballbesitz wechselt hin und her.

Sehr unterschiedlich ist jedoch, wie lange eine Mannschaft am Ball ist. In der Bundesliga 2018/19 kamen die

Teams im Schnitt auf zwischen 4,86 (FC Bayern) und 2,71 (Eintracht Frankfurt) Pässen pro Sequenz. Daran erkennt man, welche Mannschaften in der Lage sind, den Ball länger zu kontrollieren oder welche Teams ihr Spiel darauf ausrichten, eher schnell, mit wenigen Pässen nach vorne zu kommen. Dazu ist hier noch aufgeführt, mit welchem Tempo die Angriffe gespielt werden. Das Konzept von *Direct Speed* wird danach erklärt.

Team	**Pässe pro Sequenz**	**Direct Speed**
FC Bayern	4,86	1,52
Borussia Dortmund	4,48	1,54
Bayer Leverkusen	4,21	1,67
Borussia M'Gladbach	4,11	1,71
Werder Bremen	3,63	1,80
TSG Hoffenheim	3,46	2,01
Hertha BSC	3,34	1,70
VfL Wolfsburg	3,25	1,59
SC Freiburg	3,21	1,53
Fortuna Düsseldorf	3,09	2,07
1. FC Nürnberg	3,04	1,83
VfB Stuttgart	2,99	1,77
Mainz 05	2,99	1,81
Schalke 04	2,95	1,83
Hannover 96	2,95	1,78
RB Leipzig	2,94	2,25
FC Augsburg	2,82	1,96
Eintracht Frankfurt	2,71	2,10

Quelle: OptaPro

Dank der Trackingtechnologie können wir heute auch ermitteln, in welcher Geschwindigkeit die Sequenzen gespielt wurden. Wie das geht, kann man sich am unten stehenden Beispiel aus der Partie Liverpool gegen Watford aus der Saison 2016/17 klarmachen. Jürgen Klopps Mannschaft gewann den Ball durch einen Kopfball von Joel Matip, der hier durch ein Dreieck dargestellt ist. Der anschließende Weg des Balles ist durch eine gepunktete Linie (Pass) oder durchgezogene Linie (Mitnahme durch den Stürmer) dargestellt. In den 14,5 Sekunden von Matips Kopfball bis zum Schuss, der am Tor vorbeiging, legte der Ball 126,44 Meter zurück, dabei gab es 55,96 Meter Raumgewinn. Der Wert für *Direct Speed,* wie OptaPro diesen Wert nennt, war 3,85 Meter pro Sekunde.

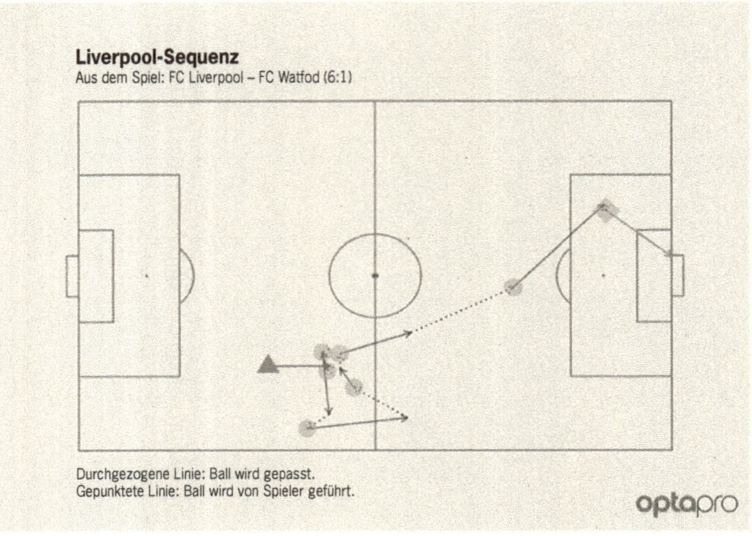

Quelle: OptaPro

Für Spielanalytiker können solche Werte die Ausgangspunkte weiterer Erkundungen sein. Sie können Passsequenzen danach ordnen, wo sie begonnen haben, wenn sie zu einem Torschuss führten. Nutzt der Gegner dabei die Breite des Spielfelds, oder sucht er die Mitte? Welche Stilistik einer Mannschaft kann man sonst identifizieren? Welche Spieler sind Teil erfolgreicher Passketten, und wer unterbricht sie häufig?

So können weitere Schichten des Spiels freigelegt werden, dennoch bleibt ein grundsätzliches Problem. Ein Spieler ist während der 90 Minuten durchschnittlich ungefähr 150 Sekunden am Ball. In dieser Zeit schießt er, passt, flankt, dribbelt oder tut sonst etwas, das von Aktionsstatistiken erfasst wird. Doch was passiert in der restlichen Zeit, und ist es überhaupt per se gut, auf dem Spielfeld in Aktion zu sein? Von Paolo Maldini, einem der besten Verteidiger aller Zeiten, gibt es in diesem Zusammenhang ein legendäres Zitat: »Wenn ich in ein Tackling gehen muss, habe ich vorher einen Fehler gemacht.« Nicht das Tackling ist gut, sondern es vermieden zu haben. Xabi Alonso, der beim FC Liverpool, Real Madrid und Bayern München spielte, erteilte dem Tackling eine ähnliche Absage: »In Liverpool habe ich immer die Stadionzeitung gelesen, und da gab es oft Interviews mit einem Jungen aus dem Nachwuchsteam. In der Regel wurde er nach seinem Alter, seinen Vorbildern gefragt – und nach seinen Stärken. Gewöhnlich hat er dann gesagt: ›Schießen und Tackling.‹ Ich bekomme es nicht in meinen Kopf, dass eine Nachwuchsabteilung Tackling als eine Qualität lehrt. Wie kann man Fußball nur so sehen? Tackling ist die letzte Rettung, und man wird manchmal darauf zurückgreifen müssen, aber es ist keine Qualität, nach der man strebt.«

Alonso und Maldini wussten, wie man Tacklings durch Spielverständnis und gutes Stellungsspiel vermeidet. Aber wie misst man es, wenn solche Spieler auf brillante Weise nichts und damit alles richtig machen?

Diese Frage stellt sich nach wie vor auch die sportliche Leitung der deutschen Nationalmannschaft. Sie war bereits im Herbst 2013 eine Partnerschaft mit dem Softwarehersteller SAP eingegangen. Oliver Bierhoff, der Manager der Nationalmannschaft, Hansi Flick als damaliger DFB-Sportdirektor und Chefanalyst Christofer Clemens waren sogar in die Niederlassung des Unternehmens in Palo Alto gereist, um mit den amerikanischen Experten zu sprechen. Es ging dabei um Datenbanken und um praktische Apps für den teaminternen Gebrauch, aber auch um fußballerische Grundlagenforschung. SAP stellte acht Leute ab, darunter Systemdesigner, Mathematiker und Informatiker. Diese sollten helfen, bestehenden Daten neue Erkenntnisse abzugewinnen oder neue Daten zu generieren.

Bei den Besprechungen zu der Frage, was man da eigentlich suchte, kam der Begriff Raumkontrolle auf. »Er wird im Trainerstab sehr stark verwendet«, erklärte mir Clemens. »Der moderne Fußball wird über Raumkontrolle entschieden. Die Mannschaft, die zum richtigen Zeitpunkt den richtigen Raum kontrolliert, gewinnt wahrscheinlich das Spiel.« Individuelle Leistungen kann man in diesem Zusammenhang bewerten, und Clemens schwärmt von Luis Suárez vom FC Barcelona. »Raumkontrolle im gegnerischen Strafraum ist die Königsdisziplin, und bei seinen Toren sind keine Bälle dabei, die kunstvoll in den Winkel gejagt werden. Aber er steht immer mutterseelenallein im Strafraum, weil er sich durch die richtigen Bewegungen im entscheidenden Moment die Raumkontrolle verschafft wie kein anderer.« Suárez ist also in der Lage, sich in einem hoch verdichteten Spiel, wo es kaum noch Platz gibt, den nötigen Raum zu verschaffen. »Auf dem höchsten Niveau des internationalen Fußballs geht es um einen Meter, mehr liegt oft nicht zwischen Tor und keinem Tor. Ein Meter entscheidet zwischen Raumkontrolle und keiner Raumkontrolle«, sagte Clemens. Die besten Spieler beherrschen den Raum, genau das macht das überragende Talent von Lionel Messi oder Cristiano Ronaldo aus. Ihr Genie besteht zumeist nicht darin, dass sie zweikampfstark sind, sondern dass sie sich den Zweikämpfen entziehen, sagte Clemens. »Wenn der Ball zu ihnen kommt, müssen diese Spieler nie mehr in einen Zweikampf.« Wenn man das erkannt hat, schließen sich viele Fragen an. Was kann man dagegen tun? Kann man das lernen? Und kann man das lehren?

Der Begriff Raumkontrolle geht auf Daniel Memmert zurück, der das Institut für Kognitions- und Sportspielforschung an der Deutschen Sporthochschule Köln leitet. Er forscht schon seit vielen Jahren mit Spieldaten, hat auf praktischer Ebene mit der TSG Hoffenheim zusammengearbeitet und mit dem DFB. Die Deutsche Fußball Liga hatte eine Analyse finanziell unterstützt, bei der Memmert die Spieldaten aus 50 Spielen der Fußballbundesligasaison 2014/15 untersuchte. Er kam dabei zu dem Schluss: »Bei allen Pässen zwischen und innerhalb von Defensivzone und Mittelfeld weisen siegreiche Teams deutliche Vorteile im Positionsspiel auf, ebenso bei Vertikalpässen in der Angriffszone. Im Schnitt stehen ihnen weniger Gegenspieler gegenüber. Die Gewinner überspielen zudem mehr Gegner bei Pässen von der Verteidigung ins Mittelfeld.« Das war dem Konzept des *Packing* nicht unähnlich, wobei Memmert und sein Team einen anderen Weg einschlugen.

Memmert arbeitete mit Voronoi-Diagrammen, die zu Beginn des 20. Jahrhunderts von dem gleichnamigen russischen Mathematiker entwickelt wurden. Sie helfen heute dabei, Kristall- oder Zellwachstum zu modellieren, funktionieren aber auch beim Blick auf den Fußball. Die Voronoi-Diagramme zerlegen einen Raum, in diesem Fall den Fußballplatz, in unterschiedliche Zellen, die durch ein Zentrum bestimmt werden, in diesem Fall den Spieler. »Die Grenze zweier aneinanderliegenden Zellen wird demnach an der Stelle gezogen, welche die beiden Spieler zum gleichen Zeitpunkt erreichen könnten«, schreibt Memmert. Das Spielfeld ist also in Regionen unterteilt, wo jeweils ein Spieler dem Ball am nächsten ist. Die Szene erfasst einen Moment aus einer Begegnung zwischen Werder Bremen und dem 1. FC Köln im Voronoi-Diagramm. Bremen spielt von links nach rechts, Köln kontrolliert den grauen Raum. Werder kontrolliert zu diesem Zeitpunkt bereits 31,5 Prozent seiner Angriffszone sowie 1,6 Prozent des Kölner Strafraums (die kleine Ecke auf der linken Angriffsseite).

Nun ist eine solche Szene nur eine Momentaufnahme im Rahmen eines ungeheuer dynamischen Systems; die Raumkontrolle ändert sich ständig. »Allgemein lässt sich festhalten, dass es Topmannschaften erfolgreicher schaffen, Raumanteile in den kritischen Bereichen des Spielfeldes zu gewinnen und zu behalten«, bilanziert Memmert. So faszinierend das auch ist, so ist es doch nur ein Einstieg in die Raumkontrolle, denn im Prinzip hängt die Größe der Region bei den unterschiedlichen Spielern nicht zuletzt von ihrer Schnelligkeit ab. Das macht den Raum von Pierre-Emerick Aubameyang größer, als wenn man

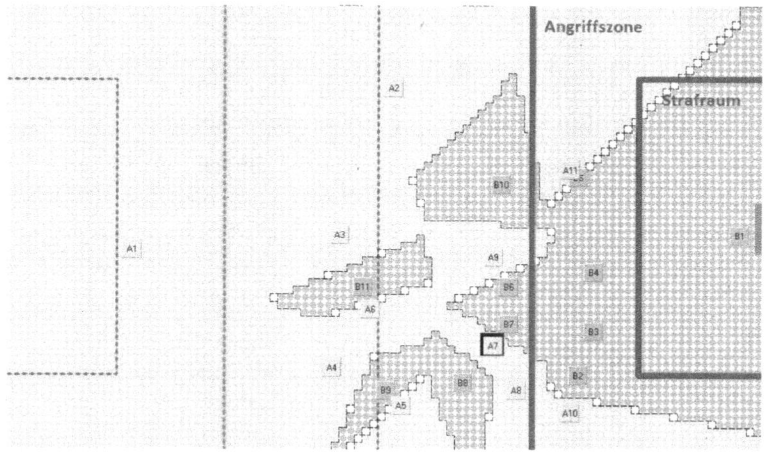

Quelle: Memmert/Perl, »Revolution im Profifußball«

als Hobbykicker selbst dort stehen würde. Und um einen Raum wirklich zu kontrollieren, müsste man vermutlich noch weitere Fähigkeiten der Spieler einrechnen.

Wie das gehen könnte, wurde kurz vor dem Jahresende 2016 deutlich, als in *PLOS ONE*, der Online-Fachzeitschrift der amerikanischen Public Library of Science, ein Aufsatz mit dem reichlich sperrigen Titel »Real Time Quantification of Dangeriousity in Football Using Spatiotemporal Tracking Data« erschien. Also in etwa: Quantifizierung von Torgefährlichkeit im Fußball in Realzeit durch den Gebrauch von raumzeitlichen Trackingdaten. In Auftrag gegeben und gefördert worden war die Arbeit durch die Deutsche Fußball Liga und deren »Leiter Technologie und Innovation«, Hendrik Weber. Weitgehend unbemerkt ist die DFL diejenige der großen Fußballligen, die beim Umgang mit Daten in Europa am fortschrittlichsten agiert. Seit 2013/14 erhebt sie bei allen Spielen der Bundesliga und der Zweiten Liga eigene Trackingdaten, das gab es zu diesem Zeitpunkt nirgends in Europa. Bemerkenswert ist auch, dass jedem DFL-Klub alle Erhebungen zugänglich gemacht werden. In England bekommen die Klubs die Positionsdaten nur für die eigenen Spiele, was weitere Forschungen behindert und unnötig kompliziert macht. Hendrik Weber, ein promovierter Betriebswirtschaftler, hingegen hatte Mitte 2017 das DFL-Tochterunternehmen Sportec Solutions gegründet, das verantwortlich für die Erfassung, die Administration und Qualitätssicherung sowie die Auslieferung von offiziellen Spieldaten ist. Außerdem vergab die Liga wissenschaftliche Aufträge, und in diesem Zusammenhang war die genannte Arbeit entstanden. 2018 investierte sie sogar in ein israelisches Start-up, das an Neuentwicklungen beim Tracking arbeitete.

Ausgeführt hatte den Forschungsauftrag Daniel Link, leitender Data Scientist am Lehrstuhl für Trainingswissenschaft und Sportinformatik der Technischen Universität München. Seine Arbeit war spektakulär, denn Link und seinen Mitarbeitern Steffen Lang und Philipp Seidenkranz gelang es, die Angriffsleistung schlüssig zu messen. Dazu arbeiteten sie nicht mit dem Begriff Raumkontrolle, sondern mit der Wortneuschöpfung *Dangeriousity.* Er soll das Bedrohungspotenzial für das gegnerische Tor in jedem Moment des Spiels beschreiben. »Im Kern soll *Dangeriousity* einen Wiedererkennungswert haben. Ein Wort, das eine Marke ist«, erzählte mir Link, als ich ihn in seinem Büro in der TU München besuchte.

Link war Leistungssportler im Beachvolleyball gewesen, hatte dann Informatik studiert und promovierte bei den Sportinformatikern in München, wo er für die überaus erfolgreichen deutschen Beachvolleyballer eine Software entwickelte, mit der sie sowohl bei den Olympischen Spielen 2012 in London als auch vier Jahre später in Rio de Janeiro arbeiteten. Sie half dort, die späteren Olympiasieger Julius Brink und Jonas Reckermann sowie Laura Ludwig und Kira Walkenhorst auf ihre Gegner vorzubereiten. »Der Mensch neigt dazu, ein Verhaltensschema im Kopf zu haben, und unter dem großem Druck eines wichtigen Spiels bei Olympia, wenn 20000 Menschen um dich herum brüllen, greift man auf Bewährtes zurück. Und solche Stereotype zu finden, die du vielleicht gar nicht kennst, unterstützt die Software«, erklärte Link. Die deutschen Beachvolleyballer wussten dank dieser Form von Spielanalyse, wie ihre Gegner in Stressmomenten reagieren würden.

Vermutlich würde Link nicht zu stark protestieren, wenn man ihn als Nerd bezeichnete, doch er hat ein tiefes Verständnis für Sport. Bereits 2010 schrieb er im Auftrag der DFL eine Definition der Daten, die von der Liga erhoben wurden. Denn wie schon erwähnt gibt es sehr uneinheitliche Definitionen, was ein Pass und gar ein erfolgreicher Pass ist. Sein Konzept von *Dangeriousity* war sehr praxisnahe, auch wenn es mit einer Fülle einschüchternder mathematischer Formeln daherkam. Sein Ausgangsgedanke war, dass es Kern des Fußballspiels ist, möglichst viel Gefahr fürs gegnerische Tor heraufzubeschwören und gleichzeitig fürs eigene zu minimieren. »Alles andere dient nur diesem einen Zweck«, sagte er.

Um zu berechnen, wie groß die Torgefährlichkeit gerade ist, legte Link vier zentrale Begriffe fest. Die erste Frage war, wo eine Aktion stattfindet. Hier arbeitete er mit einem ähnlichen Modell, wie wir es schon bei den *Expected Goals* gesehen haben. Link teilte die letzten

34 Meter des Spielfelds (die Zone also, aus der man realistischerweise Tore schießt) in zwei mal zwei Meter große Felder auf, für die er je nach Nähe zum Tor und Winkel einen Wert errechnete. Der zweite Begriff war die Kontrolle, in deren Berechnung die relative Durchschnittsgeschwindigkeit des Balles und des Spielers einging. Hoch wäre sie, wenn er nach einer Flanke sofort aufs Tor schießt, niedrig, wenn der Spieler den Ball länger am Fuß führt. Das spielt bei der Kontrolle insofern eine Rolle, als es immer schwieriger wird, den Ball zu kontrollieren, wenn die relative Durchschnittsgeschwindigkeit des Balls steigt. Dritter Wert war der Druck auf den Ballführenden, also wie viele Spieler ihm aus welcher Richtung wie nahe kommen und dadurch bedrängen. Die Dichte als vierter Begriff erfasste, wie viele Gegner sich noch zwischen dem Spieler am Ball und dem Tor befinden.

Das alles aus den Spieldaten zu berechnen, ist aufwendig und höchst komplex, aber das Ergebnis ist schlüssig. Link hatte den Verlauf des Wertes der *Dangeriousity* von 64 Bundesligaspielen der Saison 2014/15 ermittelt und die jeweils zugehörigen Spielszenen Experten vorgeführt, also Trainern und Spielern. Diese sollten die Szenen mit Schulnoten zwischen sehr gut und mangelhaft bewerten, also von sehr gefährlich bis ungefährlich, um das Ergebnis mit seinen Berechnungen zu vergleichen. Dabei bestätigte sich, dass Link einen Algorithmus entwickelt hatte, mit dem man quasi eine Fieberkurve des Spiels schreiben kann, und zwar in Sekundenschritten. Das nebenstehende Beispiel einer sieben Sekunden langen Sequenz stammt aus dem Spiel zwischen dem FC Bayern und der TSG Hoffenheim. Zum Verständnis: Der Höchstwert für *Dangeriousity* (DA) ist 1 und wäre dann erreicht, wenn der Ball auf der Torlinie liegt, kein Torwart und Verteidiger in der Nähe, sodass der Angreifer ungestört verwandeln kann.

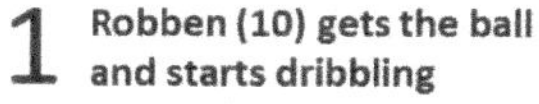

2 **Robben passes to Lewandowski (9)**

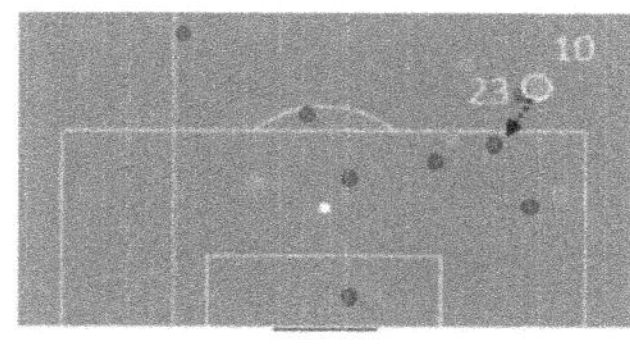

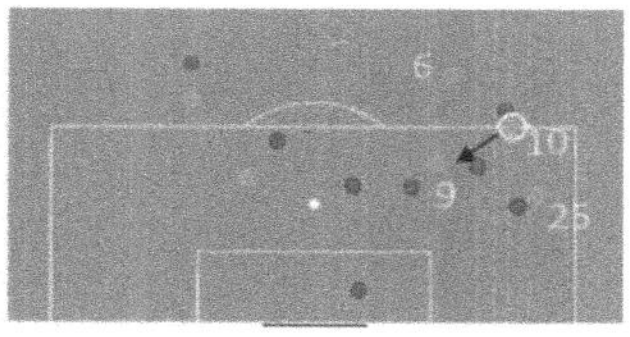

ZO = 0.30 CO = 0.90 PR = 0.63
DE = 0.68 DA = 0.22

ZO = 0.55 CO = 0.90 PR = 0.29
DE = 0.72 DA = 0.44 AV = 0.42

3 **Lewandowski flicks on to Robben**

4 **Robben shots at the goal**

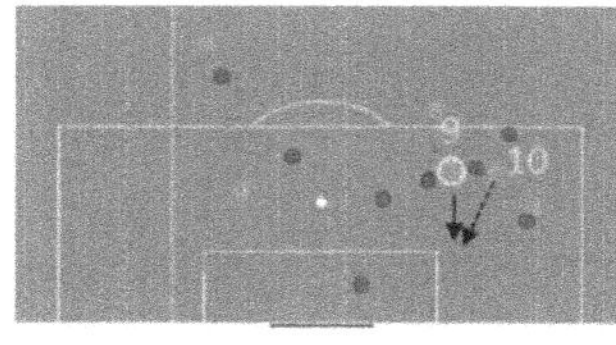

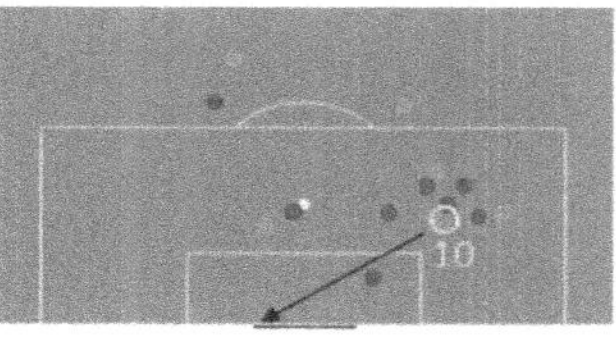

ZO = 0.85 CO = 0.90 PR = 0.73
DE = 0.54 DA = 0.64 AV = 0.14

ZO = 0.90 CO = 0.90 PR = 0.00
DE = 0.50 DA = 0.81

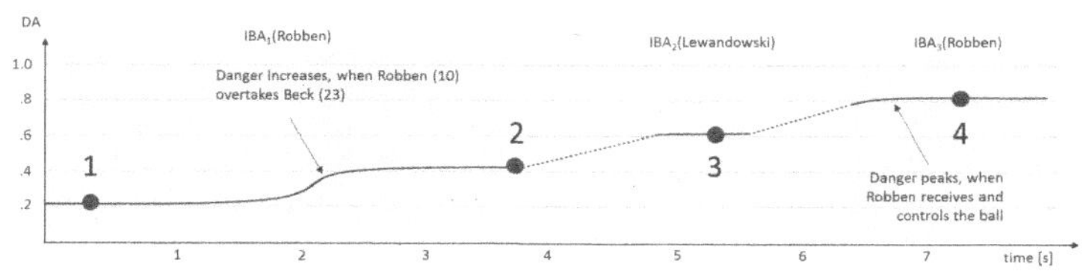

Quelle: Link, »Real Time Quantification of Dangeriousity in Football«

Man sieht, dass die Gefahr in dem Moment steigt, in dem Robben erst seinen Gegenspieler ausdribbelt, dann zu Lewandowski passt und der ihm den Ball zum Torschuss auflegt. Die Deutsche Fußball Liga geht davon aus, dass diese Fieberkurve eines Spiels besonders interessant für Medien ist, etwa für die übertragenden Fernsehsender.

Aber auch für die Analyse von Spielen und die Bewertung von Leistungen durch Analysten und Trainer könnte das hilfreich werden. Das Modell könnte einen Filter für Spielszenen liefern, in denen ein Spieler den Wert für *Dangeriousity* nicht erhöht hat. Anhand dessen könnte man ihm zeigen, wie er sich besser verhalten kann. »Aber natürlich muss ein Trainer entscheiden, ob die entsprechenden Szenen wirklich passen oder nicht. Denn diese Bewertung kann man nur aufgrund des Videomaterials vornehmen und anhand der eigenen Philosophie, das kann kein Algorithmus«, schränkte Link ein. Er berechnet auch den *Action Value,* also den Wert einer Aktion. Dabei geht es darum, ob ein Pass, ein Dribbling oder eine andere Aktion dazu beigetragen hat, die *Dangeriousity* zu steigern. »Dazu schaue ich, wie gefährlich eine Situation ist, wenn der Spieler den Ball bekommt, und am Ende seiner Aktion gucke ich, wie gefährlich sie dann ist. Die Differenz ist die Gefahr, die er mit seiner Aktion beigetragen hat«, sagte Link.

Damit hätte man ein Tool, um die Leistung eines Spielers gerechter zu bewerten. Man könnte nach Spielern scouten, die kontinuierlich hohe *Action Values* haben, weil sie Spiele entscheiden. »Es ist schließlich die Kunst, aus dem Gleichgewichtszustand, in dem sich Fußballspiele zumeist befinden, die entscheidende Pertubation zu erzeugen. Die Spieler, die das können, sind am teuersten«, sagte Link. Pertubation heißt Störung und führt im Fußball dazu, dass die gegnerische Mannschaft aus dem Gleichgewicht gebracht wird, durch ein Dribbling wie von Robben oder einen Pass aus der Tiefe von Kroos. Auch die Auswirkungen von taktischen Veränderungen oder die Folgen von Auswechselungen könnte man messen.

Mithilfe der Summe der *Dangeriousity* kann man ermitteln, wie gut eine Mannschaft gespielt hat, wie also ihre *Matchperformance* war. Wie viel Gefahr hat sie produziert, und wie viel hat sie dem Gegner erlaubt? Bei den hier beispielhaft ausgewählten vier Spielen bestätigt sich wieder, dass eine diesbezüglich gute Leistung nicht unbedingt mit einem Sieg belohnt wird. Denn gleich in drei Fällen punkten Mannschaften gegen die Statistik, aber das muss angesichts des Charakters von Fußball als einem Spiel, in dem Zufälligkeiten eine große Rolle spielen, nicht gegen das Konzept der *Dangerousity* sprechen.

	BVB – Hoffenheim	**Schalke – Köln**	**Mainz – Wolfsburg**	**Gladbach – Hoffenheim**
Ergebnis	1:0	1:2	1:1	1:4
Torschüsse	19-6	15-6	22-8	22-12
Passgenauigkeit	71%-70%	86%-77%	65%-76%	80%-85%
Ballbesitz	50-50	58-42	46-54	44-56
Match-performance	466-138	569-198	446-160	278-282
Differenz Match-performance	328	371	286	-4

Quelle: Link, »Real Time Quantification of Dangeriousity in Football«

Dass seine Berechnung der *Dangeriousity* einen spektakulären Durchbruch bedeutete, erkannte Link am Feedback auf seine Arbeit, nämlich als sich der FC Barcelona bei ihm meldete. Dort hatte man bereits angefangen, mit seinem Algorithmus zu arbeiten, und wollte einige Details dazu noch genauer wissen. Link war zu Recht stolz darauf, dass einer der größten Klubs der Welt darauf aufmerksam geworden war. Am Ende unseres Gesprächs fragte ich ihn, wie ihm die Idee zu diesem System gekommen war. Seine Antwort war so schlicht wie schön: »Ich habe darüber nachgedacht.«

Der Datenkater ist vorbei, weil nicht nur Daniel Link viel nachgedacht hat, sondern auch viele andere. In faszinierendem Tempo entwickeln Data-Nerds aus aller Welt neue Metriken, komplexe Modelle wie das von Link oder neue Daten wie *Packing*. Aber zugleich gilt auch: Diese avancierten Spieldaten spielen im Alltag von Mannschaften, bei der Analyse des eigenen oder des gegnerischen Spiels, bislang eher eine Nebenrolle. Noch sind die Ergebnisse dieser Blicke in fußballerische Tiefenstrukturen nicht spektakulär genug, um die Spielanalyse grundlegend zu verändern. Aber das wird dann passieren, wenn Modelle wie die von Link alltagsgängig geworden sind, wenn wir also jeder Aktion auf dem Platz einen Wert beimessen können. Das würde alles, was wir heute über Fußball zu wissen glauben, noch einmal auf Vorlage bringen.

Schon heute spielen Daten eine entscheidende Rolle dabei, die Spielanalyse per Video zu automatisieren. Eine Situation auf dem Platz wird dazu mathematisch definiert, die Daten nach diesem Muster durchsucht und dann die entsprechenden Videosequenz ausgespielt. Wo sind die Umschaltmomente im Spiel gewesen? Wann wurde über rechts angegriffen oder durch die Mitte? Wann hatte die eigene Mannschaft Unterzahl und in welchem Moment? All das und vieles mehr lässt sich definieren, und anstatt endlos lange Stunden die Bilder zu durchsuchen, können

Analysten diese Arbeit den Computern überlassen und sich kreativeren Arbeiten zuwenden. Vermutlich wird das auch dazu führen, dass sie komplexen Daten zukünftig komplexe Erkenntnisse abringen werden. Doch schon jetzt gibt es einen wichtigen Bereich des Fußballs, in dem die Nutzung von Daten entscheidend geworden ist.

Scouting im digitalen Raum

Warum auf einmal über Scouts geredet und sogar Ablösesummen für sie bezahlt werden, lernt man mit Sven Mislintat. Er wechselte von Dortmund zu Arsenal nach London. Aber es gibt auch einen Outsider mit verblüffend aussagekräftigen Datenprofilen.

Der Scout als Held

In den letzten Jahren wurde der Scout als eine der letzten großen romantischen Figuren des Fußballs entdeckt. Ein einsamer Mann auf endloser Reise, seiner ununterbrochenen Suche nach dem von allen übersehenen Talent. Der englische Autor Michael Calvin begleitete »The Nowhere Man« über englische Provinzplätze und schrieb »Die unbekannte Geschichte der wahren Talententdecker im Fußball«, wie es im Untertitel heißt. Sein deutscher Kollege Ronald Reng widmete der Geschichte des weitgehend unbekannten Berliner Scouts Lars Mrosko ein ganzes Buch, »Mroskos Talente«. Beide Bücher wurden in ihren Heimatländern zum »Fußballbuch des Jahres« gewählt, 2014 das von Calvin, Rengs zwei Jahre später. Zweimal entstand das Bild einer Welt passionierter Männer, die einer oft wenig respektierten und meist schlecht bezahlten Arbeit nachgingen, aber damit belohnt wurden, dass sie vorhersahen, dass ein Unbekannter zum Star aufsteigen würde.

Ungefähr zur selben Zeit wie diese Erzählungen kam auch die vom Superscout auf. Dabei handelte es sich um einen unbekannten Mann im Hintergrund einer Erfolgsgeschichte, der Talente in Serie erkennt und einen Klub damit groß macht. Ein weltberühmtes Beispiel dafür wurde Steve Walsh, der für vergleichsweise geringe Beträge die Schlüsselspieler von Leicester Citys Meistermannschaft 2016 ausgemacht hatte: Jamie Vardy, Riyad Mahrez, N'Golo Kanté und Christian Fuchs. Vardy war vom Drittligisten Fleetwood Town gekommen und Mahrez für 500 000 Euro aus Frankreich, wo Walsh eigentlich einen anderen Spieler hatte scouten wollen. Der Österreicher Fuchs kam ablösefrei von Schalke 04 und Kanté für neun Millionen Euro aus Frankreich. Nach der Meistersaison wechselte der Mittelfeldspieler für das Vierfache des Preises weiter, um mit Chelsea gleich wieder englischer Meister zu werden. 2018 schließlich wurde Kanté mit Frankreich auch noch Weltmeister und wurde nicht zuletzt wegen seiner ungeheuren Bescheidenheit zu einem globalen Superstar.

Ein Jahr nach Walsh als Genie gefeiert wurde der Portugiese Luis Campos, der für die AS Monaco jene Mannschaft zusammenstellte, die es 2017 bis ins Halbfinale der Champions League schaffte. Campos hatte vier Jahre zuvor Real Madrid verlassen, wo er als Talent- und Taktikscout für José Mourinho gearbeitet hatte, und war zur AS Monaco gekommen, die dem russischen Oligarchen Dimitri Rybolowlew gehörte. In seiner ersten Saison gab Campos unglaubliche 160 Millionen Euro für Spieler wie James Rodriguez oder Radamel Falcao aus. Monaco wurde auf Anhieb Zweiter der französischen Liga, aber schon in der zweiten Saison waren solche Investments nicht mehr möglich, nun verkaufte der Klub für 50 Millionen Euro mehr, als er für Neuzugänge ausgab. In der anschließenden Spielzeit 2015/16 erlöste der Verein aus dem Fürstentum bei Transfers sogar den höchsten Gesamtbetrag, den bis zu diesem Zeitpunkt je ein Klub erlöst hatte: fast 180 Millionen Euro. Dem standen Ausgaben von gut 100 Millionen gegenüber. Auf radikale Weise war der Klub zu einem Durchlauferhitzer für hoch talentierte Spieler geworden, die er mit großem Gewinn weiterverkaufte. Sportlich erfolgreich war er auch, 2017 wurde Monaco zum ersten Mal seit 17 Jahren wieder französischer Meister und schoss dabei fantastische 107 Tore. Danach wechselte Kylian Mbappé für 180 Millionen Euro zu Paris Saint-Germain, und der eigene Verkaufsrekord war schon wieder gebrochen.

Campos verließ den Verein ebenfalls und wechselte zu OSC Lille. »Ich möchte nicht arrogant erscheinen, aber ich kann Ihnen versichern, dass mir in meiner weiteren Karriere ähnliche ›Meisterwerke‹ gelingen werden«, sagte er damals in einem Interview. In seiner ersten Saison wirkte das wie eine hohle Versprechung. Obwohl Lille fast 40 Millionen Euro mehr für Transfers ausgab, als der Klub einnahm, schrammte er nur um einen Punkt am Abstieg vorbei. Doch in der zweiten Saison schoss Lille trotz eines Transferplus von 60 Millionen Euro auf den zweiten Platz hoch.

Ebenfalls in die Kategorie der Superscouts gehört Ramon Rodriguez Verdejo, besser bekannt als Monchi. Als ehemaliger Spieler des Klubs wurde er im Jahr 2000 beim FC Sevilla zwar als Sportdirektor beschäftigt, entwickelte sich aber vor allem als Entdecker von Spielern, deren Potenzial von anderen Klubs unterschätzt worden waren.

Dazu gehörte Dani Alves, der für fast 30 Millionen Euro mehr zum FC Barcelona wechselte, als Sevilla für ihn ausgegeben hatte. Ähnliches gelang ihm mit dem Kroaten Ivan Rakitic, dem Kolumbianer Carlos Bacca und vielen anderen. Unter Monchis Leitung wurde der FC Sevilla aber nicht nur zu einem profitablen An- und Verkauf, der Klub war auch ausgesprochen erfolgreich. Er gewann nicht weniger als fünf Mal die Europa League. Nach erfolgreichen Jahren beim AS Rom kehrte er im Frühjahr 2019 als Sportdirektor wieder nach Andalusien zurück.

In die Reihe der Superscouts gehört auch Sven Mislintat, obwohl er sich rigoros gegen solche Zuschreibungen wehrt. Dazu ist der stets unrasierte und bewusst unprätentiös wirkende ehemalige Head of Recruitment des FC Arsenal zu bodenständig. Er stammt aus Kamen, einem Ort hinter Dortmund, der für sein Autobahnkreuz bekannt ist, war selbst Amateurfußballer mit bescheidenem Talent und seit Kindertagen Fan des BVB. Um zu verstehen, warum der Traditionsklub aus London im November 2017 sogar eine siebenstellige Ablösesumme an Borussia Dortmund zahlte, um Mislintat verpflichten zu können, muss man sich klarmachen, welche Arbeit er vorher viele Jahre in der vierten Etage der Geschäftsstelle des Klubs am Ruhrschnellweg geleistet hatte. Es war in seinem Büro nüchtern eingerichtet mit einem großen, sehr aufgeräumten Schreibtisch mit Computermonitor, einem Fernseher an der Wand und einem Bild an der Wand gegenüber. Das Beeindruckendste war der Ausblick aufs Stadion des BVB, das einen halben Kilometer Luftlinie entfernt liegt. Nebenan saß Manager Michael Zorc und ein paar Schritte weiter die Mitarbeiter der Scoutingabteilung.

Sven Mislintat ist eine Legende unter den europäischen Scouts, denn wer kam 2010 schon auf die Idee, in der zweiten japanischen Liga nach Spielern zu schauen? Dort hatte Mislintat Shinji Kagawa gefunden und im Klub darauf gedrängt, den 21 Jahre alten Offensivspieler ablösefrei von Cerezo Osaka nach Dortmund zu holen. Zwei Jahre später wechselte der Japaner als zweimaliger deutscher Meister und Publikumsliebling für eine Ablösesumme von 16 Millionen Euro zu Manchester United. Es war eine Geschichte, von der jeder Scout in der Welt des Fußballs träumt. Sie war aber mehr als eine Anekdote, denn in den zehn Jahren, in denen Mislintat für den BVB arbeitete, betrieb der Klub die erfolgreichste Personalpolitik aller deutschen Profivereine. Das zeigt sich, wenn man das Transfersaldo (also die Differenz aus Einnahmen und Ausgaben durch Transfersummen) mit der Entwicklung des Marktwerts der Spieler in Relation setzt. Hier liegen die Werte der Website *transfermarkt.com* zugrunde, deren Erhebungen wissenschaftlichen Standards zwar nicht standhalten, aber eine gute Orientierung geben.

Zwischen 2012 und 2017 stieg der Marktwert fast aller Bundesligisten, außer bei einigen Klubs, die zwischendurch aus der Bundesliga abgestiegen waren. Dass bei Werder Bremen und dem Hamburger SV die Entwicklung der Marktwerte ohne Abstiege negativ war, muss man als Zeichen schlechter Transferpolitik verstehen. Bei einigen Klubs stieg der Marktwert zwar, wurde aber fast ausschließlich durch Transfers erkauft. Der VfL Wolfsburg etwa gab 138 Millionen Euro mehr für Transfers aus, als er einnahm, steigerte seinen Marktwert aber nur um 135 Millionen Euro, weist also netto eine negative Entwicklung auf. Der FC Bayern nahm zwar absolut die größte Entwicklung beim Marktwert, überbezahlte diese aber auf dem Transfermarkt, während RB Leipzig zwar aggressiv investierte, damit aber auch Werte schuf.

	Verein	Transfersaldo	Marktwert 09/12	Marktwert 09/17	Marktwertentwicklung	Marktwertentwicklung Transfersaldo
1	Borussia Dortmund	38	210	392	182	220
2	1. FC Köln	18	25	106	81	99
3	Bayer 04 Leverkusen	25	130	189	59	84
4	TSG 1899 Hoffenheim	44	87	120	33	77
5	Hertha BSC	11	37	90	53	64
6	SC Freiburg	31	46	73	27	58
7	Mainz 05	21	45	72	27	48
8	RB Leipzig	–148	6	189	183	35
9	Borussia Mönchengladbach	–34	89	157	68	34
10	Eintracht Frankfurt	–18	45	84	39	21
11	FC Augsburg	–12	41	57	16	4
12	SV Werder Bremen	10	82	72	–10	0
13	FC Schalke 04	–14	152	155	3	–11
14	VfL Wolfsburg	–41	116	143	27	–14
15	VfB Stuttgart	6	94	64	–30	–24
16	Hannover 96	–32	77	49	–28	–60
17	FC Bayern München	–236	416	581	165	–71
18	Hamburger SV	–85	109	69	–40	–125
	Durchschnitt	–23,11	100,39	147,89	47,50	24,39

Angaben in Millionen Euro / Quelle: transfermarkt.de / Stand: 1. September 2017

Nun wäre es falsch, diese Tabelle ausschließlich als Abbild von erfolgreichem Scouting zu lesen. Zum einen bedarf es schon bei der Verpflichtung von Spielern eines guten

Zusammenspiels mit Managern und Trainern sowie einer grundsätzlichen Idee, welcher Fußball gewünscht ist und wie Neuzugänge dort hineinpassen könnten. Und natürlich entstehen Werte auch dadurch, dass Trainer ihre Spieler weiterentwickeln.

Bei der Entdeckung Kagawas spielte zudem der Zufall eine Rolle. Der Spieler wurde in Europa von der Agentur des Spielerberaters Thomas Kroth betreut, der sich früh auf japanische Spieler spezialisiert hatte. Kroth hat traditionell eine besondere Nähe zu Borussia Dortmund, weil er dort selber gespielt hat und weil der Hauptsitz seiner Firma in Dortmund ist. Kroth machte Mislintat also auf den Spieler aufmerksam. Der Scout erkannte in den Videos von Kagawa etwas, aufgrund dessen er nach Japan reiste, um sich den Spieler anzuschauen. Anschließend hörte er nicht auf, Trainer Jürgen Klopp, Manager Michael Zorc und Vereinsboss Hans-Joachim Watzke zu bequatschen, diesen Japaner zu verpflichten, obwohl diese anhand der Videos eher ratlos sein Potenzial zu bewerten versuchten. Das Niveau der zweiten japanischen Liga war so bescheiden, dass sie sich nicht wirklich vorzustellen vermochten, wozu Kagawa in der deutschen Bundesliga fähig wäre. »Das sah von der Zweikampfführung her eher wie Volleyball aus als wie Fußball«, sagte BVB-Manager Michael Zorc, der Vorgesetzte von Mislintat. Auch Jürgen Klopp war um einen spöttischen Spruch nicht verlegen: »Wie soll ich einem Japaner aus der zweiten Liga bloß erklären, dass der nicht spielt?« Als er Kagawa dann zum ersten Mal beim Training erlebte, war Klopp jedoch sofort begeistert.

Kagawa hatte in 44 Spielen der zweiten japanischen Liga 27 Tore erzielt und war damit Torschützenkönig geworden. Das klang zunächst mal nicht schlecht, aber wie bei vielen internationalen Transfers stellte sich die Frage, wie viel die Leistung aus der einen Liga in der anderen noch wert ist. Ist ein Flankengott aus der zweiten Liga das noch in der ersten? Hält ein norwegischer Torwart in der Premier League so gut wie in seinem Heimatland? Oder wie viel sind japanische Zweitligatore in Deutschland wert?

Vor solchen Fragen der Übersetzbarkeit von Leistung stehen Sportdirektoren und Scouts ständig, denn Fußball ist ein globales Spiel geworden. Das ist nicht nur eine Floskel, und dazu hat im letzten Jahrzehnt ein Unternehmen viel beigetragen: Wyscout aus dem norditalienischen Chiavari. 40000 Spieler aus 250 Wettbewerben in aller Welt sind in seiner Datenbank erfasst, auf Videos von 220000 Spielen können die Kunden zugreifen, jede Woche kommen 2000 neue Partien hinzu. Bei Wyscout ist das Videomaterial bereits getagged, die Kunden können also Szenen eines Spielers nach Schlagworten suchen: Schüsse, Zweikämpfe oder Pässe. Das bedeutet, dass sich jeder Fußballmanager auf der Welt innerhalb weniger Minuten einen ersten Eindruck von einem Spieler verschaffen kann – selbst wenn er aus der zweiten japanischen Liga stammt.

Wyscout wurde 2004 von Matteo Campodonico gegründet, einem ehemaligen Wirtschaftsanalytiker, der in der Strategieabteilung einer Bank gearbeitet hatte. In den frühen Jahren änderte das Unternehmen mehrfach Namen und Ausrichtung, bis im März 2008 endlich klar wurde, wohin es sich entwickeln würde: zu einem Scoutingtool. Wyscout bot zunächst statistische Informationen über Spieler aus aller Welt und dazu DVDs an, die per Kurier bestellt werden konnten. Ein halbes Jahr später war der Versand schon nicht mehr nötig, die Kunden konnten Spielvideos nun auf der Website des Unternehmens anschauen. Seit 2010, als der endgültige Name feststand, ist Wyscout eine digitale Plattform.

Wyscout ist auf diesem Markt beileibe nicht der einzige Anbieter, einen ähnlichen Service liefert ähnlich lange schon das englische Unternehmen Scout7, das 2018 in OptaPro aufging, auch STATS aus den USA oder InStat aus Russland gehören zu den namhaften Anbietern. Die Datenfirma Opta wiederum arbeitet zudem mit dem amerikanischen Unternehmen TruMedia zusammen, um seine Daten mit Videosequenzen zu vereinen. Letztlich geht es in allen Fällen darum, möglichst umfangreiches und gut verschlagwortetes Videomaterial mit möglichst umfangreichen Daten zu verbinden.

Rund 2500 Spieler werden einem Klub wie Borussia Dortmund pro Saison angeboten, viele davon sind bestenfalls Kandidaten für die zweite Mannschaft des BVB, die in der Vierten Liga spielt. Aber auch die müssen erst einmal aussortiert werden, was mithilfe der Daten und Videos in den meisten Fällen zügig erledigt ist. Vorbei sind also die Zeiten, als pfiffige Spielerberater mit flott geschnittenen und mit toller Musik unterlegten Videos einen Durchschnittskicker aussehen lassen konnten wie einen Weltstar. Aber auch heute noch landen in den Postfächern der Manager noch Angebote wie diese: »18 / offensives Mittelfeld / heute noch Geheimtipp – morgen nicht mehr ...!!!! Die Experten sind sich einig – das Beste, das die serbische Superliga in den letzten Jahrzehnten hervorgebracht hat ...!!!!«

Wird ein interessant klingender Spieler angeboten, kann die Scoutingabteilung der meisten Klubs in den europäischen Topligen innerhalb von 24 Stunden ein üppiges digitales Informationsbündel schnüren, inklusive der interessantesten Daten und eines Videos mit allen relevanten Spielszenen des Kandidaten aus mindestens drei Begegnungen. Das alles hat den Scouts schon viele unnütze Fahrten zur Spielerbeobachtung erspart.

Mislintat beschloss jedoch schon früh, sich bei der Digitalisierung des Scoutings nicht auf den Fortschritt kommerzieller Anbieter allein zu verlassen. Er wollte auf dem globalen Spielermarkt so agieren, dass er mit den internationalen Großklubs mithalten konnte, was eigentlich unmöglich ist. In Dortmund koordinierte Mislintat die Arbeit von zehn Scouts, was im Vergleich zur deutschen Konkurrenz beachtlich ist, gegenüber der Konkurrenz in der Champions League aber lächerlich wenig. Spitzenklubs aus England, Spanien und Italien schicken bis zu 50 Scouts in die Welt hinaus. Manchester City hat Scouts, die auf Skandinavien spezialisiert sind, andere haben welche für den afrikanischen Nachwuchsfußball oder für die Topligen in Japan, Korea und China. Solchen Klubs wird nirgendwo ein Toptalent entgehen, denn es gibt überall Experten, die den Markt genau kennen. Also musste Mislintat sich etwas einfallen lassen.

Matchmetrics und das Sobiech-Paradox

Der große Tag lief eigentlich prima. Im Februar 2013 präsentierte Sven Mislintat seinen Vorgesetzten ein Projekt, an dem er ein Jahr lang in seiner Freizeit gearbeitet hatte. Der Chefscout von Borussia Dortmund hatte sich dazu mit einem Sportwissenschaftler, der schon länger Fußballspiele statistisch zu erfassen versuchte, und mit einem Informatiker zusammengetan. Ohne Manchester City übrigens hätten sie dort nicht gesessen. Der Klub hatte 2012 einen interessanten Wettbewerb gestartet, als er einen Datensatz der eigenen Mannschaft jedem zugänglich machte, der damit arbeiten wollte. Besondere Erkenntnisse wollte City honorieren. Zwar verlief sich das Projekt letztlich, aber Michael Markefka spornte es dazu an, mit den Daten zu rechnen. Markefka hatte ursprünglich mal Jura studiert, arbeitete dann in einem Programmkino, hatte aber vor allem immer ein Interesse am Programmieren gehabt – und an Fußball. Als sein Kino gemeinsam mit Borussia Dortmund eine Veranstaltung durchführte, sprach er Mislintat an, ob er ihm mal seine Ideen zur Datenanalyse vorstellen könne. Der war interessiert, und ein gutes Jahr später saßen sie nun mit den Bossen der Borussia zusammen.

Mithilfe von intelligent benutzten Daten wollten sie das gigantische globale Angebot von Spielern leichter aufschlüsseln können. Entscheidend dafür war, die Aktionsdaten der Spieler mit dem Ort zu kombinieren, wo die Aktion stattgefunden hat. Dazu hatten sie das Spielfeld in 100 gleich große Quadrate unterteilt und ihnen unterschiedliche Werte zugewiesen. Schließlich liegt es auf der Hand, dass es wichtiger ist, einen Zweikampf im Fünfmeterraum zu gewinnen als im Mittelkreis. Das gilt auch für erfolgreiche Pässe und natürlich Torschüsse, wie wir schon beim Konzept der *Expected Goals* und bei Daniel Links Modell der *Dangeriousity* gesehen haben. Mislintat und seine Mitstreiter hatten anhand historischer Spieldaten die Werte für diese 100 Quadrate ermittelt und einen Algorithmus entwickelt, der am Ende zu einem Wert für einen Spieler führen sollte.

Es ging also um einen Spielerindex. Die Idee an sich war nicht neu, bereits ab 2009 sponserte der Motorölhersteller Castrol einen nach ihm benannten Spielerindex im Auftrag der FIFA. Zu jener Zeit ließen sich auch die ersten Medien aus Daten eigene Indizes zusammenstellen, um ihren Lesern sagen zu können, wer besonders gut oder schlecht gespielt hatte. Schließlich klang es überzeugender, ihnen einen vermeintlich objektiveren Wert zu präsentieren als nur die subjektive Note eines Reporters. Allerdings resultiert ein Index ganz entscheidend aus der Frage, wie stark welche Daten gewichtet werden. Letztlich bildet ein Algorithmus, der diesen Index berechnet, ab, wie sein Verfasser sich das Fußballspiel vorstellt, und daher können unterschiedliche Indices so weit voneinander abweichen wie die Spielernoten in Zeitungen. Außerdem haben die meisten Indizes bis heute das Problem, dass sie mit Werten hantieren, die nicht danach gewichtet sind, wo auf dem Feld die ihnen zugrunde liegenden Aktionen stattfinden.

Dortmunds Bosse waren durchaus beeindruckt von dem, was Mislintat und seine Mitstreiter ihnen vorführten, doch von einem auf den anderen Moment offenbarte sich ein Problem. »Alles war gut, bis wir unsere Top Elf vorgeführt haben«, erzählte Mislintat. Denn einer der beiden Innenverteidiger in ihrer »Mannschaft der Saison« hieß Lasse Sobiech. Der stammte aus der Jugend von Borussia Dortmund und war zum damaligen Bundesligaaufsteiger Fürth ausgeliehen worden, nachdem er zuvor schon mal beim FC St. Pauli Spielpraxis gesammelt hatte. Sobiech war zweifellos ein solider Spieler, aber sicherlich kein Überflieger. Manager Michael Zorc und Vereinsboss Hans-Joachim Watzke schüttelten entsetzt die Köpfe.

Wie konnte das System diesen Spieler als einen der beiden besten Innenverteidiger der Bundesliga ausweisen?

Auch Mislintat war klar, dass Sobiech kein Spitzenverteidiger war, allerdings ging ihm erst später auf, inwiefern Sobiech vom Algorithmus profitiert hatte. Die SpVgg Greuther Fürth verteidigte damals sehr tief und erlaubte dem Gegner die meisten Flanken aller 18 Bundesligisten. Da Sobiech sehr kopfballstark war und eine große Zahl dieser Flanken klärte, schnellte sein Wert nach oben. Die drei Entwickler hatten nicht bedacht, die Werte von Spielern im Zusammenhang mit dem Team zu skalieren. Wenn eine Mannschaft wie Fürth also einen Gesamtaufwand von 1000 Defensivaktionen hatte und Sobiech 200 davon leistete, war das ein Fünftel des Defensivbeitrags. Wenn der FC Bayern hingegen überhaupt nur 200 Defensivaktionen hatte, weil sie als Spitzenteam viel höher verteidigten und den Gegner viel weniger spielen ließen, machten 50 Defensivaktionen etwa des Innenverteidigers Jérôme Boateng ein Viertel des Defensivbeitrags aus, also mehr als diejenigen von Sobiech. Für Stürmer gilt diese Relativierung umgekehrt genauso, denn in der Offensive beim FC Bayern kommt man natürlich eher zu Aktionen als im Sturm von Freiburg oder Mainz.

Bei der Präsentation war es für diese Korrektur zu spät, und damit wackelte das Projekt. Nach einem Jahr Vorarbeit hatten Mislintat und seine Leute einen Investor gesucht, die BVB-Bosse jedoch fanden nicht, dass sie Geld in ein Programm stecken sollten, das ihnen diesen Lasse Sobiech als einen Topverteidiger der Bundesliga auswies. Wie sollte diese Software dann helfen, passende Talente in Spanien oder gar Chile zu finden, wo man die Spieler nicht kannte, die ein System mit offensichtlicher

Unwucht einem vorschlug? Mislintat nahm Kontakt zu anderen Klubs in Deutschland und England auf, aber niemand war bereit, zu investieren. Was also tun?

Bei der gescheiterten Präsentation in Dortmund offenbarte sich ein strukturelles Problem des Fußballs. Profiklubs auf aller Welt werden heute fast täglich von Anbietern bestürmt, die ihnen angebliche Innovationen verkaufen wollen und den Klubs vermeintliche Wettbewerbsvorteile versprechen. Das können Trainingsgeräte sein, Konzepte für Ernährung, die physiologische und psychologische Betreuung oder eben eine Software zur Datenanalyse. Natürlich kann kein Sportmanager in allen Feldern sicher beurteilen, ob dieser Nahrungsmittelzusatz, jenes Trainingsgerät oder eben ein Computerprogramm wirklich entscheidende Vorteile bringt. Wenn die Klubs viel Geld haben, wird daher oft genug etwas gekauft, weil das gerade alle tun. Dann wirken wieder die Kräfte des *Social Proof*, und manchmal steht anschließend das, wofür viel Geld bezahlt wurde, in der Gegend herum. Das können durchaus auch Menschen sein, denn vor allem große Klubs wollen sich nicht vorhalten lassen, für den Erfolg nicht alles zu unternehmen. So hat mancher Data Analyst bei einem Klub der Premier League zwar einen nominell tollen Job, produziert aber Reports und Ergebnisse, die niemand liest.

Zum Lernprozess von Sven Mislintat gehörte auch die Erkenntnis, wie wichtig es ist, schlüssige Ergebnisse optisch ansprechend aufzubereiten. Trotzig hatten er und seine Mitstreiter nämlich ohne Investor mit ihrem Unternehmen Matchmetrics weitergemacht. Es war noch ein Statistiker dazugekommen und schließlich ein junger Datenvisualist aus Berlin, der für ein attraktives Frontend sorgte, für das sie sogar einen Designpreis gewannen. »Seit es so aussieht, will es jeder haben«, sagte Mislintat. »Als das gleiche Zeug in einer Exceltabelle stand, hat es niemanden interessiert. Der Sportdirektor am iPad muss sofort verstehen, wie das geht, und das ist inzwischen so.«

Bei der Vermarktung von Matchmetrics hatte sich die Unternehmensgründer zunächst für ein exklusives Verkaufsmodell entschieden, pro Land durfte nur ein Verein exklusiv für eine Viertelmillion Euro pro Saison die Software benutzen. Welche Klubs das wo waren, unterliegt Stillschweigen. Mit dem BVB gab es das spezielle Agreement, dass Mislintat die generierten Informationen bei der Arbeit nutzt, aber nicht allen im Klub einen Zugang zur Software erlaubt. Mit seinem Wechsel nach London erlosch es, Borussia Dortmund musste sich neu aufstellen.

Mit dem digitalen Filter

Ich fand es unglaublich faszinierend, Mislintat bei der Arbeit mit seinem Programm zuzuschauen, das Scoutpanel heißt. Es war, als wäre ein Fußballmanager-Spiel zum Leben erwacht. Um anschaulich zu machen, wie man das System einsetzt, simulierten wir bei meinem Besuch im Frühjahr 2017 die Suche nach einem Linksverteidiger. Es begann ein Filterprozess aus insgesamt mehr als 13000 Spielern aus der ganzen Welt, zu denen sie Daten von Anbietern wie Opta gekauft hatten, die von ihrem Algorithmus veredelt wurden. Der erste Filter war die Spielzeit, die wir auf ein Minimum von 200 Minuten festsetzten, was schon 3000 Spieler rausfallen ließ. Weiter ging es mit dem Alter: 16 bis 23 Jahre. Dann setzten wir den Filter

Defensive Winger Left, worin die beiden Positionen *Full Back Left* und *Wing Back Left* zusammengefasst waren, also linke Verteidiger in einer Dreier- und in einer Viererkette.

Drastisch reduzierte sich die Auswahl, als Mislintat Qualitätsfilter zu setzen begann. Einerseits für ein Gesamtrating, das sich aus der Summe aller Elemente ergab, also die bei Lasse Sobiech noch so umstrittene Gesamtnote darstellte. Dazu machten wir besonders hohe Vorgaben für das *Take On,* den Wert für das Verhalten im Eins-gegen-eins. Im Bereich *Shots* konnte man sehen, ob ein Spieler zu Abschlüssen kommt. Als wir noch Spitzenwerte fürs Flanken eingaben, blieben nur sehr wenige Spieler übrig. Darunter war Raphaël Guerreiro vom französischen FC Lorient, den der BVB zu Beginn der Saison 2016/17 für zwölf Millionen Euro tatsächlich verpflichtet hatte. Auch ein Spieler des belgischen Klubs KAA Gent tauchte in der Liste auf, aber wie verglich Mislintat die Leistungen in Belgien mit denen in Deutschland? »Wir rechnen mit Faktoren, die darauf basieren, wie erfolgreich die Klubs der jeweiligen Ligen im europäischen Wettbewerb sind.« Der geringste Faktor war 0,7, während er in den Topligen bei 1 bleibt. Allerdings schaltete Mislintat diesen Filter bei der Suche oft aus, weil er die Sorge hatte, dass ihm sonst Talente durch die Lappen gehen würden. Der Spitzenwert in seinem System ist die Zehn, doch wenn ein Spieler in einer schwachen Liga die ganze Zeit den Wert zehn erreicht, weist ihn das System nur mit einer Sieben aus, also als gehobenen Durchschnitt. »Ich möchte es meinem subjektiven Eindruck überlassen, ob ein niederländischer Spieler mit Spitzenwerten in seiner Liga bei uns adaptiert. Denn ob die sich in höheren Ligen anpassen, hängt davon ab, wie sie im Kopf sind.« So wie bei Kagawa.

Besonders faszinierend fand ich den Wert *Stability.* Wenn ein Spieler in fast jedem Spiel ein hohes Rating erreicht, hat er eine hohe *Stability,* man kann sich das als den Philipp-Lahm-Wert vorstellen, denn die Leistungen des ehemaligen Bayern-Kapitäns schwankten im Verlauf seiner Karriere kaum. Aufmerksam wird Mislintat dann, wenn ein sehr junger Spieler eine geringe *Stability* hat, aber zwischen durchschnittlichen und absoluten Topleistungen schwankt. »Wenn der jung ist, kann ich ihn zu einem Weltklassespieler machen, das ist die Denke dahinter«, sagte er. So war ihm schon früh Osmane Dembélé aufgefallen, den er sogar bereits ein Jahr bevor der Franzose mit 19 Jahren nach Dortmund kam, als Transfer vorgeschlagen hatte.

Der Index, den die Software liefert, ist also letztlich variabel nach den Vorgaben. Auch unterteilt sich der Gesamtwert in eine Fülle von Unterkategorien, die ihrerseits ebenfalls einen Wert zeigen. Es ist also durchaus nicht ganz einfach, sich durch diese Welt zu bewegen. Manche Defensivspieler haben einen guten Wert in ihrer Defensivarbeit, weil sie stark im Tackling sind. Dafür ist aber der für *Interceptions* nicht so gut, den abgefangenen Bällen. Das könnte darauf deuten, dass er zwar stark am Mann, aber nicht so gut im Spielverständnis ist. Auch über solche Zusammenhänge muss man sich klar sein, wenn man mit den Daten arbeitet. Diese Informationen sind letztlich eine Sprache, deren Semantik und Bedeutung man kennen muss. Leute wie Mislintat und seine Kollegen bei Matchmetrics sprechen sie fließend.

Es geht aber nicht nur darum, übersehene Talente zu

finden oder unterbewertete Spieler. Fast noch wichtiger ist es, Fehler zu vermeiden. Ein interessantes Beispiel in diesem Zusammenhang ist der Portugiese Renato Sanches, der bei der Europameisterschaft 2016 als bester Rookie ausgezeichnet wurde. Der FC Bayern war damals stolz darauf, das vermeintliche Supertalent für 35 Millionen Euro von Benfica Lissabon schon vor der Europameisterschaft verpflichtet zu haben. Sanches ist ein auffälliger Spieler, nicht zuletzt wegen seiner fliegenden Rastalocken, mit denen er ein wenig an Ruud Gullit erinnert. Er macht viele Dribblings, passt gut und fällt den meisten Zuschauern gleich auf. Damit ist er ein Beispiel für die Probleme der Verfügbarkeitsheuristik: Sanches sorgt auf dem Platz für Momente, an die man sich hinterher positiv erinnert.

Allerdings waren seine Defensivwerte bei Matchmetrics von Beginn an erschreckend für einen Spieler auf der Sechserposition. Im Spiel nach hinten war er fast ein Totalausfall. Auch deshalb fasste Sanches zunächst beim FC Bayern nicht richtig Fuß, seine zwischenzeitliche Ausleihe zu Swansea war eine völlige Pleite. In Erinnerung blieb dort das Video einer Spielszene, in der Sanches unbedrängt einer Werbebande zupasste. Vielleicht wären der FC Bayern (oder Swansea) bei einer Verpflichtung skeptischer gewesen, wenn sie seine verheerenden Werte im Spiel nach hinten gekannt hätten. Oder man hätte daraus den Schluss gezogen, Sanches konsequent auf eine Position zu stellen, wo seine zweifellos vorhandenen Stärken weiter wirken, aber seine Schwächen nicht so sehr ins Gewicht fallen. Genau das versuchte Trainer Niko Kovac, nachdem Sanches aus England zurückkehrte.

Es ist in den letzten Jahren in vielen Lebensbereichen

von Big Data die Rede, selbst im Fußball. Viel davon ist Wichtigtuer-Sprech oder leeres Gerede, allein schon weil die Datenmengen nicht wirklich big sind. Knapp 23 000 Spieler erfasst etwa das System von Matchmetrics, 51 000 Spiele sind dazu verarbeitet, pro Partie mit jeweils 2500 Ereignissen. Für Fußball sind das gewaltige Zahlen, aber von Big Data, wo eher von Millionen und mehr Datensätzen die Rede ist, ist das noch ein gutes Stück entfernt. Dennoch fand sich die Basis für die überragenden Transfers von Borussia Dortmund in den Daten.

Wichtig war aber, dass Sven Mislintat trotz großer Affinität zu technischen Lösungen kein Data-Nerd ist, sondern ein Fußballversteher. Er hatte Sport studiert und Ende 2006 beim BVB angefangen, freiberuflich Spiele zu analysieren, Mitte 2007 wurde er Scoutingkoordinator. Eigentlich sollte damals noch ein Exprofi als Chefscout kommen, doch der kam nie. Borussia Dortmund steckte in jener Zeit in einer existenzbedrohenden wirtschaftlichen Krise, und für Scouting war wenig Geld da. Also koordinierte Mislintat die Einsätze seiner damals zunächst nur vier Scouts, die alle über 50 waren und zu deren Schüler er sich machte. »Ich habe denen ganz offen gesagt, dass ich kennenlernen muss, wie sie arbeiten«, erzählte Mislintat. Er erklärte ihnen, dass er Analyst sei und in diesem Rahmen die Qualitäten von Spielern einschätzen könne, sich aber nicht für einen Scout hielt. Der Chefscout lernte also bei seinen Scouts das Scouting, gemeinsam schrieben sie an einer der ganz großen Erfolgsgeschichten des Fußballs. Einer aus der Abteilung ist der ehemalige Bundesligatrainer Heinz Redepenning, der inzwischen Mitte 70 ist, trotzdem aber noch zu Spielen ins europäische Ausland fährt. Sein Spitzname ist »Destroyer«, weil er die härtesten Urteile fällt. Redepenning schaut noch heute danach, ob ein Spieler auf den Platz spuckt oder Kaugummi kaut. »Wenn der gesagt hat, wir sollen einen verpflichten, brauchten wir eigentlich keinen anderen mehr hinzuschicken«, sagte Mislintat lachend. In seinem Team gab es aber auch den Endzwanziger, der den Jargon des Konzeptfußballs spricht.

»Wir haben einen tollen Querschnitt von ganz unterschiedlichen Augen, Ausbildungen und Sozialisationen im Fußball.« Wenn ein Spieler in die engere Auswahl kam, schauten ihn sich alle Scouts an, mit all ihren unterschiedlichen Blicken und Sichtweisen auf den Fußball. Aus dem Meer der Daten große Talente herauszufischen und den Spieler dann von einem vierschrötigen Coach anschauen zu lassen, das war fast so, als ob sich die Marketingabteilung des Klubs das ausgedacht hätte. In Dortmund wurden spätestens seit der Geschichte mit Shinji Kagawa die Scouts auch angehört. Bei vielen anderen Profiklubs sind sie nämlich bei aller Romantik ihrer ewigen Suche nach dem nächsten großen Spieler nur Randfiguren, weil viele Manager auf der Jagd nach neuen Spielern am liebsten auf ihr Netzwerk aus Kontakten zu Beratern zurückgreifen.

»Es darf nie nur Moneyball sein. Es darf aber auch nie ganz ohne Mathe sein, denn dann hat man nur subjektive Eindrücke«, sagte Mislintat. Manchmal mussten die Scouts aber auch etwas erkennen, was in Zahlen nicht auszudrücken ist. Etwa wenn ein Spieler in der falschen Mannschaft gelandet war. Ein Mittelfeldspieler, der stark am Ball ist, aber viel zu selten an den Ball kommt, weil der Zweitligist, bei dem er unter Vertrag steht, das Mittelfeld mit langen Bällen überspielt. Gemeint ist Julian Weigl, der 2015 von 1860 München zum BVB wechselte und in seiner ersten Saison gleich spektakulär einschlug. »Wir mussten seine Qualitäten in den wenigen Momenten erkennen, in denen er den Ball hatte. Dass er etwa eine außergewöhnliche Vormannorientierung hat, also in jeder Situation schon dreimal den Kopf gehoben und einen Schulterblick gemacht hatte und daher wusste, was er mit dem Ball machen würde«, sagte Mislintat.

Kein noch so raffiniert konstruierter Algorithmus wird diese Vormannorientierung auf dem Platz erkennen können, das müssen Menschen tun. Sie müssen ein Gespür für den Spieler bekommen, der dort unten auf dem Platz steht, für seine Leidenschaft, vielleicht auch für seine Ängste. Doch umgekehrt ist es absurd, heute nach Spielern zu suchen, ohne die Möglichkeiten der digitalen Vorsortierung zu nutzen. Für Mislintat schloss sich mit seinem Wechsel nach London auf verblüffende Weise ein Kreis. »Als ich angefangen habe, war Arsenal mein Benchmark-Klub«, sagte er. So wie dessen Trainer Arsène Wenger es gemacht hatte, das wünschte er sich damals, sollte Borussia Dortmund es machen: hoch talentierte Spieler früh verpflichten und zu großen Stars entwickeln.

Die besten Daten der Welt – made in Laos

Als der FC Arsenal im Dezember 2012 für vier Millionen Pfund eine amerikanische Datenfirma namens StatDNA kaufte, ging dieser Erwerb mit bemerkenswerter Geheimniskrämerei einher. Nicht einmal in den Finanzreports des Klubs wurde das Unternehmen offen genannt, sondern unter dem Kürzel AOH-USA LLC aufgeführt. So war es in Chicago registriert, AOH steht für Arsenal

Overseas Holdings. Der Mann, der den Deal eingefädelt hatte und bei dem traditionsreichen Klub aus dem Norden Londons für die Verbindung nach Chicago zuständig war, wurde innerhalb des Klubs sogar zum Schweigen über seine Arbeit verdonnert. »Bei Arsenal wussten nicht einmal die Leute im Büro genau, was ich mache«, erzählt Hendrik Almstadt. Auch was auf seiner Visitenkarte stand, erklärte die Arbeit nicht, für die der Deutsche zuständig war: »Football Operations«. Das konnte wirklich so ziemlich alles sein.

Almstadt hat eine der spektakulärsten Wohnungen, die man in London haben kann – jedenfalls aus Sicht eines Fußballfans. Sie befindet sich in der obersten Etage der alten Gegentribüne des Highbury-Stadions, das zu einer Wohnanlage wurde, als Arsenal hier auszog. Von Almstadts Balkon aus schaut man in einen Innenhof, der früher das Spielfeld war. Das neue Emirates Stadium kann man sehen, wenn man auf der anderen Seite aus dem Fenster blickt. Almstadt stammt aus Bremen, von wo er mit 21 Jahren hinaus in die Welt aufbrach, ohne dass irgendwie absehbar gewesen wäre, dass er mal im Fußball landen würde, geschweige denn in geheimer Mission bei einem der größten Klubs der Welt. Almstadt studierte zunächst an der London School of Economics und arbeitete drei Jahre lang im Investmentbanking bei Goldman Sachs in Frankfurt. Mit 29 Jahren ging er auf die weltberühmte Harvard Business School in der Nähe von Boston, um seinen Master zu machen, arbeitete anschließend beim Großkonzern GE und wechselte von dort zu einem Anlagefonds in London. Als der Fonds während der Finanzkrise 2008 mächtig unter die Räder kam, musste er sich einen neuen Job suchen. »Da habe ich mir die Frage gestellt: Was möchte ich mit meinem Leben machen?«

Hendrik Almstadt war zu diesem Zeitpunkt 35 Jahre alt und stellte bei der Selbsterforschung fest, dass er eigentlich am liebsten was mit Sport zu tun hätte, vor allem mit Fußball. Also bewarb er sich bei Arsenal, wurde 2010 eingestellt und arbeitete fortan dem damaligen CEO Ivan Gazidis zu. Zunächst war es ein typischer Job im Sportbusiness, Almstadt plante den Verkauf von Eintrittskarten und Logen oder die Sommertouren des Klubs nach Übersee. Doch irgendwann bat ihn sein Boss, die Zusammensetzung des Kaders von Arsenal mit dem Blick eines Finanzexperten zu untersuchen. Für Almstadt war das kein Problem: »Einen Kader sehe ich wie ein Portfolio an. Da sind 30 Assets drin mit unterschiedlichen Profilen.«

Gazidis fand den wenig romantischen Ansatz von Almstadt sowie die Ergebnisse seiner Analyse so interessant, dass er ihn bat, sie vor Manager Arsène Wenger zu referieren. »Am Ende des Gesprächs hat Arsène das Papier zusammengefaltet und in die Tasche gesteckt. Das war das Zeichen: Er hatte das akzeptiert.« Damit begann Almstadts Transformation von der Geschäftsseite des Klubs zum Sportmanagement. Vor allem sollte er schauen, wie man bei den Transfer- und Gehaltsausgaben effektiver arbeiten könnte. Ein ganz wichtiger Punkt: Er sollte helfen, teure Flops zu vermeiden.

Aktuelle Beispiele gab es damals vor allem zwei. Als Marouane Chamakh 2010 ablösefrei von Girondins Bordeaux gekommen war, sah sein Transfer anfangs wie ein Volltreffer aus, denn der Marokkaner schoss in den ersten 22 Spielen elf Tore. Vereinsübergreifend traf er in sechs Spielen der Champions League hintereinander, doch schon im Herbst brach seine Leistung ein. Chamakh spielte bald nur noch eine Nebenrolle, wurde zweimal an andere Klubs verliehen und schließlich für 1,2 Millionen Euro an Crystal Palace verkauft. Der Koreaner Chu-Young Park hatte nicht einmal einen guten Start, nachdem er für sieben Millionen Euro von der AS Monaco nach London gekommen war. Er kam in der Premier League nur einmal für sieben Minuten zum Einsatz, wurde ebenfalls mehrfach verliehen und verließ den Verein schließlich sogar ablösefrei. Park landete dann noch in Saudi-Arabien und spielt seit 2015 in seiner Heimat beim FC Seoul. Obwohl in beiden Fällen nicht einmal riesige Ablösesummen geflossen waren, kosteten Arsenal die Verpflichtungen zusammen mehr als 40 Millionen Euro, wenn man Transferausgaben, Handgelder, Beraterhonorare und die Bezahlung der Spieler summierte.

Almstadt konnte Wenger zeigen, dass man aufgrund der Daten von StatDNA eine Verpflichtung wahrscheinlich von vornherein skeptischer gesehen hätte. Sie hätten nämlich offenbart, dass Chamakh zumeist einen ausgesprochen niedrigen Wert für *Expected Goals* hatte. Dass er also aus relativ schlechten Positionen abschloss. Seine Trefferserie zum Einstand war nichts anderes als eine »Hot Streak« gewesen, wie man beim Poker sagen würde. Chamakh hatte einfach Glück gehabt. Auch legten die Daten seiner Leistung in Bordeaux nahe, dass er ernsthafte technische Schwächen hatte, die dazu führten, dass er schlecht ins Spiel eingebunden war. Bei Park gab es ebenfalls Statistiken, die gegen eine Verpflichtung des Spielers bei einem Klub von höchster internationaler Klasse sprachen. Nach der Präsentation sagte Wenger, dass er die beiden nicht verpflichtet hätte, wenn ihm diese

Informationen vorgelegen hätten. Wenger befürwortete daher den Kauf eines Unternehmens wie StatDNA. Wenn man auf diese Weise nur einen Fehlkauf dieses Kalibers vermeiden könnte, wäre der Erwerb schon profitabel.

Also machte sich Arsenal daran, StatDNA zu erwerben. »Die Firma ist darauf spezialisiert, Sportdaten zu analysieren, was ein sich schnell entwickelnder Bereich ist und zudem einer, von dem ich und andere glauben, dass er entscheidend für die Wettbewerbsposition von Arsenal ist«, sagte Arsenals damaliger CEO Gazidis 2014 dem englischen *Guardian.* »Die Erkenntnisse, die das Unternehmen liefert, werden bei uns im Fußball in großem Maße benutzt, ob beim Scouting und bei der Identifikation von Talenten, in der Spielvorbereitung, in der Spielanalyse oder bei taktischen Erkenntnissen.«

Besonders attraktiv machte das 2009 gegründete Unternehmen, dass StatDNA nicht nur die üblichen Spieldaten lieferte. Der Mitgründer und Vorstandsvorsitzende der Firma, Jaeson Rosenfeld, war auch Mitgründer eines damit verbundenen Unternehmens: Digital Divide Data, das versprochen hat, den Ärmsten der Welt durch Informationstechnologie nachhaltige Jobs zu verschaffen. In Laos und Kambodscha beschäftigt Digital Divide Data 500 Benachteiligte. In Laos, wo es eine ausreichend schnelle Internetverbindung gibt, arbeiten 80 junge Männer und Frauen, die Fußballspiele einer detaillierten Analyse unterziehen. Die Mitarbeiter in Fernost codieren penibel jene Partien, die StatDNA ihnen schickt. Einerseits sammeln sie klassische Spieldaten wie Schüsse, Pässe und Zweikämpfe – das jedoch in einer Genauigkeit, zu der normale Datenfirmen aus wirtschaftlichen Gründen nicht immer in der Lage sind. Dazu kann man noch auf neue

Kategorien zurückgreifen, etwa ob ein Spieler mit seinem starken Fuß abgeschlossen hat oder wie der Torhüter positioniert war. Der Wert für die *Expected Goals*, der hier ermittelt wird, ist ebenfalls weitaus genauer als üblich. Es wird schon länger ermittelt, wie viele Spieler sich zwischen Schützen und Tor befinden und unter welchem Druck durch die Gegner der Schütze steht. Allerdings ist die Arbeit sehr zeitaufwendig, sodass dadurch die Anzahl der Spiele sinkt, die codiert werden. Für Arsenal war das kein Problem, weil der Klub von raren Ausnahmen abgesehen nur Interesse an Spielern aus den fünf großen europäischen Ligen hat.

Almstadt und seine Mitarbeiter erarbeiteten kontinuierlich neue Kategorien, die bei der Suche nach Spielern hilfreich sein konnten. Dabei wird viel mit einer Kategorie gearbeitet, die *Pass Value* heißt und bemisst, wie sehr eine Aktion auf dem Platz wie ein Pass die Torwahrscheinlichkeit steigert oder nicht. So wird jedem einzelnen Spieler eine *Value Creation* zugeordnet, also eine Wertschöpfung. Man sieht hier, dass einem bei der Quantifizierung von Leistung immer wieder ähnliche Grundideen begegnen, denn Daniel Link hatte im Zuge seiner Berechnung der *Dangeriousity* bekanntlich einen ähnlichen Wert entwickelt, der bei ihm *Action Value* heißt.

Arsenal versuchte, die Gehaltsstruktur seiner ersten Mannschaft möglichst objektiv an der sportlichen Leistung zu orientieren. Die Qualität von Offensivspielern durch Daten zu identifizieren, ist vergleichsweise einfach, weil man dabei auf ihre Aktionen schauen kann. Aber wie schon verschiedentlich erwähnt, fällt das schwerer, je weiter es auf dem Feld nach hinten geht. Also versuchten Arsenal und StatDNA, für die Leistung von Verteidigern neue Daten zu entwickeln. Hätte man bei der Verpflichtung von Per Mertesacker 2011 nur auf die klassischen Daten geschaut, hätte sich der Transfer nicht unbedingt aufgedrängt. Der Innenverteidiger, der damals bei Werder Bremen spielte, gewann weder wahnsinnig viele Tacklings, noch fing er sonderlich viele Bälle ab oder hatte eine spektakuläre Quote im Kopfballspiel. Aber inzwischen waren die Mitarbeiter in Laos so instruiert, dass sie *Defensive Errors* identifizieren und kategorisieren konnten. Ein Verteidigungsfehler war, wenn der Abwehrspieler zu langsam war oder sich falsch positioniert hatte oder vielleicht auch nur die falsche Körperhaltung zum Ball hatte. Auf diese Weise konnte Arsenal einen Teil der Vorauswahl automatisieren und Kandidaten ausweisen, die vielleicht nicht gleich auf Anhieb in der Auswahl gelandet wären – wie Per Mertesacker. Für Torhüter entwickelten sie bei Arsenal ebenfalls neue Kategorien, weil die bestehende Datenlage nicht ausreichend hilfreich war.

Zwei Millionen Euro im Jahr lässt Arsenal sich die High-End-Daten kosten und ist damit im internationalen Fußball vermutlich einer der Klubs, die über die avanciertesten Daten verfügen. Solche im Vergleich großen Investitionen irritierten den amerikanischen Eigentümer von Arsenal nicht. Stan Kroenke ist Besitzer des NBA-Basketballteams Denver Nuggets, des NHL-Eishockeyteams Colorado Avalanche und des MLS-Fußballklubs Colorado Rapids, beim NFL-Team Los Angeles Rams ist er Mitbesitzer. Für ihn sind Investitionen in gute Daten selbstverständlich, mit Billy Beane, dem Helden von »Moneyball«, ist Kroenke befreundet. »Ich bin immer ein Fan des Moneyball-Modells gewesen«, erzählte Kroenke 2016 bei einem Auftritt auf der Sloan Sports Conference in Boston. »Billy Beane ist ein Fan unseres Managers Arsène Wenger, der auch Wirtschaftswissenschaftler ist und sich immer den analytischen Blick bewahrt hat. Wie bei unseren anderen Mannschaften haben wir auch bei Arsenal den statistischen Blick.« Beane übrigens hatte sich sehr für Fußball zu interessieren begonnen und hilft seit 2015 beim holländischen Klub AZ Alkmaar, dessen Direktor Robert Eenhorn früher Baseballprofi in der MLB war, seine Ideen aus dem Baseball im Fußball umzusetzen. Seit 2017 gehört er überdies zu einem Konsortium, das den englischen Zweitligisten FC Barnsley übernahm. Angeführt wird es vom chinesischen Geschäftsmann Chien Lee, der zuvor schon OGC Nizza übernommen hatte, den Klub von Lucien Favre.

Almstadt wundert sich heute noch, dass sich einer der berühmtesten Trainer der Welt mit ihm über mögliche Transfers austauschte. »Ich habe davon profitiert, dass Arsène sehr zahlenaffin ist und auch Leuten zuhört, die keine 50 Länderspiele gemacht haben.« Nur wollte Wenger nicht, dass die Öffentlichkeit oder selbst andere Mitarbeiter im Klub erfuhren, wie Almstadt ihm zuarbeitete. Wer das aber wusste, waren die Scouts von Arsenal, und sie nahmen ihn eher zähneknirschend ernst, weil er unübersehbar von Wenger akzeptiert wurde. »Aber sie haben mich nicht in ihren Kreis aufgenommen«, sagt Almstadt. Vielleicht fühlten sie sich von dem glatzköpfigen Finanzexperten unter Druck gesetzt, oder sie mochten schlichtweg sein damals betont selbstbewusst dominantes Auftreten nicht, das er aus der Finanzwelt mitgebracht hatte.

Die große Verfügbarkeit von komplexen Daten bedeutet aber nicht, dass Arsenal ein rein datengesteuerter Klub wurde. Es konnte auch passieren, dass die Arbeit mit den Daten einen interessanten Spieler identifiziert hatte, wie den Griechen Costas Manolas, der dann aber die Scouts nicht überzeugte, als er noch bei Olympiakos Piräus spielte. 2014 wechselte er zum AS Rom, wo der Innenverteidiger zu einer Stammkraft wurde. Es gab auch Beispiele von Verpflichtungen, die angeblich aufgrund der Datenlage nicht gemacht wurden, im Nachhinein aber nicht falsch gewesen wären, wie etwa die von Antoine Griezman, als er noch bei Real Sociedad spielte. Entschieden wurde so etwas aber nicht von den Scouts, sondern letztlich von Arsène Wenger. Dennoch sagt Almstadt im Rückblick: »Der analytische Prozess ist bei Arsenal längst ein Automatismus.« Es zählen nicht Bauchgefühl und Genie eines großen Trainers allein, und diese Entwicklung wurde mit der Verpflichtung von Sven Mislintat zunächst fortgeschrieben.

Almstadt wollte seine Ideen andernorts selbstbestimmter umsetzen und verließ Arsenal 2015, um ein turbulentes Jahr lang als Sportdirektor bei Aston Villa zu arbeiten. Er machte dort ähnliche Erfahrungen wie Chris Anderson in Coventry. Zwar musste er nicht den Busfahrer bezahlen oder dafür sorgen, dass der Zeugwart genug Waschpulver hatte. Dafür rieb er sich in Konflikten mit Trainer Tim Sherwood auf. Der suchte den Machtkampf und spannte den Boulevard gegen den »Harvard-Typen« ein. Am Ende wurden beide entlassen. Almstadt arbeitete anschließend bei der PGA-Tour und folgte seinem ehemaligen Boss Gazidis nach Italien, als dieser 2018 CEO beim AC Milan wurde.

Almstadt hatte durch seine Arbeit zweifellos Sven Mislintat den Weg bereitet, als dieser 2017 aus Dortmund zu Arsenal wechselte. Die Engländer waren sogar bereit, für ihren neuen Head of Recruitment eine siebenstellige Ablösesumme zu bezahlen, das hatte es noch nie gegeben. Mislintat geriet in eine turbulente Umbruchsphase, denn nur ein halbes Jahr nach Mislintats Ankunft trennten sich nach 22 Jahren die Wege von Arsène Wenger und Arsenal. Kurz darauf ging nach zehn Jahren in London auch Gazidis.

In seinen ersten beiden Transferperioden setzte Mislintat die Verpflichtung von drei Spielern durch, die er aus Dortmund kannte. Torjäger Pierre-Emerick Aubameyang schlug voll ein und wurde aus dem Stand Arsenals bester Torschütze. Der solide griechische Verteidiger Sokratis wurde ebenfalls Stammspieler, während Henrikh Mkhitaryan im Tausch im Alexis Sanchez von Manchester United kam. Arsenal reduzierte dadurch deutlich die Personalkosten und tauschte einen Spieler deutlich jenseits seines Zenits gegen einen zutiefst verlässlichen Spieler. Das waren sichere Transfers in dem Sinne, das sie wenig Risiko bedeuteten. Ähnlich wie beim Transfer des deutschen Keepers Bernd Leno, der bald Petr Czech im Tor verdrängte. Doch Mislintat hatte ein anderes Ziel, nämlich Spieler zu finden, die das Potenzial hatten, im Trikot von Arsenal zu wachsen. Er wollte Arsenal zu den eigenen Wurzeln zurückführen, talentierte Spieler groß machen. Für diese Strategie steht beispielhaft der kleine Mittelfeldspieler Lucas Torreira aus Uruguay. Ihn fand Mislintat mithilfe seiner Software, in der es den Bereich *Similar Players* gibt, der in etwa der Logik von Amazon folgt: »Klubs, denen dieser Spieler gefällt, könnten auch Interesse an diesen Spielern haben.« Weil Mislintat auf der Suche nach mehr Widerstandskraft im Mittelfeld war, schaute er nach Spielern mit einem ähnlichen Datenprofil wie beim Franzosen Ngolo Kanté. Dabei stieß er auf

Torreira, der bei Sampdoria Genua spielte. »Ich kannte ihn, er war mir auch schon positiv aufgefallen«, sagte Mislintat. Aber ohne die Suche in den Daten wäre er auf ihn nicht unbedingt gekommen. Torreira wurde gleich einer der Lieblinge der Arsenal-Fans, vor allem nachdem er bei einem Derbysieg über Tottenham stärkster Spieler seiner Mannschaft geworden war.

Gleich ins Herz schlossen die Anhänger des Klubs auch den Franzosen Matteo Guendouzi, der vom französischen Zweitligisten Lorient kam. Der Transfer des enthusiastischen Mittelfeldspielers mit den fliegenden Locken hatte hingegen mit Datenscouting nichts zu tun, er entsprang altmodischem Scouting und ähnelte der Verpflichtung von Julian Weigl. Mislintat erkannte man bei dem 19-Jährigen etwas, was sich nicht so leicht in Zahlen messen lässt: Mut, Nervenstärke, Enthusiasmus und Führungskraft.

In seinen gut 14 Monaten bei Arsenal zeigte Mislintat, dass seine Arbeitsweise auch in der großen Welt der Premier League funktionierte. Dann änderte sich im Klub aber die Richtung. »Vorher sind wir bei Transfers stark systematisch-analytisch vorgegangen. Das bedeutet, dass wir selber agiert haben, alle Märkte kannten und die Spieler auf den unterschiedlichen Positionen, die für uns infrage kommen. Die neue Führung arbeitet hingegen stärker mit dem, was sie aus ihrem Netzwerk von anderen Klubs oder Spielerberatern angeboten bekommt«, sagte Mislintat. Arsenals neuer CEO Raul Sanllehi wollte ihn auch nicht, wie eigentlich vorgesehen, zum Sportdirektor befördern, so wurde der Vertrag in beiderseitigem Einvernehmen aufgelöst. Im Mai 2019 wurde Mislintat neuer Sportdirektor beim VfB Stuttgart.

Der Wechselkurs des Transfergeschäfts

Es gibt heutzutage vermutlich kaum noch einen Transfer im Profifußball, bei dem der Blick auf die Spieldaten überhaupt keine Rolle spielt. Die Frage ist eher, wie gut sie sind, wie komplex und in welchem Maße sie den Rekrutierungsprozess bestimmen. Die meisten Klubs sind bei dem Thema eher verschwiegen und wenige so laut wie der FC Fulham nach dem Aufstieg in die Premier League im Sommer 2018. »Wir sind begeistert, dass der Fulham FC die Verpflichtung von André Frank Zambo Anguissa verkünden kann. André hat ein großartiges Datenprofil, Top-Scoutingberichte und seine ausgezeichnete Reputation weisen ihn als Weltklassetalent aus. Er stand bei uns ganz oben auf der Wunschliste«, schrieb Tony Khan, der Besitzer des Klubs. Die Ausleihe des englischen Nationalspielers Calum Chambers kündigte er so an: »Ich freue mich, vermelden zu können, dass Calum Chambers sich Fulham auf Leihbasis angeschlossen hat. Calum ist ein vielseitiger Verteidiger, und die Kombination aus einem starken Datenprofil und positiven Berichten unserer Scouts zeigen, dass er außergewöhnliches Talent hat.«

Dass Khan in seiner Rolle als Sportdirektor bei Fulham mit Datenprofilen argumentierte, war insofern wenig überraschend, als der Amerikaner auch Mitbesitzer des NFL-Teams Jacksonville Jaguar ist, also in einer Sportart mit langer Tradition von Datenanalyse. Außerdem ist er Besitzer und Chairman von TruMedia, der schon erwähnten Sportanalysefirma, die mit vielen Ligen und Klubs im Baseball, American Football, Fußball und Cricket sowie großen Medienunternehmen wie ESPN zusammenarbeitet. Eine ganze Reihe englischer Klubs haben inzwischen amerikanische Besitzer oder Mitbesitzer, von Machester United, Liverpool und Arsenal bis zu Millwall, Barnsley oder Coventry. Gerade sie dürften darauf drängen, datengesteuerte oder zumindest datenbegleitete Entscheidungsprozesse zu implementieren.

Manchmal kann man auch über Transfers Rückschlüsse darauf ziehen, welche Klubs stärker datenbeeinflusst arbeiten dürften als andere. Als Brighton & Hove Albion im Sommer 2017 zum ersten Mal in die Premier League aufstieg, verstärkte sich der Klub etwa mit einem Spieler aus der deutschen Bundesliga: Pascal Groß. Vermutlich hatte in England seinen Namen kaum jemand gehört, und ehrlich gesagt hatten sich auch in Deutschland die Klubs nicht um ihn gerissen. Groß hatte beim FC Ingolstadt gespielt, einem kleinen Klub mit junger Geschichte, der erst 2004 aus zwei kleineren Vereinen in der Stadt gegründet worden war, wo Audi seine Autos baut. In seiner zweiten Bundesligasaison war der FC Ingolstadt wieder abgestiegen, ohne für sonderlich viel Aufsehen gesorgt zu haben.

Allerdings war Pascal Groß der Spieler gewesen, der die meisten Torschüsse vorbereitet hatte, und das nicht nur bei seiner Mannschaft, sondern in der Bundesliga insgesamt. Von diesen 98 Torschüssen, die Groß auflegte, gingen zwar nur vier ins Tor, aber das hatte zweifellos mit der Qualität der Ingolstädter Stürmer zu tun. Dafür sprach auch der Wert der *Expected Assists*, der einen doppelt so hohen Wert nahelegte.

Spieler	Team	Torschuss-vorlagen	Torvorlagen	xA
Pascal Groß	FC Ingolstadt	98	4	7,63
Emil Forsberg	RB Leipzig	94	19	7,81
Vincenzo Grifo	SC Freiburg	71	8	5,63
Ousmane Dembélé	Bor. Dortmund	63	12	10,73
Thomas Müller	FC Bayern	60	12	9,96
Kerem Demirbay	TSG Hoffenheim	60	8	6,35
Sebastian Rudy	TSG Hoffenheim	60	7	5,01
Markus Suttner	FC Ingolstadt	53	5	6,33
Julian Brandt	Leverkusen	51	8	7,91
Max Kruse	Werder Bremen	50	7	5,53

Quelle: OptaPro

Groß war ein Spieler, der aufgrund dieser Daten das Interesse einiger Klubs weckte, deren Scouting eine datenbasierte Seite hat. Auch Brighton wurde auf Groß durch diese Daten aufmerksam, wie mir Elliott Williams bestätigte, als ich den damaligen Recruitment Analyst des Klubs auf einer Datenkonferenz kennenlernte. Viel mehr wollte Williams, der 2018 zu RB Leipzig nach Deutschland wechselte, aus Vertraulichkeitsgründen dazu allerdings nicht sagen. Aber Pascal Groß erzählte in einem Interview mit dem deutschen Magazin *11 Freunde* erstaunt: »Als wir über den Wechsel verhandelten, legte Brightons Scout plötzlich einen 50-seitigen Bericht auf den Tisch. Da stand alles über mich drin. Was ich kann, was ich nicht kann. Das hat mich beeindruckt.« Der Klub setzte sich bei der Verpflichtung von Groß auch darüber hinweg, dass natürlich kein Fan des Klubs zunächst sonderlich aus dem Häuschen gewesen war, weil ein unbekannter Kicker von einem unbekannten deutschen Bundesligaabsteiger kam.

Brighton wäre nach dem Aufstieg in die Premier League schließlich in der Lage gewesen, riesige Beträge für Transfers auszugeben.

Eine schlaue Transferpolitik ohne riesige Ablösesummen spart aber viel Geld, das man in Gehaltszahlungen investieren kann. Wie wir schon gesehen haben, ein deutlich erfolgversprechendes Investment. Groß kam für nur drei Millionen Euro an die englische Südküste und erwies sich als absoluter Volltreffer. Er wurde auf Anhieb Stammspieler, stand in allen 38 Spielen seiner ersten Saison in der Premier League auf dem Platz, schoss sieben Tore und bereitete acht vor. Dass gerade Brighton & Hove Albion einen solchen Transfer machte, war kein Zufall. Wie schon erwähnt gehört der Klub dem Profizocker Tony Bloom, der bei Transfers ähnlich mit Daten arbeitete wie sein alter Widersacher Matthew Benham beim FC Brentford.

Die Frage, die bei allen Transfers über Ländergrenzen auftaucht, ist jedoch die, wie sich Leistungen von einer Liga auf eine andere übertragen lassen. Dabei geht es nicht nur darum, wie gut ein Spieler damit klarkommt, seine Heimat zu verlassen und in ein anderes Land zu ziehen. Sondern eben auch um die Frage, die sich Dortmund bei Kagawa oder Brighton bei Groß stellen musste: Wie viel ist ihre Leistungsfähigkeit in einer neuen Liga wert?

Als der FC Midtjylland im Sommer 2014 den Finnen Tim Sparv von der SpVgg Greuther Fürth verpflichtete, fand dieser bald heraus, dass sein neuer Klub sich nicht etwa für ihn interessiert hatte, weil sein Berater im richtigen Moment den passenden Anruf gemacht oder ein Scout ihn an einem guten Tag gesehen hätte. Sparv war damals der erste Spieler, dessen Wechsel nach Midtjylland entscheidend von Benhams Modell initiiert worden war. Dieses erstellte auch ein internationales Vereinsranking, und das ergab, dass die Spielstärke eines guten deutschen Zweitligisten wie Fürth mit der eines dänischen Spitzenklubs vergleichbar war. Die Fürther wurden damals sogar höher als einige Klubs aus dem unteren Drittel der Premier League bewertet. Ein Spieler aus der Premier League würde jedoch nie nach Midtjylland gehen, außer man überhäufte ihn sinnlos mit Geld. Aber einen gleichwertigen Spieler aus der Zweiten Liga in Deutschland wie den Leistungsträger Sparv konnte man mit der Aussicht auf Titelgewinne und internationale Spiele schon locken.

21st Club, ein Unternehmen für Fußballconsulting, von dem später noch die Rede sein wird, stellte 2018 fest, dass Spieler aus der französischen Ligue 1 im Schnitt 17 Prozent teurer waren als vergleichbare Spieler aus anderen Ligen, wie etwa der Schweiz. Man konnte also in unterbewerteten Ligen echte Schnäppchen machen. Das Unternehmen spricht im Zusammenhang mit den internationalen Vergleichen der Ligen und Teams vom »Wechselkurs des Fußballs«, was ein sehr anschaulicher Begriff ist. Auch ohne eigene Datensätze und komplexe Rankings kann man sich schon mit relativ einfachen Mitteln einen Überblick verschaffen, auf welcher Qualitätsstufe sich ein Klub oder eine Liga befindet. Eine gute Orientierung liefert da *clubelo.com,* auf dieser Website werden analog zum Schach die Elo-Werte für 614 europäische Fußballklubs vom FC Barcelona an der Spitze bis zur SP La Fiorita aus San Marino auf dem letzten Platz errechnet.

Vor Beginn der Saison 2019/20 sah das Ranking der Ligen so aus:

Liga	Punktzahl
Premier League	1751
La Liga	1722
Bundesliga	1678
Seria A	1620
Ligue 1	1584
Russian Premier League	1543
La Liga 2	1508
England Championship	1505
Portugal	1488
Bundesliga Österreich	1477
Zweite Bundesliga	1459
Swiss Super League	1457
Süper Lig Türkei	1448
Eeredivise Holland	1445
Jupiler Pro League Belgien	1444
Ukrainian Super League 1436	1436

Quelle: clubelo.com

Diese Übersicht gibt eine gute Orientierung, wie die Kräfte im europäischen Fußball verteilt sind, und so kann die Scoutingabteilung eines Klubs strategisch Länder fürs Scouting auswählen, die zum eigenen Niveau passen.

21st Club hat festgestellt, dass die im Ranking noch weiter hinten platzierte serbische und die ungarische Liga zwar sportlich in etwa auf gleichem Niveau liefen, aber dreimal so viele serbische Spieler wie ungarische in die großen Ligen wechselten. Das mag daran liegen, dass sie in Serbien besser ausgebildet sind und ihr Land früher verlassen, was wiederum dazu führt, dass sich die serbischen Klubs im internationalen Vergleich nicht besser positionieren können. Aber vielleicht liegt es auch daran, dass es in ganz Europa so viele serbischstämmige Berater oder Manager im Fußball gibt, hingegen kaum welche aus Ungarn. Es geht also immer wieder darum, die Daten richtig zu verstehen und zu interpretieren.

Pack den Spieler

Als ich Stefan Reinartz im Herbst 2018 wiedertraf, um mir erklären zu lassen, wie sich *Packing* weiterentwickelt hatte, sagte er einen bemerkenswerten Satz: »Ich habe mich im letzten halben Jahr intensiv damit beschäftigt, was wir da eigentlich machen und was die Aussagekraft der Daten ist.« Das klang erstaunlich grundsätzlich, aber die Selbstbefragung hatte zu einer interessanten Antwort geführt. »Mit traditionellen Daten kann man gut die Fähigkeit eines Spielers beschreiben, mit unseren seine Leistung«, sagte Reinartz. Wenn man weiß, dass einer zu vielen Sprints in der Lage ist, zu guten Pässen im letzten Drittel des Spielfeldes oder zu einer Vielzahl von Schüssen aus guten Positionen, beschreibt das ein Portfolio individueller Fähigkeiten. Welchen konkreten Beitrag zum Spiel, zur Gesamtleistung der Mannschaft das bedeutet, wird daraus aber nicht per se klar.

Das sollte *Packing* liefern, und auf Basis dieser Idee hatten Reinartz und seine Mitstreiter ihr Unternehmen Impect weiterentwickelt. Zwar kannte in Deutschland fast jeder Fußballfan den Begriff, hier und da hatte man auch im Ausland davon gehört, aber was wollten sie nun eigentlich mit dem Ganzen anfangen? Auch das war nämlich eine wichtige Frage. Die Nutzung im Fernsehen war zwar ein Erfolg gewesen, aber sie erwies sich als nicht nachhaltig. Nachdem Mehmet Scholl seinen Job als TV-Experte kündigte, wurde *Packing* dort nicht mehr genutzt. Es gab einige Trainer, die mit *Packing* bei der Spielanalyse arbeiteten, allen voran Thomas Tuchel bei Borussia Dortmund und anschließend bei Paris St. Germain, aber der ganz große Durchbruch als Analysetool war ausgeblieben. Letztlich zeigte sich hier ein generelles Problem der Spielanalyse mit Daten: Die meisten Trainer beschäftigen sich so intensiv mit ihren Mannschaften, dass der Erkenntnisgewinn durch zusätzliche datengestützte Erforschungen des eigenen Spiels nicht so groß ist.

Auf der anderen Seite hungern Sportdirektoren und Manager der Klubs nach validen Informationen, um auf dem Transfermarkt besser agieren zu können. In den Gesprächen, die Reinartz führte, wurde ihm klar, dass die meisten von ihnen am liebsten einen Wert hätten, an dem sie sich orientieren könnten. Zwar gab es durch *Packing* eine Fülle von neuen Parametern, wie die Zahl überspielter Verteidiger, gezogener Pässe oder durch Balleroberungen ins Spiel zurückgeholte Verteidiger, aber der Umgang damit war umständlich. Inzwischen boten viele Anbieter von Spieldaten bereits eigene Indizes an, wie etwa STATS, auch das Programm Scoutpanel von Sven Mislintat folgte diesem Ansatz, wie wir gesehen haben.

Dem konnte Impect jedoch etwas eigenes entgegensetzen, nämlich eigene und dadurch exklusive Daten. Diese wollte Reinartz in einem Wert bündeln, der so absolut ist, wie die Messwerte in anderen Sportarten. »Die Frage, die uns dabei geleitet hat, hieß: Was ist Leistung im Fußball?«, sagt Reinartz. Er hatte sie in vielen Gesprächen mit Trainern und Sportdirektoren testweise immer wieder gestellt und darauf erstaunlich wenig aussagekräftige Antworten bekommen. »Wenn Spieler gut spielen«, war eine. Als sehr beliebt erwiesen hatte sich auch die Replik: »Wenn der Spieler macht, was ich ihm sage.« In anderen Sportarten ist die Frage mit der Maßeinheit für Leistung natürlich einfacher zu beantworten als im Fußball. Wie schnell jemand läuft, misst man in Sekunden. Wie hoch oder weit jemand springt, misst man in Zentimetern. Wie viel Gewicht jemand heben kann, misst man in Kilogramm.

Aber was ist die Maßeinheit im Fußball? Die richtige Antwort darauf heißt: Tore und Gegentore. Nur, wie ermittelt man den Beitrag, den ein Spieler dazu leistet, dass seine Mannschaft Tore schießt und keine Gegentore bekommt?

Reinartz und seine Kollegen befragten ihre Packing-Werte also danach, wie sehr ein Spieler die Torwahrscheinlichkeit steigert, ob durch einen Schuss, einen tödlichen Pass oder einen brillanten Laufweg. Und umgekehrt, wie er die Wahrscheinlichkeit eines Gegentors reduziert. Im Grunde rechneten sie die bestehenden Daten um: Inwiefern steigern die unterschiedlichen Parameter die Wahrscheinlichkeit des Torerfolges, und inwiefern vermindern sie die Wahrscheinlichkeit eines Gegentors? Die Frage also, die sich Link bei der Ermittlung der *Dangerousity* auf allerdings anderer Datenbasis auch gestellt hatte.

Wenn ein Verteidiger den Ball an zwei Stürmern vorbei ins Mittelfeld spielt, erhöht er die Torwahrscheinlichkeit im Durchschnitt um ein halbes Prozent. Wenn er mit einem Pass vor die gegnerische Viererkette kommt, steigt die Wahrscheinlichkeit um fast fünf Prozent. Aus der Fülle solcher Aktionen im Laufe von 90 Minuten im Schnitt der Spiele errechnet sich ein Gesamtwert. Der

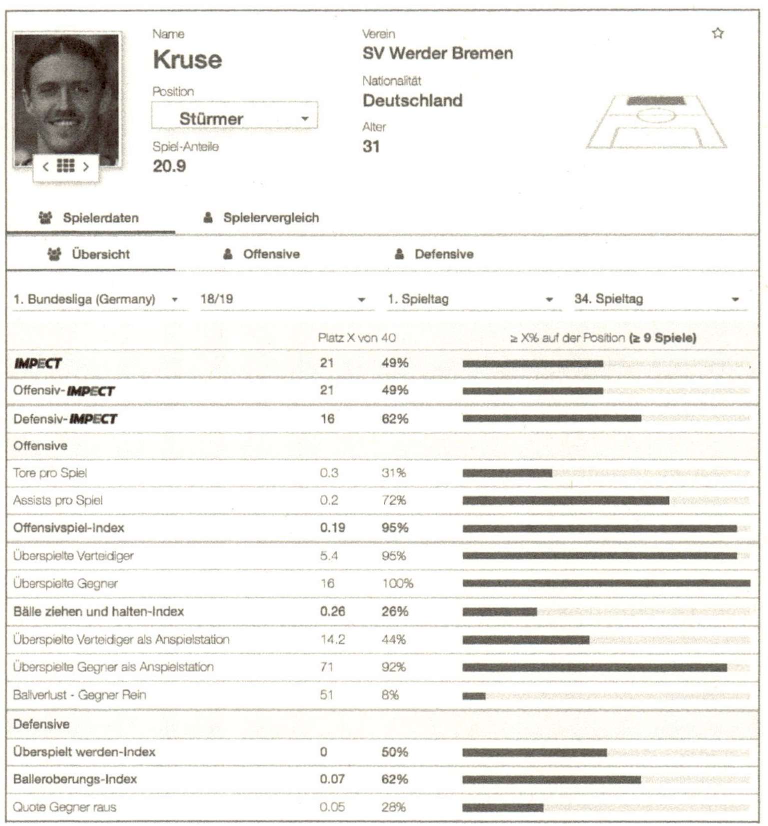

Name

Kruse

Position

Stürmer

Spiel-Anteile

20.9

Verein

SV Werder Bremen

Nationalität

Deutschland

Alter

31

Spielerdaten | Spielervergleich

Übersicht | Offensive | Defensive

1. Bundesliga (Germany) | 18/19 | 1. Spieltag | 34. Spieltag

	Platz X von 40	≥ X% auf der Position (≥ 9 Spiele)
IMPECT	21	49%
Offensiv-**IMPECT**	21	49%
Defensiv-**IMPECT**	16	62%
Offensive		
Tore pro Spiel	0.3	31%
Assists pro Spiel	0.2	72%
Offensivspiel-Index	0.19	95%
Überspielte Verteidiger	5.4	95%
Überspielte Gegner	16	100%
Bälle ziehen und halten-Index	0.26	26%
Überspielte Verteidiger als Anspielstation	14.2	44%
Überspielte Gegner als Anspielstation	71	92%
Ballverlust - Gegner Rein	51	8%
Defensive		
Überspielt werden-Index	0	50%
Balleroberungs-Index	0.07	62%
Quote Gegner raus	0.05	28%

Quelle: Impect

kann etwa 0,2 heißen und bedeutet, dass der Spieler die Wahrscheinlichkeit eines Tores um 20 Prozent steigert. Auch ein Verteidiger ohne gutes Aufbauspiel kann auf einen ähnlich hohen Wert kommen, wenn er bei Standards so torgefährlich ist, dass er alle fünf Partien ein Tor macht. Fähigkeiten im Spielaufbau und Torgefährlichkeit können quasi verrechnet werden.

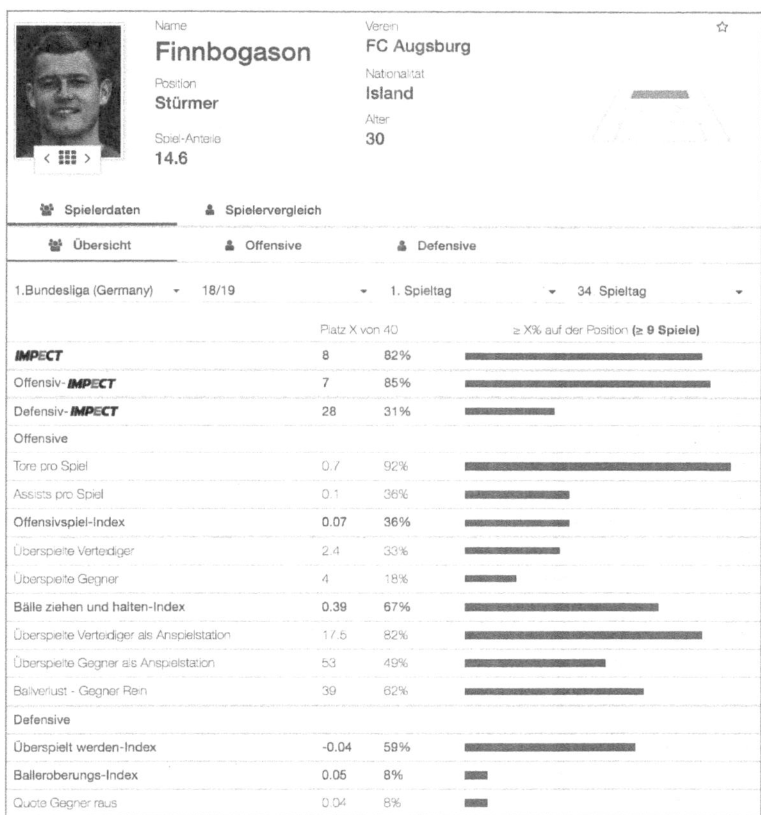

Name: **Finnbogason**
Verein: **FC Augsburg**
Position: **Stürmer**
Nationalität: **Island**
Alter: **30**
Spiel-Anteile: **14.6**

Spielerdaten | Spielervergleich

Übersicht | Offensive | Defensive

1.Bundesliga (Germany) | 18/19 | 1. Spieltag | 34 Spieltag

	Platz X von 40	≥ X% auf der Position (≥ 9 Spiele)
IMPECT	8	82%
Offensiv-**IMPECT**	7	85%
Defensiv-**IMPECT**	28	31%
Offensive		
Tore pro Spiel	0.7	92%
Assists pro Spiel	0.1	36%
Offensivspiel-Index	0.07	36%
Überspielte Verteidiger	2.4	33%
Überspielte Gegner	4	18%
Bälle ziehen und halten-Index	0.39	67%
Überspielte Verteidiger als Anspielstation	17.5	82%
Überspielte Gegner als Anspielstation	53	49%
Ballverlust - Gegner Rein	39	62%
Defensive		
Überspielt werden-Index	-0.04	59%
Balleroberungs-Index	0.05	8%
Quote Gegner raus	0.04	8%

Quelle: Impect

»Es ist kein Index, den wir gebaut haben, sondern eine Modellannahme«, erklärte mir Reinartz. Ziel des Ganzen war es, alles auf einen Wert zu bringen und auf dessen Basis ein Ranking auf sechs unterschiedlichen Positionen herzustellen: Innenverteidigung, rechte Abwehrseite und linke, defensives und offensives Mittelfeld und Stürmer.

Zwei Beispiele aus der Saison 2018/19 der deutschen

Bundesliga zeigen, wie das funktioniert. Max Kruse von Werder Bremen und Alfred Finnbogason vom FC Augsburg gehörten als Stürmer in ihren Mannschaften jeweils zu den besonders wichtigen Spielern, allerdings jeweils auf ganz unterschiedliche Weise. Kruse war bei Werder so etwas wie der Spielmacher in vorderster Linie, auch wenn er nicht sehr viele Tore direkt vorbereitete. Allerdings hatte er überragende Werte bei der Zahl überspielter Gegner und – angesichts seiner vorderen Position dann nicht mehr überraschend – auch überspielter Verteidiger.

Im Vergleich dazu glänzte der Isländer Finbogasson mit guten Laufwegen, er war also eine gute Anspielstation in der Spitze und sorgte dadurch für eine hohe Zahl überspielter gegnerischer Verteidiger. Außerdem schoss er einfach viele Tore.

Auch Impect ermöglicht es den Scouts der Klubs, Suchprofile individuell zu konfigurieren. Wer im Mittelfeld einen konservativen Abräumer braucht, für den ist der Wert »Offensiv-Impect« nicht so wichtig, als wenn von der Sechserposition das Spiel aufgebaut werden soll. »Bei der Spielersuche per Daten wird sehr viel mit der Schrotflinte geschossen, wir sind das Zielfernrohr«, sagte Reinartz. Es besteht auch die Möglichkeit, Spielerprofile miteinander zu vergleichen oder zu schauen, welche Spielerprofile besonders gut zusammenpassen, weil sie sich ergänzen. Ein anschauliches Beispiel sind N'Golo Kanté und Paul Pogba, die beiden defensiven Mittelfeldspieler des französischen Weltmeisters. Pogba nimmt eher den linken Teil, Kanté eher den rechten Teil des Diagramms ein, das auf den Daten der WM in Russland basiert. Gemeinsam bilden sie quasi den Idealspieler auf der Position des Sechsers.

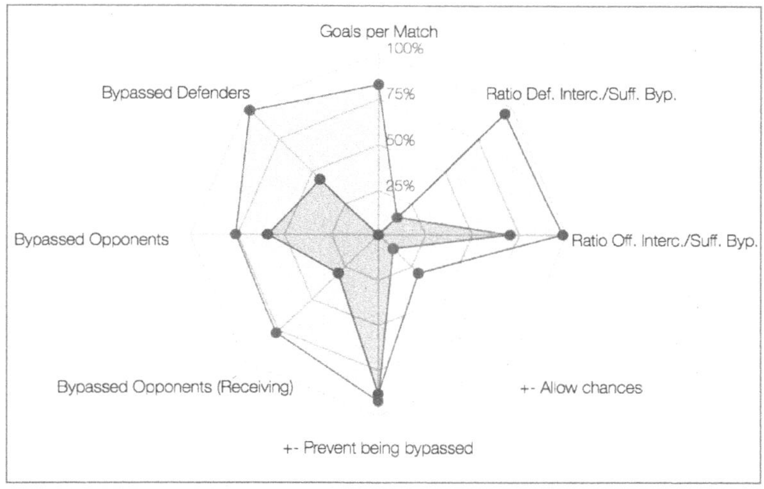

Quelle: Impect

Es gibt bei der ganzen Datensuche jedoch ein immer wiederkehrendes Problem: Meistens wird mit Mittelwerten gearbeitet, aber Spieler sind mitunter sehr wechselhaft in ihren Leistungen. Weshalb Mislintat in seine Software, wir erinnern uns an das Konzept von Matchmetrics, den Wert »Stability« erheben ließ, um Abweichungen zu erkennen. Auch beim *Packing* spielt das eine Rolle, wie das Beispiel eines Linksverteidiger des FC Augsburg zeigt, von dem in Deutschland 2018 viel die Rede war. Philipp Max weckte nicht nur das Interesse großer Bundesligaklubs, auch viele englische Vereine schickten ihre Scouts, und es passierte etwas Ungewöhnliches: Das Meinungsbild war extrem uneinheitlich. Die einen fuhren achselzuckend nach Hause und wunderten sich, was der Hype sollte, andere schwärmten umso mehr von ihm. Impect wies den Spieler 2017/18 zwar als viertbesten der Liga auf

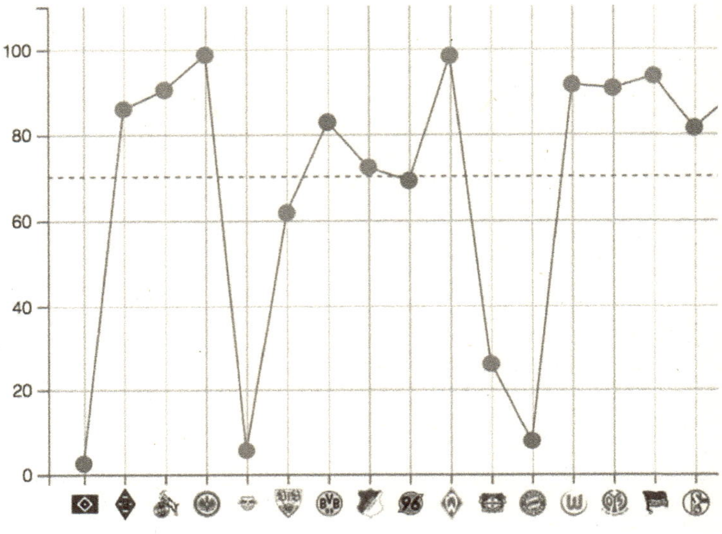

Quelle: Impect

seiner Position aus, aber interessanter war noch das hier: Die gestrichelte Linie zeigt den Gesamtwert von Max – er war besser als 65 Prozent aller Linksverteidiger der Bundesliga – aber interessanterweise hatte er zehn Spiele, in denen er dramatisch unter seinen Möglichkeiten blieb. Max hatte aber auch zehn Spiele, in denen er überragend war. Seine Leistungen waren also höchst instabil. Max war aber kein Youngster mehr, dem man solche Schwankungen zugesteht, sondern bereits 24 Jahre alt, was vielleicht auch dafür sorgte, dass er auch in der Saison danach noch in Augsburg spielte.

Wie schon erwähnt, hatte Impect 2018 auf den Philippinen ein neues Büro eröffnet und bot ab der Saison 2018/19 zusätzlich die Packing-Werte der Premiere League an, von Spaniens La Liga, die holländische Ehren-

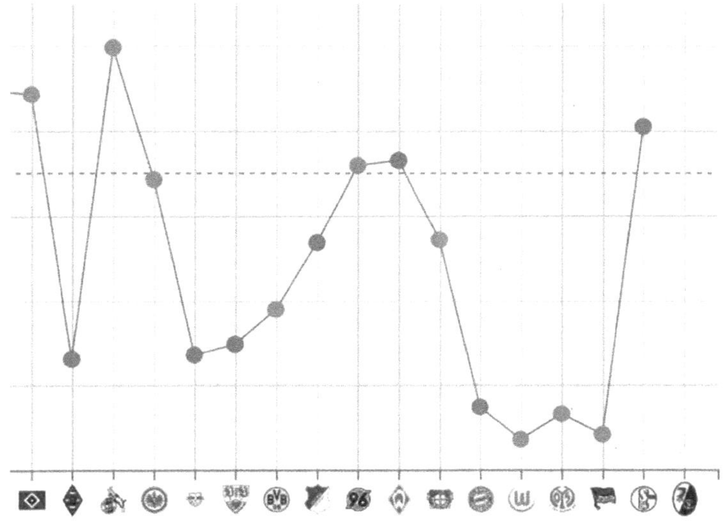

Quelle: Impect

divison, Belgiens höchste Spielklasse und die der zweiten Ligen aus Deutschland und Frankreich. In den nächsten Jahren soll das Angebot noch ausgeweitet werden. Reinartz ist aber nicht nur infolge des von ihm mitentwickelten Angebots fest davon überzeugt, dass immer weniger Geld bei Transfers verschwendet wird: »Krasse inhaltliche Fehler wird es in zehn Jahren nicht mehr geben.«

Außerdem sieht Reinartz in der Zukunft auch die Möglichkeiten einer Art digitaler Kaderanalyse dank *Packing*: »Mittelfristig wird man mit unseren Daten hoffentlich simulieren können, was es bedeutet, wenn man einen anderen Spieler einsetzt. Die meisten Leute vertun sich nämlich, wenn sie glauben, dass ein Fußballspieler extrem viele Sachen könnte. Das stimmt nicht, sie können ein paar Sachen extrem gut und ein paar Sachen gar nicht.«

Goalimpact oder: blindes Sehen

Im Sommer 2001 verpflichteten die Dallas Mavericks den weitgehend unbekannten Center Evan Eschmeyer von den New Jersey Nets. Zuvor hatte der Basketballspieler gut 400 000 Dollar verdient, in Dallas unterzeichnete er einen Sechsjahresvertrag, der insgesamt 20 Millionen Dollar wert war. Das war in etwa so, als würde der FC Liverpool einen Reservisten aus Huddersfield verpflichten und mit einem Vertrag in den Dimensionen eines Mohamed Salah ausstatten. Es stellte sich zudem bald heraus, dass Eschmeyer auch in Dallas über eine Nebenrolle nicht hinauskam. Zwei Jahre später wurde sein Vertrag auch aufgrund einer schweren Verletzung vorzeitig aufgelöst, und zurück blieb die Frage: Was hatten die Mavericks in ihm gesehen, warum hatten sie ihn so überschätzt?

2005 mussten die Houston Rockets nach dem Sommertrainingslager wie üblich ihren Kader reduzieren. Es erwischte einen der Rookies namens Chuck Hayes, der zu den unterklassigen Albuquerque Thunderbirds relegiert wurde, die den Rockets gehörten. Im Laufe der NBA-Saison wurde Hayes wegen großer Verletzungsprobleme nach Houston zurückgeholt, und es passierte etwas Erstaunliches: Der namenlose Ersatzspieler kam viel öfter zum Einsatz als erwartet und gehörte in der folgenden Saison als Power Forward sogar zu den ersten Fünf. Sonderlich beeindruckend waren seine statistischen Werte nicht, bis auf einen: Wenn Hayes auf dem Court stand, waren die Rockets defensiv besser, sie kassierten weniger Körbe. Warum das so war, konnte niemand so recht erklären, denn auch im Basketball ist es ziemlich schwierig, Verteidigungsarbeit statistisch gut in den Griff zu bekommen. Hayes blieb sieben Jahre in Texas und absolvierte insgesamt elf NBA-Spielzeiten mit weit über 600 Einsätzen und mehr als 11 000 Spielminuten.

Einige Jahre später, als der Transferflop Evan Eschmeyer fast schon vergessen war, erklärte Mark Cuban, der Besitzer der Dallas Mavericks, was damals falsch gelaufen war: Sie hatten die Plus-minus-Statistik des Spielers massiv überschätzt. Dabei handelt es sich um einen Wert mit einem relativ einfachen Konzept. Man schaut, wie sich das Punkteverhältnis entwickelt, wenn ein Spieler auf dem Platz steht. So kann ein Spieler beispielsweise auf einen Wert von +15 kommen, ohne selbst einen Korb geworfen zu haben, weil seine Mannschaft 15 Körbe mehr erzielt hat als der Gegner, während er auf dem Platz stand. Bei Eschmeyers vorheriger Mannschaft hatte Cuban, der beim recruitment schon früh stark auf Daten setzt, eine ausgezeichnete Plus-minus-Statistik bemerkt, doch in Dallas konnte er sie nicht bestätigen. Anders als Chuck Hayes, der ein Jahrzehnt lang die Mannschaften wirklich besser machte, für die er auf dem Court stand.

Auch im Fußball stellt sich immer wieder die Frage, wie man jene findet, die von der bisherigen Datenerhebung übersehen werden, weil ihre Leistung schwer oder vielleicht gar nicht zu messen ist. Denn wie kann man den Beitrag jener Spieler quantifizieren, die manche Trainer »Kleber« nennen oder »Kittspieler«, weil sie auf kaum erklärliche Weise ihre Mannschaften zusammenhalten? Wie misst man Demut und Fleiß, wie Ausstrahlung oder Charisma? Oder drückt sich hier ein besonderes Talent dafür aus, die richtigen drei Schritte nach links zu treten, um einen Pass oder einen Zweikampf erst gar nicht passieren zu lassen? Was Cuban dazu sagte, kann man problemlos vom

Basketball auf den Fußball übertragen: »Dieser Spieler, der immer die 50:50-Bälle holt, seinen Mitspielern defensive Anweisungen zubellt und den gegnerischen Point Guard über den Platz jagt, dessen Werte erfassen klassische Statistiken nicht, aber Plus-minus tut das.«

Jörg Seidel, Manager bei einem Hamburger Energieversorger, würde sich an Diskussionen, wer diese Spieler im Fußball sind, vermutlich eher zurückhaltend beteiligen, doch immerhin interessiert er sich inzwischen zumindest ein wenig für Fußball. Manchmal lässt er abends sogar nebenbei ein Spiel im Fernsehen laufen, wenn er am Computer sitzt und seinen Algorithmus pflegt. Von manchen Spielern, für die er Indexzahlen anbietet, hat er trotzdem vorher noch nie den Namen gehört, geschweige denn sie spielen gesehen. Seidel ist mit Handball aufgewachsen und hat auch selbst gespielt. Trotzdem gewann er bei der Fußball-Europameisterschaft 2004 eine Tipprunde unter Freunden, weil er auf Basis der Plus-minus-Statistik ein mathematisches Modell entwickelt hatte, das dem von Banken ähnelt, die bei der Kreditvergabe aufgrund statistischer Muster gute von schlechten Schuldnern zu unterscheiden versuchen. Aufgrund seines Jobs weiß Seidel, wie man mit Algorithmen und Computern komplexe Zusammenhänge entschlüsselt.

Mit der gewonnenen Tipprunde hatte er Blut geleckt und entwickelte sein mathematisches Modell weiter. Wie bei der Plus-minus-Statistik im Basketball ging es ihm nicht darum, wie viele Kilometer ein Spieler gelaufen ist, wie viele Pässe er gespielt und wie viele Schüsse er abgegeben hat. Für diesen Goalimpact-Index greift Seidel auf eine bescheidene Datenbasis zurück, er braucht dazu nur die Mannschaftsaufstellungen inklusive der Ein- und Auswechslungen sowie die Torfolge. Im Fußball ist die

Berechnung weniger naheliegend als im Basketball, weil mehr Spieler auf dem Platz stehen, weil seltener gewechselt wird, und natürlich fallen beim Fußball deutlich weniger Tore, als im Basketball Punkte erzielt werden.

»Ich kann nur sagen, dass ein Spieler gut war, aber nicht, warum«, sagt Seidel. Im Grunde liefert er damit die Umkehrung all dessen, was wir bislang gesehen haben, wo man aus Daten den Rückschluss auf die Leistung eines Spielers versucht. »Ich kann beweisen, dass eine Mannschaft mehr Tore schießt und weniger kassiert, wenn ein bestimmter Spieler auf dem Platz steht«, sagt Seidel. Wie er dazu beigetragen hat, spielt in diesem Zusammenhang keine Rolle, der Wert ist sozusagen blind. Am ehesten könnte man Seidels Ergebnisse mit dem Golfhandicap oder mit der Elo-Zahl vergleichen, die seit über 50 Jahren im Schach über die Spielstärke der Spieler Auskunft gibt. Seidels Berechnung behauptet nicht, dass Thomas Müller ein besserer Spieler ist als Karim Benzema, wenn der eine auf den Goalimpact-Wert von 195 kommt und der andere auf 190. Er sagt nur, dass Müller ein etwas wertvollerer Spieler für seine Mannschaft ist, wenn er auf dem Platz steht.

Um zu einigermaßen aussagekräftigen Ergebnissen zu kommen, benötigt Seidel die Daten eines Spielers aus mindestens zwei Spielzeiten. 320 000 Spieler aus über 200 Ligen in der ganzen Welt hat er erfasst, darunter viele Spielklassen, aus denen selbst die größten Dienstleister keine Spieldaten mehr liefern, die erste Liga Venezuelas, die Conference North oder die League Two in Schottland. Über die Jahre hat Seidel den Algorithmus so weiterentwickelt, dass die Stärke der Ligen miteingerechnet ist; diejenige einzelner Mannschaften und eine Alterskurve liegen ihm ebenfalls zugrunde. Diese Kurve gewichtet, dass ein 21-jähriger Spieler tendenziell schlechter spielt als ein 23-jähriger oder dass Fußballprofis in der Regel mit 26 Jahren ihre maximale Leistungsfähigkeit erreicht haben. Sogar der *relativ age effect* bei Nachwuchsspielern wird berücksichtigt, denn Spieler, die in der zweiten Jahreshälfte geboren wurden, haben einen Nachteil gegenüber den Älteren aus der ersten Jahreshälfte.

»Natürlich ist es Statistik, und Glück kann die genaue Position im Ranking beeinflussen«, sagt Seidel. Denn ein Spieler kann zufällig immer dann auf dem Platz stehen, wenn es besser oder schlechter läuft. Nur: Sehr wahrscheinlich ist das nicht. Ich fand es irritierend, dass Goalimpact im Winter 2016 Mario Götze auf Platz 1 führte, Messi auf Platz 4 und Cristiano Ronaldo auf Platz 38. Doch Seidel schlug eine andere Lesart vor: »Ich habe Hunderttausende Spieler in der Datenbank, und wenn die Superstars in der Top 50 sind, reicht das für alle praktischen Anwendungen.« Damit hatte er natürlich recht, und wichtiger war sowieso, dass das blinde System nicht die Fehler eines sehenden machte. »Die menschliche Wahrnehmung unterliegt verschiedenen Fehlern: Sie übergewichtet Aktion, also Spieler, die dribbeln oder Tore schießen, sie übergewichtet Einsatzzeiten – er hat nicht gespielt, also muss er schlecht sein –, und sie übergewichtet die Offensive«, sagte Seidel.

Als Sadio Mané 2014 von RB Salzburg nach Southampton wechselte, zweifelten einige Experten an, ob der Sprung in die Premiere League für den Spieler nicht zu groß sei. Doch schon ein Jahr zuvor hatte Seidel den Senegalesen als reif für einen Klub in den Top-Five-Ligen identifiziert. Umgekehrt war es mit dem Transferflop Tiemoué Bakayoko, den Chelsea für 40 Millionen Euro aus Monaco geholt hatte. Er wurde nach nur einer Saison zum AC Mailand nach Italien verliehen. Seidels Wert hatte ihn nie als Spieler mit Format für die Premier League ausgewiesen.

Erstaunlicherweise hat sich der Goalimpact-Wert auch als tauglich bei der Voraussage von Mannschaftsleistungen erwiesen. Vor dem Halbfinale der WM 2014 zwischen Brasilien und Deutschland wies der Gastgeber bei der Startaufstellung einen Durchschnittswert von 128 auf und Deutschland von 154,8. Auch kann man mithilfe des Goalimpact-Wertes versuchen, die Trainerarbeit zu bewerten. »Pep Guardiola hat mit seinen Mannschaften die Goalimpact-Vorhersage so regelmäßig geschlagen, dass ich davon ausgehe, dass er tatsächlich mehr aus der Mannschaft holt als die Summe der Teile. Gleiches gilt für Christian Streich in Freiburg«, erklärte mir Seidel.

Solch verblüffende Voraussagen zeigen, dass Goalimpact auch für Fußballwetten interessant sein kann, das Kerngeschäft ist jedoch ein anderes: die Spielersuche. Bislang sorgt Goalimpact eher für Nebenverdienste, seit 2014 die erste Anfrage eines Klubs kam, aus England. Der Anrufer erzählte Seidel, dass er ihm auf Twitter folge und gerne mehr wissen würde. Geschäftsanbahnungen bei Goalimpact dauern meist relativ lange. Ein polnischer Erstligist meldete sich ungefähr zur selben Zeit wie der Engländer, dann aber erst wieder zwei Jahre später. »Die haben gesagt: ›Sie hatten damals recht.‹ Und dann wollten sie Informationen kaufen.« Um welchen Klub es sich dabei handelte, verriet Seidel so wenig wie seine anderen Kunden: »Aber als wir unsere Zusammenarbeit anfingen, war der Klub ein Abstiegskandidat in Polen, jetzt spielt er um die Meisterschaft mit.« Seidel sagte, dass er viele englische Kunden von der Premier League bis zur drittklassigen League One habe. Einer der wenigen Klubs, die aus der Zusammenarbeit kein Geheimnis machen, ist Shandong Luneng aus der chinesischen Super League.

Die Preise für die Informationen sind ligaabhängig. Ein Regionalligist zahlt eher eine Schutzgebühr, dafür soll Goalimpact beim Weiterverkauf eines Spielers partizipieren. Das gilt dann, wenn ein Spieler, der aufgrund von Seidels Informationen verpflichtet worden ist, mit Gewinn weiterverkauft wird. Solche Verträge sind bereits abgeschlossen, praktisch eingetreten ist der Fall noch nicht. Bei höherklassigen Vereinen, die sich auf solche Modelle nicht einlassen, wird ein fixer Preis erhoben. Unterschiedlich sind auch Art und Weise der Nachfragen. Wenn kleineren Klubs durch einen Berater ein Spieler angeboten wird, erkundigen sie sich, welche Einschätzung Goalimpact zu ihm liefert. Erstligisten hingegen stellen eher Suchfragen: Wer sind die besten Innenverteidiger unter einem Marktwert von zwei Millionen, bei denen der Vertrag ausläuft? Selbst die Suche nach Schnäppchen ist möglich, glaubt Seidel: »Nach unserem Algorithmus sind etwa in der deutschen Regionalliga einige gute Spieler, die vielleicht einfach nur Pech hatten, dass sie in der Viertklassigkeit hängen geblieben sind.«

Nun sollte kein Klub allein aufgrund des Wertes, den Seidel errechnet hat, einen Spieler verpflichten. Das sagt er selber. Nicht nur, weil die individuelle Leistung stets im Zusammenhang einer Mannschaft zu sehen ist. Man muss durch Anschauung ausschließen, dass ein Spieler von der Statistik überbewertet wird, wie das im eingangs geschilderten Fall von Evan Eschmeyer passierte. Die Datenbasis war schlicht zu klein, um so entschlossen auf den Spieler zu setzen.

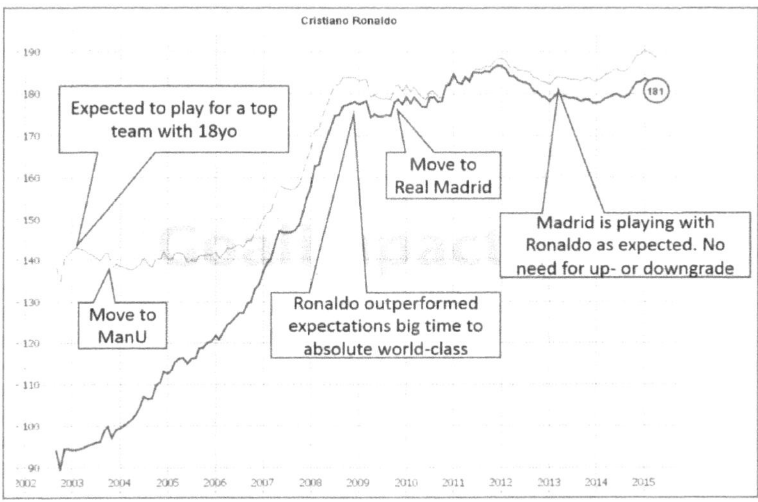

Quelle: Goalimpact

Mark Cuban ist aber weiterhin fest davon überzeugt, dass Plus-minus-Statistiken hilfreich bei der Bewertung von Spielern sein können. Das gelte vor allem für jene, die extreme Stärken und zugleich riesige Schwächen haben: »Was mache ich mit dem Spieler, der zwar sechs von zehn Bällen versenkt, aber kein bisschen in der Defensive zu gebrauchen ist? Und was ist mit dem großartigen Verteidiger, der überhaupt nicht dribbeln und werfen kann? Diese Fragen sind durch reines Zuschauen selbst für die erfahrensten Basketballköpfe extrem schwierig zu beantworten. Wie will man die Vorzüge gegen die Nachteile aufwiegen, um zu sehen, wohin sich die Waage neigt? Man muss zählen.«

Goalimpact versucht auch, Karrierevoraussagen zu treffen, was zu verblüffenden Ergebnissen führt; etwa wenn man sich die Entwicklung des vierfachen Weltfußballers

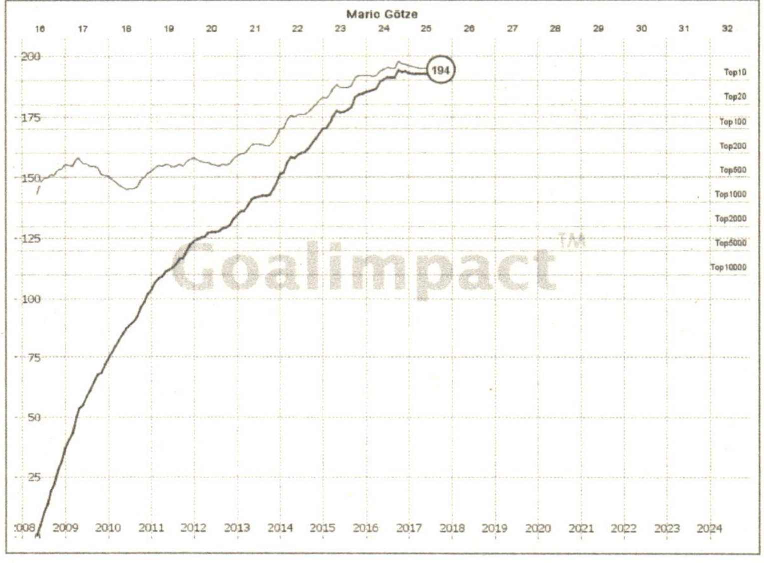

Quelle: Goalimpact

Cristiano Ronaldo anschaut. Er wurde schon als Jugendspieler als Kandidat für ein Spitzenteam identifiziert, übertraf dann aber die Erwartungen noch einmal extrem, und das über viele Jahre. Die durchgezogene fette Linie ist die Entwicklung des Goalimpact-Wertes, die dünne Linie ist die Hochrechnung, welchen Wert er erreichen wird. So sagt er in den ersten fünf Jahren voraus, dass Ronaldo eines Tages zu den besten 500 Spielern gehören wird. Als er 22 Jahre alt wird, schossen sowohl die Prognose als auch der real erreichte Wert nach oben. Und selbst als er 2018 von Real Madrid zu Juventus Turin wechselt, sieht ihn der Wert von Goalimpact noch in den Top 20 der Welt.

Ebenfalls interessant sind die Fälle von zwei deutschen Spielern. Schon 2008, als Mario Götze erst 16 Jahre alt

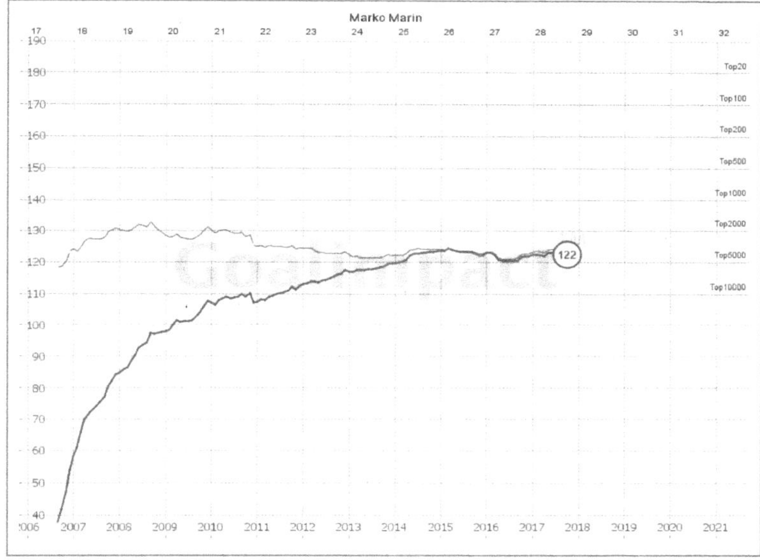

Quelle: Goalimpact

war, rechnete Goalimpact hoch, dass der damalige Jugendspieler von Borussia Dortmund als Erwachsener zu den 200 besten Spielern der Welt gehören würde.

Das ist insofern faszinierend, weil die Datenbasis damals nur aus seinen Einsätzen in der Jugendmannschaft des BVB und in den Jugendnationalmannschaften bestand. Bei einem anderen Spieler, dem als Jugendlicher von vielen Experten ebenfalls eine große Karriere vorhergesagt wurde, zu der es nie kam, fiel die Hochrechnung indes wesentlich reservierter aus. Marko Marin, drei Jahre älter als Götze, sah das Modell bestenfalls in den Top 2000. Das verdient angesichts von mehreren Hunderttausend Spielern in der Datenbank immer noch großen Respekt, ist aber nicht das, was 16 Länderspiele für Deutschland und zwei Acht-Millionen-Transfers von Gladbach nach Bremen und weiter zu Chelsea eigentlich nahegelegt hätten.

Das zeigt auch, dass im Alter von 16 oder 17 Jahren nur Tendenzen erkennbar sind, wohin eine Karriere führt. Ein Spieler kann das Glück haben, in einem positiven Umfeld auf wichtige Förderer zu treffen. Oder er kann an Trainer geraten, die ihn verkennen. Schwere Verletzungen haben schon viele aussichtsreiche Karrieren verhindert. Oder Spieler machen gewaltige Sprünge: Dem 19-jährigen Zlatan Ibrahimovic prognostizierte Goalimpact, nur unter die Top 1000 zu kommen, tatsächlich schaffte der Schwede es in die Top Ten.

2018 fragte ich Seidel, wer in zehn Jahren ein Weltstar sein könnte. Er nannte mir einen Kanadier, dessen Namen ich damals noch nie gehört hatte: Alphonso Davies, ein Linksaußen bei den Vancouver Whitecaps, der damals laut *transfermarkt.de* einen Marktwert von 450 000 Euro und laut Goalimpact eine Entwicklung vor sich hatte, nach der er bald ein Vielfaches dessen wert sein sollte. Im Sommer verkündete der FC Bayern, dass er ihn zum Jahresbeginn 2019 für zehn Millionen Euro nach Deutschland holen wollte.

Der U17-Spieler mit dem 2019 höchsten Goalimpact ist Eddy Salcedo, der in Italien bereits als Wunderkind gefeiert wird. Inter Mailand hat ihn von Genoa 93 ausgeliehen, kann ihn aber für eine Ablösesumme von 15 Millionen Euro kaufen. Im Sommer 2018 setzte ihn Inter bereits in Testspielen der Profis ein – mit 16 Jahren. Ist er ein Weltstar von morgen?

Die Kunst der Kaderplanung

Aber wie fügen sich all die Talente, die ein Klub identifiziert, zu einem Kader zusammen, der einen Klub erfolgreich durch die Saison trägt? Aus dieser Frage wurde 2004 in Leverkusen ein neues Berufsbild im Fußball entwickelt. Zwei Jahre zuvor hatte Bayer Leverkusen sensationell das Finale der Champions League erreicht und eher unglücklich durch ein Tor von Zinedine Zidane gegen Real Madrid verloren, doch im Jahr danach war das Team fast abgestiegen. Außerdem hatte Manager Reiner Calmund ein für damalige Verhältnisse gigantisches Minus von 43 Millionen Euro produziert, so trennten sich der Klub und er nach 16 Jahren Zusammenarbeit. Der jenseits von Leverkusen weitgehend unbekannte Michael Reschke wurde der Nachfolger eines der populärsten Manager der Bundesliga – oder nicht so richtig. »Ich habe früh die Entscheidung getroffen, dass ich so wenig Öffentlichkeit wie möglich haben möchte. Damals habe ich mich ganz pragmatisch auf die sportlichen Facetten dieses Jobs konzentriert. Zumal ich im Vergleich zu Calmund eher farblos bin und ich in der Öffentlichkeit nach so einer populären schillernden Figur sowieso nur verlieren konnte«, sagte Reschke mir 2016 in einem Interview.

Reschke hatte schon 24 Jahre für Bayer Leverkusen gearbeitet, als er Manager wurde, er war in dieser Zeit 18 Jahre lang Jugendtrainer gewesen und anschließend sechs Jahre Leiter einer der erfolgreichsten Jugendabteilungen in Deutschland, wenn man die Zahl der Spieler als Maßstab nimmt, die Profifußballer wurden. Reschke kommentierte, auch nachdem er den Managerposten übernahm, öffentlich keine sportlichen Entscheidungen und gab keine Interviews. Als ein halbes Jahr später Rudi Völler nach Leverkusen zurückkehrte und dort Sportdirektor wurde, wurde er endgültig ein unsichtbarer Mann und sollte das bis 2017 bleiben.

»Für mich war früh klar, dass das sportliche und somit wirtschaftliche Schicksals eines Klubs extrem von der Qualität der Kaderentscheidungen abhängt«, sagt Reschke. In seiner ersten Saison musste er einen überteuerten Kader sanieren, was auch gelang. Nach einem Jahr ohne internationalen Fußball kehrte Bayer im zweiten in den UEFA-Pokal zurück und spielte in den Jahren darauf regelmäßig in der Champions League. Das war insofern bemerkenswert, weil das nicht mit der finanziellen Unterstützung durch den Bayer-Konzern zu erklären war. Der Klub ließ regelmäßig Konkurrenten mit höherem Budget hinter sich.

Im Laufe der Zeit wurde das Profil dessen, was Reschke da machte, immer klarer, und irgendwann gab es auch eine Bezeichnung dafür: Kaderplaner. Nun könnte man davon ausgehen, dass eine Planung des Spielerkaders zu den selbstverständlichen Aufgaben eines Sportdirektors oder Managers in jedem Klub gehört, aber Reschke gab dem Job eine damals neue Tiefe: »Man muss Verträge von Leistungsträgern und wichtigen Perspektivspielern im richtigen Moment verlängern, Optionsgeschäfte in einem sinnvollen Rahmen umsetzen, Spieler verleihen, einen Blick für Talente besitzen und ganz wichtig – ab und an einen besonderen Coup zu landen. Kaderbildung ist ein total komplexes Thema.«

Im Laufe von vielen Jahren Berufspraxis ist ihm etwa klar geworden, dass es ideale Kadergrößen für Klubs gibt. Bei internationalen Spitzenklubs würden die ersten 20 oder 21 Spieler des Kaders in der Regel über 95 Prozent der Nettospielzeit einer Saison absolvieren. Hätte man deutlich mehr Spieler im Kader, würden unnötig finanzielle Ressourcen gebunden und drohten Spieler unzufrieden zu werden. Bei einem Verein, der nicht international spielt, würden 15 oder 16 Feldspieler plus zwei Torhüter den Kern bilden. »Damit ist man gut aufgestellt, wenn es daneben noch ein paar junge, talentierte Ergänzungsspieler gibt. Die maximale Kadergröße sollte 25 Spieler aber nicht überschreiten.«

Er hatte sich auch mit der richtigen Altersverteilung beschäftigt, ohne Angst davor zu haben, punktuell ältere Spieler zu verpflichten wie Sämi Hyppiä, Sergej Barbarez, Emir Spahic oder Hans Sarpei in Leverkusen. Besonders wichtig ist Reschke, die unterschiedlichen zeitlichen Ebenen der Kaderplanung zu beachten. Er stellt sich nicht nur die Frage, wer in der kommenden Saison im defensiven Mittelfeld spielen wird, sondern auch in fünf Jahren. Weil für ihn klar war, dass Bayer Leverkusen für absolute Spitzenspieler nur eine Zwischenstation sein konnte, hatte er bei der Verpflichtung von André Schürrle aus Mainz schon eingeplant, dass der nur zwei Jahre bleiben und dann zu einem internationalen Spitzenklub weiterwechseln würde. So kam es auch, Schürrle wechselte letztlich für 22 Millionen Euro zu Chelsea. Der junge Toni Kroos spielte als ausgeliehener Spieler zwei Jahre in Leverkusen, und es gab »Perspektivverpflichtungen«, wie Reschke sie nennt. Als erster Klub in der Bundesliga zahlte Bayer für Nachwuchsspieler hohe Ablösesummen, Julian Brandt und Levin Öztunali kosteten 520 000 Euro, als Leverkusen sie überraschend aus den Nachwuchsmannschaften des VfL Wolfsburg bzw.

Hamburger SV verpflichtete. Spätestens damit begann in Deutschland die Jagd auf junge Spieler.

Auch war Reschke ein Regelbrecher in der Frage der Erfahrung von Spielern. Als sich der damalige Nationaltorwart René Adler in der Vorbereitung zur Saison 2011/12 verletzte und klar war, dass er viele Monate fehlen würde, fällten Reschke und seine Mitarbeiter in Leverkusen eine verblüffende Entscheidung: Sie verpflichteten einen Torwart, der noch keine Minute Profifußball gespielt hatte. Bernd Leno vom VfB Stuttgart spielte damals zwar in der Juniorennationalmannschaft und war sowieso ein Favorit für die Nachfolge von Adler, aber eine Verpflichtung vorzuziehen, erschien nachgerade waghalsig. Also fuhren die Scouts von Bayer zum Trainingslager der Stuttgarter nach Österreich und schauten sich jede Trainingseinheit von Leno an, um ein Gefühl dafür zu bekommen, ob dieser junge Mann aus dem Stand in der Bundesliga und der Champions League würde mithalten können. Reschke war sich des großen Risikos bewusst, denn er ist durchaus der Ansicht, dass eine Mannschaft nur so gut ist wie ihr schlechtester Spieler. »Und besonders bitter ist es, wenn diese Schwachstelle der Torwart ist. Dann kannst du machen, was du willst, und wirst deine Saison trotzdem nicht mehr retten.« Bei Leno war das nicht der Fall, obwohl er gleich im ersten Spiel schwer patzte, sich davon aber nicht beirren ließ.

Reschke begann mit 16 Jahren als Jugendtrainer bei seinem Heimatverein Viktoria Frechen und gewann mit dem kleinen Amateurklub die C-Junioren-Mittelrheinmeisterschaft. Bereits damals hatte er mit Rainer Calmund zu tun, seinem späteren Chef und dem Mann, den er ablöste. Calmund war damals Kreisauswahltrainer.

»Wir haben ständig Bewertungen über unsere Jungs und die besten Spieler aus dem Verbandsgebiet vorgenommen: Mitte der Siebziger haben wir eine Urform des Rankings erfunden«, erzählt Reschke. Wie damals schon, arbeitete er später auch mit seinem Mitarbeitern und Scouts. Sie sollten keine blumigen Reports abfassen, sondern sich festlegen, wer der beste Spieler für den Klub auf einer bestimmten Position in der aktuellen Situation sei oder in mehreren Jahren. »Beim Fußball hört man oft den Satz: ›Der ist ein Guter.‹ Oder auch: ›Der wird ein Guter.‹ Nur: Heißt das jetzt, dass er drei Millionen wert ist oder 30 Millionen? Ist er ein guter Kader-Ergänzungsspieler, oder kann er ein internationaler Topspieler werden? Solche Sätze lassen in alle Richtungen Hintertürchen auf, weshalb wir in Leverkusen bei der Analyse von Spielern ein klares Ranking eingeführt haben. Da mussten sich alle festlegen, jeden einzelnen Spieler im Verhältnis zu seinen Alternativen und dem nötigen Investment zu bewerten.« Kein Gerede, keine Spontanentscheidungen aus dem Bauch heraus, sondern ausführliche Diskussionen über Potenziale von Spielern.

Reschke ist ein Erfahrungswissenschaftler, der den Vorteil hat, dass er auf die Erfahrung aus vier Jahrzehnten zurückgreifen kann. Er hat die Karriere von Hunderten von Spielern verfolgt, ihren Aufstieg oder wie Karrieren stecken blieben oder versandeten. So entwirft er für jene, die er beobachtet, angenommene Karriereverläufe, und oft liegt er damit sehr gut. Über viele Jahre hat er jede Saison 150 Spiele live im Stadion gesehen. Wenn man so will, verfügt er in seinem Hirn über eine große Datentiefe und einen eigenen Algorithmus, dazu kommt eine Offenheit für andere Meinungen.

Als Reschke 2015 zum FC Bayern München wechselte, um dort Kaderplaner zu werden, hatte in Leverkusen kein Transfer mehr als 1,5 Millionen Euro Verlust eingebracht, die meisten hatten hohe Werte geschaffen. Auch in München leitete er überraschende Transfers ein, Joshua Kimmich kam vom damaligen Zweitligisten Leipzig, Kingsley Coman aus der zweiten Mannschaft von Juventus Turin oder Serge Gnabry, beim FC Arsenal aussortiert, über den Umweg Werder Bremen. »Bevor ich gekommen bin, war Bayern dreimal in vier Jahren im Finale der Champions League. Gebraucht hat's mich hier nicht«, sagte Reschke, der in München nicht mehr alle geschäftlichen Verhandlungen führte, wie er das in Leverkusen noch gemacht hatte. Begeistert arbeitete er mit Pep Guardiola zusammen, doch als Ancelotti kam und der Klub unter der Leitung von Uli Hoeneß begann, die Vergangenheit zu restaurieren, kam Reschke das Angebot wohl nicht ungelegen, erstmals in die erste Reihe zu treten. Im Sommer 2017 wurde er Sportdirektor beim VfB Stuttgart.

Er verstieß damit bewusst gegen sein langjähriges Prinzip, nicht in die erste Reihe zu treten, und letztlich war das keine gute Entscheidung. Emotional kam er in Stuttgart nie an, verschliss sich in Scharmützeln mit der Presse und stellte mit den Finanzmitteln eines gehobenen Mittelklasseklubs einen Kader zusammen, der 2019 letztlich abstieg. Schon wenige Monate nach seiner Entlassung unternahm er bei Schalke 04 einen neuen Anlauf, diesmal wieder als Kaderplaner und Mann im Hintergrund.

Kognitiver Fußball

Die Geschichte des Fußballs ist eine seiner Beschleunigung. Deshalb versuchen die Klubs, ihre Spieler im Kopf schneller zu machen. Und Persönlichkeitsprofile könnten dazu beitragen, dass in Fußballklubs besser zusammengearbeitet wird.

Schneller denken

Sebastian Rudy hebt den Kopf und sieht, dass sich viel Platz vor ihm auftut. Der Hoffenheimer zögert einen Moment, weil das eigentlich nicht sein kann. Aber es ist wirklich kein Leipziger Gegenspieler in Sicht. Einen hat Rudy im Strafraum hinter sich gelassen, ein anderer weicht überraschend zurück, anstatt anzugreifen, ein dritter zieht nach rechts weg. Also weiter! 25 Meter ist Rudy inzwischen mit dem Ball gelaufen und fast im Anstoßkreis angekommen, als er nach links zu Kerem Demirbay passt. Der Mittelfeldspieler mit den verblüffend dünnen Beinen kontrolliert den Ball kurz mit dem linken Fuß. Den Blick oben, spielt Demirbay den Ball dann weit nach vorne, tief in die Mitte der Hälfte von RB Leipzig.

Seit Beginn des Konters sind genau 6,7 Sekunden vergangen, und längst ist dieser Hoffenheimer Angriff eine Choreografie. Jeder Spieler weiß, wohin er laufen muss. Mittelstürmer Sandro Wagner räumt die Mitte, um den

Weg von Demirbays Pass nicht zu verstellen und um einen Gegenspieler mitzuziehen. Sein Sturmkollege Andrej Kramaric spurtet vorne links in die Spitze, Nadiem Amiri nach vorne rechts. »Zickzackeröffnung« nennt Hoffenheims Trainer Julian Nagelsmann es, wenn das Spiel von der Mitte aus diagonal nach außen eröffnet und von dort wieder in die Mitte verlagert wird. Als Amiri das Anspiel von Demirbay nach 9,2 Sekunden erreicht, passt er sofort weiter auf Kramaric. Der Konter bleibt auf Kurs, der Kroate lässt den Ball weiter bis an die linke Ecke des Fünfmeterraums laufen, dann passt er ihn mit der ersten Ballberührung parallel zur Torlinie zurück in die Mitte. Zickzack! Nach 12,9 Sekunden schließt Amiri zum 1:0-Führungstreffer für Hoffenheim ab, aus sechs Metern Entfernung braucht er den Ball nur noch über die Torlinie zu schieben. Es ist einer der schönsten Angriffe der Bundesligasaison 2016/17 und ein Tor voller Geschichten.

In den Tagen vor dem Spiel in Leipzig war ich in Zuzenhausen gewesen, wo die TSG Hoffenheim ihr Trainingszentrum hat, um eine Trainingswoche von Julian Nagelsmann zu begleiten. Damals noch keine 30 Jahre alt, hatte Nagelsmann den Klub erst vor dem Abstieg gerettet und war nun auf dem Weg, ihn zur besten Platzierung seiner Vereinsgeschichte und in die Europa League zu führen, ein Jahr später kamen sie in die Champions League. Danach wechselte Nagelsmann nach Leipzig. Er gehört zu den Trainern, die durch jene Tür gegangen waren, die Christian Heidel in Mainz geöffnet hatte, als er Jugendtrainer Tuchel zum Bundesligatrainer gemacht hatte. Als Nagelsmann mit knapp 20 Jahren seine Spielerkarriere wegen einer Fülle von Verletzungen beenden musste – er war Kapitän in der Jugend von 1860 München gewesen –, machte Thomas Tuchel ihn zum Spielbeobachter. Bei der U19 des FC Augsburg war das, nebenbei studierte Nagelsmann BWL. Mit 22 Jahren wurde er Trainer der U17 in Hoffenheim und mit 25 Jahren der U19, die 2014 unter ihm die deutsche Meisterschaft gewann. Ein Jahr später hätten sie ihn schon zum Profitrainer gemacht, er musste aber noch den Lehrgang zum Fußballlehrer absolvieren.

In der Nahsicht war die Arbeit von Nagelsmann aufregend, denn ich erlebte einen Trainer mit einer nicht nur für sein Alter erstaunlichen Fülle von Ideen. Meistens waren auf dem Trainingsplatz unterschiedliche Stationen aufgebaut. Gleich am ersten Tag sah ich, wie mehr als 20 Spieler auf einer Fläche zusammengepfercht wurden, so lang wie eine Spielfeldhälfte, aber nur gut 15 Meter breit. Die Enge zwang sie ständig in Zweikämpfe und eine bestimmte Logik der Passspiels. In einer anderen Übung sollten sie den ersten Ball direkt nach außen spielen. Immer wieder. Und zum Ende des Vormittagstrainings standen plötzlich vier Tore auf dem Platz, zwei Fußballtore und zwei so groß wie beim Eishockey. Einem kleinen stand auf der anderen Seite des Spielfelds ein großes Tor gegenüber, weshalb der Platz wie ein Parallelogramm mit ständigen weiten Flügelwechseln bespielt wurde.

Die Spieler waren sichtlich damit beschäftigt, sich auf die komplizierten Vorgaben zu konzentrieren. Einige Übungen sahen nicht nur seltsam aus, oft gab es seltsame Zusatzregeln: wann sie wohin passen mussten oder wann sie aufs Tor schießen durften. Verteidiger Benjamin Hübner, der im Sommer neu gekommen war, erzählte mir später, dass er einige Wochen gebraucht hatte, bis er alles richtig begriffen hatte. Als die Spieler vom Platz gingen, spürte man, dass sie dieses Training nicht nur körperlich gefordert hatte. »Im Training soll der Kopf rauchen«, sagte Jan Mayer, der Sportpsychologe bei der TSG Hoffenheim.

Der Fußball von Nagelsmann basiert auf 31 Prinzipien. »Die Spieler könnten vermutlich nicht alle aufzählen. Aber wenn ich das Training anhalte und frage, worum es geht, können sie das jeweilige Prinzip benennen«, sagte er. Die 31 Prinzipien sind sein Betriebsgeheimnis, nur über ein paar davon hat er öffentlich gesprochen. Nagelsmann will den Gegner lieber zum Fehlpass zwingen, als den Ball im direkten Zweikampf zu gewinnen. Zweikämpfe sind ihm mit zu vielen Zufälligkeiten verbunden. »Unser Ziel ist es immer, eine Balleroberung zu nutzen, um einen Tempovorsprung gegen einen oft aufgefächerten, breiten Gegner zu haben«, erklärte Nagelsmann. Oder anders gesagt: Er will einen Gegner so erwischen, wie das bei dem wunderbaren Angriff in Leipzig gelungen war.

Der Trainer fordert zudem, dass Pässe eher diagonal gespielt werden als quer oder steil. Das gibt mehr Winkel und mehr Tiefe, die Basis für den Zickzackkurs in Leipzig. Seine Spieler sollen den Ball nicht direkt weiterspielen, weil das die Gefahr eines Fehlpasses vergrößert. So wie in dem Moment, als Demirbay den Ball mit dem ersten Kontakt so kontrollierte, dass er dann einen präzisen Pass auf Amiri spielen konnte. Aber im entscheidenden Moment gibt es die Freiheiten, Prinzipien über den Haufen zu werfen – wie Amiri und Kramaric es taten, als sie sich auf den letzten Stationen vor dem Tor den Ball direkt zuspielten.

Diese Prinzipien sind keine Neuerfindung des Fußballs, aber interessant ist ihre Vermittlung. Mittelstürmer Sandro Wagner, der später zum FC Bayern wechselte, sagte dazu: »Neu für mich war, dass unser Trainer den Fußball wie ein Baukastensystem anlegt. Er nimmt das an sich komplizierte Spiel, zerlegt es in unterschiedliche Passagen, übt sie und setzt sie nach und nach zusammen.« Nagelsmann ist zudem einer der wenigen Bundesligatrainer, der während der Partie die Taktik wirklich verändert, teilweise mehrfach Formationen umstellt und Spieler verschiebt.

In Nagelsmanns Arbeitszimmer wurde klar, dass man ihn nicht als nerdigen Laptoptrainer einsortieren sollte. Es gab zwar einen Laptop, aber überall lagen Zettel herum. Er macht sich darauf gerne Notizen und heftet Trainingspläne in altertümlich wuchtigen Aktenordnern ab. Nagelsmann mag sowohl Theoretiker wie passionierter Taktiker sein, aber er sagte: »Fußball ist ein *players game* und kein *coaches game.*« Für ihn sind seine Spieler keine Figuren, die er samstags beim Taktikschach auf dem Rasen hin und her schiebt. Er ist eher wie ein Spielertrainer, der nicht mehr mitspielt, das aber gerne würde, und seinem Team nicht nur altersmäßig nah ist. »Fußball soll kein Taktik-Battle für Trainer sein!«

Unterschiedliche Trainer setzen unterschiedliche Schwerpunkte und haben unterschiedliche Stärken. Nagelsmann ist vor allem ein Lehrer des Fußballs. Er will seinen Spielern etwas beibringen, auch den älteren, und sie so auf die Bundesliga vorbereiten – ganz allgemein und für jedes einzelne Spiel. Er hat dazu ein Curriculum, in dem jeder Trainingstag und jede Übung einer Idee folgen. Den Dienstag nennt er »Ausbildungstag«, an dem unterschiedliche seiner Prinzipien vertieft werden. Mittwochs wird unter Ausschluss der Öffentlichkeit gezielt auf den Gegner hin trainiert. Donnerstags gibt es morgens eine Videoschulung, nachmittags spielen elf gegen elf ebenfalls ohne Publikum über den ganzen Platz. Am Freitag wird die Belastung runtergefahren, und es gibt nur noch Feinschliff.

Vor dem Spiel gegen Leipzig hatte Nagelsmann eine Taktiktafel auf den Platz geschleppt und seinen Spielern erklärt, wie man die Gegner erwischen könne. Er wollte nämlich anders spielen als sonst, mehr über außen, mit mehr langen Bällen. Er musste ihnen also etwas beibringen, das teilweise konträr zu dem war, was er sonst lehrte. Dazu passend hatte er die Übungen der Arbeitswoche ausgewählt. Die Spieler sollten lernen, intuitiv richtig zu handeln statt zu überlegen, was noch mal auf der Taktiktafel stand. »Das Entwickeln von Trainingsübungen auf einen Schwerpunkt hin ist eine sehr kreative Arbeit, die mir viel Spaß macht«, sagte Nagelsmann. Nie will er eine Übung zweimal machen, weshalb er inzwischen auf Hunderte Trainingsformen zurückgreifen kann. Wenn ihm was schönes Neues einfällt, kommt er morgens freudestrahlend ins Büro.

Nachdem Hoffenheim sich für den internationalen Fußball qualifiziert hatte, staunten die Spieler, als sie in Zuzenhausen am Trainingsplatz eine riesige Videowand vorfanden, so groß wie die in den Stadien. Das neue Tool sollte helfen, die Lerninhalte von Nagelsmanns Fußballschule noch schneller vermitteln zu können. Hier konnte er gleich zeigen, was er wollte oder was falsch gelaufen war. Das war auch deshalb wichtig, weil mit den zusätzlichen internationalen Spielen so wenig Zeit zur Verfügung stand, um eine passgenaue Vorbereitung auf den jeweiligen Gegner zu machen.

Zeit ist im Fußball von heute in jeder Hinsicht ein entscheidender Faktor. Wenn Trainer von international spielenden Mannschaften aufwendige, auf die Gegner angepasste Matchpläne haben, müssen sie Wege finden, ihnen diese möglichst schnell zu vermitteln. Deshalb ist es heute ein Qualitätskriterium für einen Spieler, wie schnell er das versteht und umsetzen kann, was die Trainer von ihm wollen. Aber natürlich ist Zeit im Spiel selbst vor allem deshalb so wichtig, weil es so wenig davon gibt. Wenn man wollte, könnte man die Geschichte des Fußballs auch als eine der verschwindenden Zeit erzählen. Das Stoppen – Schauen – Passen, das Spielern früher einmal beigebracht wurde, ist heute ein Schauen-bevor-der-Ball-kommt und ein Verschmelzen von Stoppen und Passen geworden.

Brain-Apps und Virtual Reality

Jan Mayer, der seit 2008 als Sportpsychologe in Hoffenheim nicht nur mit den Profis arbeitet, sondern auch mit den Nachwuchsspielern, sagt, dass im Tempo der Sprung besteht, den man im Übergang vom Nachwuchsleistungszentrum zu den Profis schaffen muss. »Alle jungen Spieler, die erstmals bei den Profis mittrainieren, sagen den gleichen Satz: ›Oh, ist das schnell hier!‹« Daraus ergibt sich in der Ausbildung ein klarer Lehrauftrag: Die Spieler müssen lernen, sehr schnell bewusst zu denken. Das heißt, sie müssen auf dem Platz quasi auf Autopilot agieren, so wie wir es beim Autofahren machen, wenn wir nicht bewusst darüber nachdenken, ob wir vom zweiten in den dritten Gang schalten und wie wir dabei die Kupplung treten. Zugleich reicht reiner Instinkt aber nicht mehr aus, weil es ja auch den Matchplan umzusetzen gilt.

»Wir wollen die Spieler schneller im Kopf machen. Da sind viele Sportler langsam, und das kann man trainieren und besser machen«, sagt Mayer. Deshalb saßen die Torhüter um Stammkeeper Oliver Baumann sowie Verteidiger Benjamin Hübner in der ersten Etage des Trainingszentrums an Tablets und spielten etwas, das wie ein normales Computerspiel aussah. Mayer hat die App mitentwickelt. Sie soll das bewusste Denken, also das Wahrnehmen, Analysieren und Entscheiden, verbessern. Vor allem die Torhüter sind ganz heiß darauf, sie kommen gleich zweimal in der Woche. Einige der Feldspieler kommen ebenfalls, andere nicht. Für Nachwuchsspieler ist eine Trainingseinheit pro Woche am Tablet angesetzt.

Programmiert wurden die Brain-Apps bei SAP, dem Softwareunternehmen, das Vereinspatron Dietmar Hopp einst gründete. Das klingt logisch, tatsächlich aber arbeiten das Unternehmen und der Klub erst seit 2016 intensiv zusammen. Früher gab es immer wieder Sportdirektoren und Trainer, die über so einen Kram wie Gehirntraining nur den Kopf schüttelten, der Fußballlehrer Nagelsmann aber hat großes Interesse daran. Mayer gibt zu, dass in den vergangenen Jahren in Hoffenheim diesbezüglich »viel Frickeln und Wurschteln« war, aber das Feld der Kognitionsforschung ist eben neu, und sehr viele Forschungsergebnisse gibt es hier noch nicht.

Der Deutsche Fußball-Bund hat aus diesem Grund eine »Wahrnehmungsgruppe« gegründet, in der Mayer zusammen mit seinem Kollegen Hans-Dieter Hermann sitzt, dem Psychologen der deutschen Nationalmannschaft. Außerdem dabei sind der renommierte Risikoforscher Gerd Gigerenzer und Christofer Clemens, der Chefanalyst des DFB. »Vielleicht werden da Psychologie und Analytik viel enger zusammenrücken, als wir es heute vermuten«, sagte Clemens.

In Hoffenheim wird auf unterschiedliche Weise darauf hingearbeitet. Auf dem Trainingsgelände gibt es rechts neben dem Haupthaus eine Halle, in der zu beobachten ist, wie es in Zukunft weitergehen könnte. Hier leitet Rafael Hoffner, der Koordinator Sport-Innovation, die Geschäfte. Im Mittelpunkt seiner Anlage steht der Footbonaut, eine Trainingsmaschine, die es sonst nur noch dreimal auf der Welt gibt – bei Borussia Dortmund, in Kasachstan und Katar. Ich hatte Christian Güttler, den Erfinder des Footbonauten, 2007 kennengelernt, als er noch in einer alten Kfz-Halle der Stasi in Ostberlin an einem Prototypen arbeitete. Es hatte ewig gedauert, bis Kunden sich vom Nutzen des Geräts überzeugen ließen. In Hoffenheim wurde es im Januar 2014 in Betrieb genommen.

Der Footbonaut sieht aus wie ein Käfig, weil sein 14 mal 14 Meter großes Spielfeld von 64 quadratischen Zielflächen umgeben ist. Wer darin trainiert, stellt sich in der Mitte auf und bekommt von einer der vier Ballwurfmaschinen den Ball mit bis zu 100 Stundenkilometer Geschwindigkeit zugespielt. Dann leuchtet die Umrahmung der Zielfläche auf, und dorthin muss der Trainierende treffen. Ob ihm das gelingt und in welcher Geschwindigkeit, wird festgehalten, um Trainingseffekte messen zu können. Es gibt eine Fülle von Möglichkeiten, den Rhythmus der Schüsse, ihre Geschwindigkeit und sogar ihre Flugbahn zu variieren. Damit können Spieler optimal die Ballannahme und -mitnahme trainieren und natürlich auch, Situationen besser wahrzunehmen und schneller Entscheidungen zu treffen. Im Footbonauten trainieren alle Mannschaften der TSG Hoffenheim jede Woche ein Mal, nur die Profis haben keinen regelmäßigen Termin. Sie können freiwillig kommen, was einige Spieler auch machen, vor allem die Torhüter sind ganz begeistert von der Maschine. Hilfreich ist sie auch für Spieler, die nach einer Verletzung schneller wieder zur alten Ballsicherheit zurückfinden wollen und viele Ballkontakte brauchen.

Doch der Footbonaut ist nicht das einzige Trainingsgerät, das in der Halle aufgebaut ist. Ein anderes ist die Helix, eine um 180 Grad gebogene Projektionsfläche von mehr als zehn Meter Breite, die eine überraschende Vorgeschichte hat. Sie war ursprünglich nämlich entwickelt worden, um den Teilnehmern globaler Videokonferenzen bei SAP das Gefühl zu geben, dass man wirklich beisammensitzt. Aber so richtig funktionierte das nicht, jedenfalls verstaubte die Anlage im Keller, bis sie in Hoffenheim auf die Idee kamen, daraus ein Trainingsgerät zu machen. Geschult wird hier das Arbeitsgedächtnis durch *Multiple Object Tracking.* Dazu werden vier blaue und vier rote Spieler auf die Leinwand projiziert, von denen einer den Ball führt. Zwei rote und zwei blaue Spieler muss man sich merken, zudem, wer am Ball ist. Dann setzen sich alle Spieler in Bewegung, und man muss ihre Laufwege verfolgen. Für Ungeübte ist das wahnsinnig schwierig, schon nach Sekunden hat man den Überblick verloren, aber man ahnt, dass die Übung dabei helfen könnte, im aufgeheizten Durcheinander auf dem realen Platz besser den Überblick zu behalten.

Das Training in dieser Halle wird vielfältig wissenschaftlich begleitet, gut 50 Abschlussarbeiten vom Bachelor bis zur Promotion beschäftigen sich damit. »Unser Anspruch ist, dass das wissenschaftlich fundiert ist, was wir hier tun«, sagte Mayer, der eine Honorarprofessur in

Saarbrücken hat. Erstaunlicherweise haben sie ein Testsystem gefunden, bei dem sie inzwischen davon überzeugt sind, dass es gute von schlechten Fußballern trennt. Das Wiener Testsystem, das kein einzelner Test ist, sondern aus unterschiedlichen Übungen besteht, hat sich als besonders hilfreich erwiesen. Die dafür nötige Testanlage steht im benachbarten Raum. Hier kann man feststellen, wie schnell ein Spieler rote, blaue oder andersfarbige Tasten bedient oder wie schnell er auf Töne reagiert. 350 Reaktionen werden nacheinander in möglichst kurzer Zeit abgerufen, die besten Fußballer schaffen das in je 0,5 Sekunden, die schlechteren brauchen 0,8 Sekunden. Auf dem Platz machen diese 0,3 Sekunden den Unterschied zwischen guten und herausragenden Spielern aus.

Die Ergebnisse der verschiedenen Tests bündeln sie in Hoffenheim in einem sogenannten *ExF-Score*, also einer Bewertung der Exekutivfunktionen des Gehirns. Aber es geht auch darum, die Spieler weiterzuentwickeln. Das ist insofern wichtig, als die Trainingszeit auf dem Platz endlich ist. Aus diesem Grund kommt solchen Übungsformen, bei denen nur der Kopf und nicht der Körper belastet wird, steigende Bedeutung zu. Ein Hilfsmittel der Zukunft wird vermutlich Virtual Reality sein.

Bei einem Kongress des DFB in Frankfurt führte Ben Kappner, der Chefanalyst des FC Arsenal, vor, wie der Klub damit arbeitet. »Wir gehen davon aus, dass Virtual Reality uns helfen kann, die kognitiven Funktionen zu verbessern«, sagte er. Arsenals Kooperationspartner ist das holländische Unternehmen Beyond Sports, das auch mit Ajax Amsterdam und dem holländischen Fußballverband zusammenarbeitet. Der Spieler bekommt nicht, wie sonst üblich, die Ansicht einer Spielszene von der Tribüne aus zu sehen, sondern so, wie er sie auf dem Platz wahrnimmt. »Wie wir Fußball sehen, ist nämlich nicht das, was Spieler auf dem Platz erleben«, sagte Kappner.

Das ist didaktisch spektakulär, weil man für einen Spieler eine vergangene Spielsituation in 3-D auf der Datenbrille wiederbeleben kann. Was hat er gesehen, und was hätte er sehen können? Stand er falsch, und was verpasste er dadurch? Das war beeindruckend, doch die technische Umsetzung war noch klobig; ähnlich wie älteren Fußballsimulationen fehlt es den Figuren an Realität. Noch ist VR also ein Hilfsmittel eher von übermorgen als von morgen, aber der Fantasie sind schon jetzt keine Grenzen gesetzt. Christofer Clemens glaubt, dass man irgendwann vielleicht sogar die Spielvorbereitung in der virtuellen Welt macht. »Man könnte die Spieler in Situationen bringen, wie sie im Spiel 20-mal passieren werden. Ich könnte aber nicht nur sagen, dass der Gegner mit drei Leuten vorne draufgeht, sondern es mit Hummels und Boateng durchspielen.«

Kappner sprach von der *Gamefication*, mit der Arsenal ein wenig experimentiert hatte, um den Spaß am Umgang mit VR noch zu steigern. Sie waren in dieser frühen Experimentierphase noch zu keinem abschließenden Urteil gekommen, aber der reale Fußball und der auf der Spielkonsole bewegen sich unaufhaltbar aufeinander zu.

Blaue Spieler

Fußball wird von Menschen gespielt, und diese Menschen sind nicht nur Gefäße, in die bestimmte Fähigkeiten gefüllt sind, motorische oder kognitive. Sie sind nicht nur kopfballstark oder haben eine besondere Vororientierung auf dem Platz, sie sind nicht nur schnell oder haben ein besonderes Geschick entwickelt, Bälle zu stoppen. Fußballspieler haben auch speziell ausgeprägte Charaktereigenschaften und agieren auf eine bestimmte Art mit ihren Mannschaftskameraden oder ihren Trainern, die für den sportlichen Erfolg nicht weniger wichtig ist als die Fähigkeit zu einem sauber gespielten Seitenwechsel über 50 Meter.

Nach der Rückkehr von meiner Reise zum FC Midtjylland am nachhaltigsten beschäftigt hatte mich daher, dass der Klub sich auch diesem Aspekt systematisch genähert hatte, er arbeitet mit Persönlichkeitsprofilen. Jeder im Klub, nicht nur die Spieler oder das Trainerteam, sondern auch der Zeugwart und der Manager, Assistenten oder der Verkäufer im Fanshop, hatte einen Test gemacht, um herauszufinden, was für eine Persönlichkeit er jeweils hat. Das Ergebnis wurde über die vier Farben Rot, Gelb, Blau und Grün visualisiert, die jeweils für einen Grundtyp standen.

Aus verschiedenen Gründen stehe ich solchen Persönlichkeitserkundungen per Fragebogen eher skeptisch gegenüber, besonders am Arbeitsplatz. Denn oft ist dies Ausdruck einer gruseligen Unternehmenskultur, in der Multiple-Choice-Erkundungen einen respektvollen Umgang miteinander ersetzen. Klubs in vielen Ländern arbeiten damit, vor allem bei Nachwuchsspielern, teilweise aber auch bei den Profis. Hier in Dänemark allerdings nahm mich dieses Verfahren gleich ein, weil schon auf den ersten Blick klar wurde, dass es keine guten oder schlechten Profile gab. Jedem Grundtyp wurden positive sowie negative Eigenschaften zugeordnet. Im Trainingszentrum standen sie auf Dänisch und Englisch an der Wand:

Roter Typ

An einem guten Tag	*An einem schlechten Tag*
entschlossen	angespannt
zielgerichtet	arrogant
fordernd	dominierend
kraftvoll	bedrängend
zielorientiert	ungeduldig

Gelber Typ

An einem guten Tag	*An einem schlechten Tag*
einfallsreich	hektisch
spontan	gedankenlos
enthusiastisch	oberflächlich
kontaktfreudig	unstrukturiert
sichtbar und gesprächig	hemmungslos

Blauer Typ

An einem guten Tag	*An einem schlechten Tag*
exakt	kühl
methodisch	skeptisch
systematisch	langsam
diszipliniert	unnachgiebig
detailorientiert	spaltend

Grüner Typ

An einem guten Tag	*An einem schlechten Tag*
loyal	abgeschlagen
harmonisch	zögerlich
verständnisvoll	ausweichend
aufmerksam	leichtgläubig
zugewandt	empfindlich

Ich bezeichnete die vier Typen, die es nie in Reinform gibt, zu meiner eigenen Orientierung als Kämpfer (rot), Künstler (gelb), Ingenieur (blau) und Sozialarbeiter (grün) und unterhielt mich beim FC Midtjylland mit dem Trainer und einigen Spielern über dieses System. Kristian Bach Bak, damals noch Kapitän der Mannschaft – inzwischen gehört er zum Trainerteam – und anfangs einer der großen Skeptiker gegenüber allen Neuerungen bei seinem Klub, sagte mir, er sei »total rot«. Mich wunderte nicht, dass Bak diesen Persönlichkeitstests und der damit verbundenen Zusammenarbeit mit einem Mentalcoach zunächst äußerst skeptisch gegenübergestanden hatte. Aber dabei war es nicht geblieben. »Anfangs habe ich mich gefragt, warum ich mich mit ihm darüber unterhalten soll, wie ich mich verhalte«, erzählte mir Bak. Aber dann hatte er relativ schnell gemerkt, dass ihm das wirklich half, sowohl bei der Verbesserung der eigenen Leistung als auch beim besseren Umgang mit den Mannschaftskameraden. »Ich habe viel über mich erfahren und musste lernen, manchmal etwas ruhiger zu werden und mich nicht so leicht frustrieren zu lassen. Für mich war das ein großer Schritt.«

Es ist wohl für jeden Menschen von Vorteil, sich selbst besser zu verstehen, sowohl hinsichtlich seiner guten als auch der schlechten Seiten. Wer selbstkritisch ist, weil er manchmal hektisch und oberflächlich ist, wird vielleicht gnädiger mit sich sein, wenn er begreift, dass er dafür eben auch spontan und einfallsreich ist. Wer hingegen stolz darauf ist, methodisch und systematisch auf die Herausforderungen des Lebens zu reagieren, muss sich vielleicht klarmachen, dass genau das auf andere Menschen durchaus kühl und abweisend wirken kann.

Für Bak ging es darum, die positiven Seiten seiner »roten Persönlichkeit« als Kämpfer zu bewahren und sich zugleich der negativen Aspekte bewusst zu sein und sie dadurch unter Kontrolle halten zu können. Außerdem half ihm das Wissen beim Umgang mit seinen Mitspielern. Ein besonderer Dreh der Persönlichkeitsprofile beim FC Midtjylland war es nämlich, dass ihre Ergebnisse öffentlich gemacht wurden. Es gab Spinnendiagramme, auf denen man mit einem Blick sehen konnte, welche Farbe beim jeweiligen Spieler wie stark ausgeprägt war. So etwas für jedermann transparent zu machen, kann zu einem Bewusstsein für die Andersartigkeit der Kollegen beitragen und damit das Betriebsklima verbessern, wie mir in Dänemark klar wurde. Allerdings setzt das einen sehr sorgfältigen Umgang mit solchen Persönlichkeitsprofilen voraus – was beim FC Midtjylland offensichtlich der Fall war.

Einen anderen »roten Spieler« auf dem Platz anzubrüllen, sei in Ordnung, erklärte mir Bak. Bei einem »gelben Kollegen« hingegen, einem eher kreativen Spieler, könnte das aber dazu beitragen, ihn mehr zu entmutigen als anzufeuern. »Ich weiß jetzt, ob ich einen Mitspieler hart ansprechen muss oder auf eine andere Weise, und deshalb bin ich ein besserer Führungsspieler geworden.« Auch Tim Sparv, dem finnischen Spieler, der einst aus Deutschland nach Dänemark gewechselt war, gefiel die Herangehensweise: »Ich war total verblüfft, dass ich aufgrund eines 20-Minuten-Tests im Internet 24 Seiten Auswertung bekommen habe, auf denen in aller Tiefe genau beschrieben wurde, wie ich bin.« Als wir miteinander sprachen, fragte ich mich natürlich bald, was Sparv für eine dominierende Farbe hatte, und konnte mich nicht mehr zurückhalten, mich danach zu erkundigen. Sparv lachte: »Ich bin blau, sehr organisiert und sehr konzentriert. Aber mir fällt das Improvisieren schwer.« Ein »blauer Spieler«, so erklärte mir Sparv, halte sich zwar konsequent an den Plan seines Trainers. Aber wenn der nicht aufging und auf dem Platz die Dinge durcheinanderliefen, tue er sich damit schwerer als »gelbe Kollegen«, die dann eben eine andere Idee aus dem Ärmel schüttelten.

Der damalige Trainer Glenn Riddersholm hatte sein Testergebnis im Trainerzimmer sogar an der Wand hängen. Sein Diagramm zeigte eine Drei auf Gelb und Blau, eine Fünf in Grün und eine Sechs in Rot, dem Höchstwert. Er erklärte mir, dass das eine seltene Mischung sei. »Wenn ich nur rot wäre, würde ich vielleicht zu den Trainern gehören, die nur gut sind, wenn es läuft. Denn ihnen fehlen die emotionalen Fähigkeiten.«

Es gibt eine riesige Zahl von Persönlichkeitstests, auch im Fußball sind sie schon lange im Einsatz. Anfang 2012 hieß es in einigen deutschen Zeitungen: »Spieler von Hannover 96 müssen zum Sex-Test«. Die Überschrift war blanker Unsinn, es ging in Wirklichkeit darum, dass die Profis des deutschen Bundesligisten einen Fragebogen ausfüllen mussten, auf dem sie sich zu 128 Aussagen positionieren sollten. Dazu gehörten auch Sätze wie: »Ich bin das, was man sexuell zügellos nennt«, »Ich will jeden Sex, den ich bekommen kann« oder »Ich habe viele erotische Fantasien«. Die Profis konnten auf einer Skala mit Werten von –3 (stimmt nie) bis +3 (stimmt völlig) ankreuzen. Die Fragen gehören zu einer vom US-Amerikaner Steven Reiss entwickelten Persönlichkeitsanalyse, dem Reiss-Test. Aus den Ergebnissen soll klar werden, was einen Menschen besonders antreibt, ob eher die Suche nach einem Gemeinschaftsgefühl, das Streben nach Anerkennung, nach Geld oder vielleicht auch Sex. »Jeder Spieler braucht andere Bedingungen, um seine optimale Leistung auf Dauer zu bringen. Darauf muss ich eingehen. Jeder Spieler muss das Gefühl haben, dass seine Individualität berücksichtigt wird«, erläuterte der Motivationsberater Peter Boltersdorf das Ziel der Erforschungen, die er schon seit Jahren für den Trainer Mirko Slomka und zuvor in anderen Vereinen angestellt hatte.

Auch Thomas Tuchel arbeitete bereits als Trainer bei Mainz 05 mit psychologischen Tests, um ein besseres Bild von seiner Mannschaft zu bekommen. Es war ein Sportcharaktertest mit einer rund 30-seitigen Auswertung. »Wir wollen nicht nur den Trainingsinhalt, sondern die Ansprache für Spieler individualisieren«, erklärte Tuchel mir damals. Einige Spieler müsse man mit Ansagen wie »Ich bin mal gespannt, ob du das schaffst« oder »Das schaffst du eh nicht« anstacheln. Andere bräuchten eine klare Vorgabe, wie sie was zu erledigen hätten. Und dann wieder gebe es Spieler, die einfach nur beruhigt und ermutigt werden müssten. »Ich möchte wissen, wer das Gespräch über seine Familie braucht oder über seine Hobbys. Wem können wir wie helfen und das Gefühl geben: Der Trainer weiß, wie ich ticke?«, sagte Tuchel.

Er hatte einen Spieler in seiner Mannschaft, für den Geld der wesentliche Antrieb war. Ich fand das zunächst befremdlich, aber Tuchel machte mir klar, dass für ihn eine so klare Motivationslage gar nicht schwierig sei. Dieser Spieler wolle möglichst erfolgreich sein, um alle möglichen Prämien zu kassieren. Er wolle gut spielen, um eines Tages dorthin wechseln zu können, wo es noch mehr Geld zu verdienen gibt. Wenn das klar sei, mache das für einen Trainer den Umgang einfach. Es ging ihm schon damals in Mainz darum, die Bedingungen für einen gelungenen Umgang miteinander zu schaffen. »Das hier ist der nächste Schritt der Verfeinerung davon. Wir haben Grundwerte, die von mir vorgegeben worden sind, und die Mannschaft lebt sie auch. Aber nach fünf Jahren muss es eine Weiterentwicklung in der Kommunikation geben.«

Auch sich selbst hatte er getestet, das Ergebnis war Typ AP1, »der sicherheitsorientierte Kreative«. Er las mir ein paar Punkte vor, an denen er arbeiten wollte. Er sei manchmal nämlich zu kontrollierend und damit zu autoritär. Er neige zum Perfektionismus, sei aber mitunter zu gutmütig. Als bei Borussia Dortmund 2017 der Konflikt mit der Vereinsspitze eskalierte, fiel mir wieder ein, was Tuchel mir noch vorgelesen hatte: »Wenn Sie nicht achtgeben, unterlaufen Ihnen radikale Vereinfachungen. Sie neigen dazu, sich zu verrennen und zu stark zu kontrastieren, anstatt mit Ihrer Intuition den Überblick zu bewahren.« Man könnte das aber auch umdrehen: An einem guten Tag ist er ein vor Ideen übersprudelnder Enthusiast mit viel Humor und Selbstironie.

Nach meinem Besuch in Herning fuhr ich mit Rasmus Ankersen, dem Chairman des FC Midtjylland und Technical Director des Brentford, durchs nächtliche Dänemark, er nahm mich im Auto nach Kopenhagen mit. Zunächst telefonierte er lange, und ich dachte währenddessen über das Spiel nach, das ich gesehen hatte. Midtjylland hatte zwar mit 1:0 gewonnen, aber eigentlich war es ein schwaches Spiel gegen einen Abstiegskandidaten gewesen. Als Ankersen mich fragte, wie ich das Spiel gefunden hätte, fiel mir eine Antwort ein, die mir zeigte, wie sehr mich diese Persönlichkeitsprofile beschäftigten:

»Es kam mir so vor, als wären in der Mannschaft zu viele blaue Spieler gewesen.« Natürlich hatte es auch die kämpferisch rote Power von Kristian Bach Bak und anderen gegeben. Auch war sich die Mannschaft auf dem Platz grün gewesen, hatte sich also gegenseitig geholfen. Doch der deutlichste Eindruck war, dass sie ohne Esprit ein vorgegebenes Programm abgearbeitet hatte: konzentriert und bemüht, aber ohne besondere Einfälle. Blau halt! Ankersen lachte und erzählte mir, dass es dem Team grundsätzlich an gelben Spielern mangeln würde. Es gebe nur zwei, die seien an diesem Tag verletzt gewesen, die Blauen seien tatsächlich in der Überzahl gewesen.

Es war kein Zufall, dass dieser Persönlichkeitstest gerade bei einem skandinavischen Klub eingesetzt wurde, denn vor allem in Schweden war er ein gigantischer Erfolg. Eine Unzahl von Unternehmen und Einrichtungen arbeiteten damit, denn es war vom Schweden Thomas Erikson entwickelt worden. Um so größer war die Aufregung, als ihm vorgeworfen wurde, ohne seriöse wissenschaftliche Basis zu arbeiten. Die Vetenskap och Folkbildning, die schwedische Gesellschaft der Skeptiker, erklärte Erikson 2018 sogar zum »Betrüger des Jahres«. Erikson selber sei ein Hochstapler, er hatte sich Verhaltenspsychologe bezeichnet, und sein Konzept der Persönlichkeitsprofile pseudo-wissenschaftlicher Unsinn. Bestenfalls würde sie den Leuten dabei helfen, zu verstehen, dass nicht jeder so denkt wie sie selber. Aber diese Fähigkeit, wechselnde Perspektiven einzunehmen, werde normalerweise schon im späten Kindergartenalter entwickelt.

Strategien für die Zukunft

Strategien aus London und die Kunst, finnische Ansichten über den Weg zum Erfolg. Die Science-Fiction des Fußballs und seine beste Geschichte.

Strategiespiel

Auf der Längswand im Besprechungsraum von 21st Club wird an außergewöhnliche Erfolgsgeschichten im Fußball erinnert, und weil wir hier in London sind, stammen viele Beispiele aus dem englischen Fußball. Der Hattrick von Geoff Hurst im WM-Finale von 1966 ist hier aufgeführt, die Sensationsmeisterschaft von Leicester City oder die der »Invincibles« des FC Arsenal, die ungeschlagen den Titel gewannen. Allerdings wird an diese Ereignisse auf ungewöhnliche Weise erinnert. »Die Chance, dass Geoff Hurst in einem WM-Finale ein Hattrick gelingt: zwei Prozent« steht dort zu lesen. Oder dass statistisch gesehen in 18000 Spielzeiten nur eine Mannschaft ungeschlagen durch die Saison geht. Neun Spiele vor Schluss der Saison, die der ihres Meisterschaftsgewinns voranging, lag die Wahrscheinlichkeit eines Abstiegs von Leicester City bei 85 Prozent. Sogar das Horrorjahr von Borussia Dortmund von 2014/15 ist hier erwähnt und dass so etwas in acht von 1000 Spielzeiten passiert.

21st Club ist eine ungewöhnliche Beratungsfirma, deren Name sagt, wie sie ihre Aufgabe angeht: Was würden wir tun, wenn wir der 21. Klub in der Premier League wären? »Unsere Grundidee ist, das man nicht mehr Geld ausgibt als sein Rivale, sondern mehr Grips investiert«, sagt Blake Wooster, der als talentierter Jugendspieler mal Probetrainings bei Cardiff City oder Hereford United absolvierte und dann Sportwissenschaft studierte. Später arbeitete er neun Jahre lang für die Datenfirma Prozone, bevor er 2013 gemeinsam mit Rasmus Ankersen die Idee für das Unternehmen entwickelte. Die Suche nach Investoren führte sie unter anderem zu David Sheepshanks. Der ehemalige Vorsitzende von Ipswich Town und Chairman der Football League nimmt diese Rolle heute beim 2012 eröffneten Leistungszentrum des englischen Fußballs in Burton ein. »Wir sind der festen Überzeugung, dass es möglich ist, durch intelligente Entscheidungsprozesse erfolgreich zu sein. Es gibt derzeit viele Reizwörter wie Big Data oder Analytik, aber unserer Ansicht nach geht es viel mehr um Prinzipien bei der Entscheidungsfindung und um Strategien«, sagt Wooster.

In den Aufregungen des Fußballs, wo der Horizont der Planung oft nur bis zum nächsten Wochenende geht, kommen langfristige sportliche Planung und die Entwicklung einer Strategie oft zu kurz. Was da möglich sein könnte, ist in einer Broschüre nachzulesen, die das Unternehmen mit seiner Handvoll Mitarbeitern in dem winzigen Büro unweit des Smithfield Market, in dem das Unternehmen damals zu Hause war, veröffentlicht hat. Sie trägt den Titel *Changing the Conversation*, denn 21st Club will dazu beitragen, dass anders über Fußball gesprochen wird. In 80 kurzen Kapiteln, die meist nicht länger als eine Seite sind, geht es um sehr unterschiedliche Fragen zur Strategie, Planung, Talentsuche oder Leistung. In welchen Ländern sollen Klubs scouten? Welche Altersstruktur haben erfolgreiche Mannschaften? Oder: Welchem Spieler im Kader soll man eigentlich das meiste Geld bezahlen?

Viele dieser Überlegungen und etliche dazugehörende Berechnungen hat Omar Chaudhuri angestellt, der Head of Football Operations des Unternehmens. Der in Brasilien geborene Wirtschaftswissenschaftler landete nach seinem Studium als Datenanalyst bei Prozone. Sein Blog, in dem er gängige Mythen über den Fußball auseinandernahm, war das Entree zu dem Job. Wie schon bei Prozone entwickelt er auch für 21st Club neue Metriken, um die Leistung von Spielern zu evaluieren. Ein eigenes Modell für *Expected Goals* gibt es auch.

Als Roter Stern Belgrad sich im Sommer 2018 bei der Spielersuche an 21st Club wandte, kamen sie mit einer Liste von Spielern, die ihnen Agenten vorgeschlagen hatten. Chaudhuri jedoch fand für den serbischen Klub einen Spieler aus einer Liga, in der wenige Klubs nach Talenten schauen. Den holländischen Spieler Lorenzo Ebecilio hatte es zu APOEL Nikosia auf Zypern verschlagen, und er spielte dort stark, wie die Daten zeigten. Roter Stern schaute sich den Spieler an, verpflichtete ihn, und der holländische Mittelfeldspieler kam sogar in der Champions League zum Einsatz, für die sich der Klub überraschend qualifiziert hatte.

Chaudhuris hauptsächliche Arbeit ist aber nicht Data-Scouting, sondern das Beantworten grundsätzlicher Fragen. Etwa die: Wie quantifiziert man den Beitrag eines einzelnen Spielers zum Gesamterfolg einer Mannschaft? Aufgrund des Modells von 21st Club kam er zu dem

Ergebnis, dass Lionel Messi oder Cristiano Ronaldo einen Abstiegskandidaten aus einer der fünf großen europäischen Ligen um 15 Punkte verbessern würden. Das mag eine Spielerei sein, aber eine solche Frage kann man sich bei jedem Transfer stellen: Wie viel Punkte bringt mir ein Neuzugang eigentlich im Laufe einer Saison ein?

Wenn man dieser Frage nachgeht, stellt man fest, dass einzelne Spieler auf die Gesamtleistung einer Mannschaft bei Weitem nicht den Einfluss haben, den man vor allem den Superstars des Spiels oft zubilligt. Es ist daher etwa sinnvoller, in der Breite den Kader zu verstärken als viel Geld für einen einzelnen Starspieler auszugeben. Nachdem Philippe Coutinho vom FC Liverpool nach Barcelona wechselte, untersuchte 21st Club, wie stark der Verlust von Starspielern sich in der Vergangenheit niedergeschlagen hatte. »Wir haben herausgefunden, dass man dadurch im schlechtesten Fall 0,1 Punkte pro Spiel verliert – also zwei Punkte pro Halbserie oder vier Punkte über eine Saison«, hatte Chaudhuri festgestellt. In diesem Zusammenhang nicht minder aufschlussreich war auch eine Untersuchung von Transfers zwischen 2010 und 2018 in den fünf großen europäischen Ligen. Nur 56 Prozent der jeweils teuersten Transfers eines Klubs wurden nach dem Wechsel zu Stammspielern, was umgekehrt bedeutete, dass gerade die teuersten Neuzugänge die Erwartungen oft nicht erfüllten.

Mit dieser Mischung aus Datenanalyse und Untersuchung strategischer Fragen hat es 21st Club inzwischen auf Vorstandsebene geschafft. Sie sprechen also immer häufiger mit Direktoren und nicht selten sogar den Besitzern der Klubs direkt. Das hat einerseits damit zu tun, dass die Investoren gerne eine unabhängige Meinung zu dem hören wollen, was die Fußballexperten im Klub ihnen über die teilweise seltsamen geschäftlichen Usancen der Branche erzählen. Zudem sind sie aus ihren sonstigen Unternehmungen die strategische Durchdringung von Problemen gewöhnt und vermissen sie im Fußball.

Chaudhuri untersuchte, ob ein Klub aus der Championship, der unbedingt in die Premier League aufsteigen will, eher in Defensiv- oder Offensivspieler investieren soll. Und was er dann machen sollte, wenn der Aufstieg gelingt. »Mir raucht oft der Kopf, aber es ist natürlich sehr interessant, solchen Fragen nachzugehen«, sagte er mir. Chaudhuri hatte mit Ajax Amsterdam über das strukturelle Problem diskutiert, dass in der Diskrepanz zwischen den Anforderungen der nationalen Liga und im Europapokal besteht. Im heimischen Wettbewerb ist Ajax den meisten Konkurrenten turmhoch überlegen, in internationalen Spielen hingegen sind sie Außenseiter – mit Ausnahme der historischen Saison 2018/19, als der Klub das Halbfinale der Champions League erreichte. Was bedeutete es für die Zusammenstellung des Kaders und für die taktische Ausrichtung, wenn es am Wochenende darum ging, die Gegner zu überrennen, und unter der Woche, nicht überrannt zu werden? Weil im Fußball nur in zwei Dritteln der Fälle die Mannschaft mit den besseren Chancen gewinnt, sollten bessere Mannschaften dafür sorgen, dass möglichst viele Tore fallen. Die Analyse besagt nämlich, dass die bessere Mannschaft in 75 Prozent der Fälle gewinnt, wenn insgesamt mehr als 2,5 Tore in einem Spiel fielen. Wenn es weniger als 2,5 Tore waren, gewann die bessere Mannschaft nur in der Hälfte der Fälle. Also sollten bessere Mannschaften, wie Ajax oder auch Celtic, in ihrer Liga riskant spielen. International, wo sie unterlegen waren, sollten sie hingegen eher nicht versuchen, über ihre Offensive erfolgreich zu sein.

21st Club hat auch eine Software zum Vertragsmanagement entwickelt, um veränderte Vertragssituationen simulieren zu können. Welche Mittel werden am Saisonende durch auslaufende Verträge frei? Oder was wird finanziell passieren, wenn der Klub absteigt? Darüber hinaus bieten sie die Evaluierung von Trainern an und helfen bei der Trainersuche. Sie analysieren den Spielstil, den die unterschiedlichen Kandidaten bevorzugen. Sie klären, wie groß in der Vergangenheit ihre Bereitschaft wirklich war, auf junge Spieler zu setzen. Und sie können jene Trainer identifizieren, die aus den Ressourcen eines Klubs mehr herausholten, als normalerweise zu erwarten war. »Wir schauen auch nach Kandidaten, die unsere Kunden nicht auf der Liste haben, von denen wir aber glauben, dass sie vielleicht bessere Ergebnisse erzielt haben, als in dem Rahmen eigentlich möglich waren«, sagte Chaudhuri.

Oft braucht es bei alldem keine fortgeschrittene Datenanalyse, denn mitunter helfen simple Faustregeln. So liegt es auf der Hand, dass kleinere Klubs einen deutlich größeren Pool an möglichen Neuzugängen haben als Spitzenklubs. Für Manchester City, Juventus Turin oder Bayern München kommen 300 bis 500 Spieler infrage, für einen Klub auf dem Niveau von etwa St. Pauli oder Heidenheim aber 3500. Das bedeutet einerseits, dass die Chance für die Kleinen wesentlich größer ist, sich sportlich zu verbessern. Andererseits fällt es kleineren Klubs wesentlich schwerer, das größere Angebot auch so sorgfältig zu durchsuchen, wie es die größeren Klubs selbstverständlich können.

Omar Chaudhuri und Blake Wooster haben auch in

ganz Europa nach Klubs Ausschau gehalten, die sich einen strategischen Vorteil erarbeitet haben. Dinamo Zagreb etwa hat durch eine außergewöhnlich gute Nachwuchsarbeit bemerkenswert viele Profis hervorgebracht. Olympique Lyon hat sich über die Jugendarbeit sogar wieder in den Kreis französischer Spitzenklubs zurückgearbeitet. Beeindruckt waren sie auch von der Personalpolitik bei Borussia Dortmund gewesen. Omar Chaudhuri fiel bei den Recherchen ein interessantes Muster auf. Viele gute Ideen wurden in der Krise geboren: »Fast alle haben damit angefangen, als ihnen das Geld ausgegangen war.«

Das war eine gute Beobachtung: Kreativität entsteht oft im Mangel. Dass etwa Sven Mislintat zum Chefscout von Borussia Dortmund werden und damit zur Wiedergeburt des Klubs beitragen konnte, war nur deshalb möglich, weil der BVB von Borussia Dortmund in einer schweren Krise war. In einem erfolgreichen Verein hätte man kaum einem struwweligen Sportstudenten ohne Erfahrung eine so wichtige Aufgabe überlassen. Wäre Christian Heidel ohne den Leidensdruck des Abstiegskampfes darauf gekommen, seinen Abwehrspieler Jürgen Klopp zum Cheftrainer zu machen? Und wäre der FC Midtjylland für eine neue Form des Vereinsmanagements offen gewesen, wenn der Klub nicht in finanziellen Nöten gewesen wäre, als Matthew Benham ihn kaufte?

Aber wie schnell irrt man von erfolgreichen Wegen wieder ab! Wooster und Chaudhuri waren lange vom FC Southampton und vor allem dessen Trainerauswahl beeindruckt gewesen. Nigel Adkins führte den Klub von der Dritten Liga in die Premier League, auf ihn folgten der Argentinier Mauricio Pochettino, Ronald Koeman und Claude Puel. »Wir sind sehr beeindruckt von ihrer

Strategie bei der Suche nach Cheftrainern. Sie haben Trainer gewechselt, obwohl deren Ergebnisse ordentlich aussahen, und welche verloren, die sie gerne gehalten hätten. Als wir dort waren, lag beim Sportdirektor Les Reed eine Mappe auf dem Schreibtisch, auf der stand ›Champions League ready‹, es war ihre Strategie für das Jahr 2020. Das war 2015 und bedeutet, dass sie fünf Jahre vorausplanen«, erzählte Wooster bei meinem ersten Besuch. Doch irgendwas ging anschließend in Southampton kaputt, die Trainerverpflichtungen passten nicht mehr, die Transfers ebenfalls nicht, im November 2018 wurde Les Reed entlassen, und die Champions League war in Southampton ganz fern.

Bitte nichts Neues

Im Herbst 2018 hielt Chris Anderson, der Mann, der Billy Beane hatte sein wollen, auf einer Konferenz zu Sportdaten in der Schweiz einen Vortrag mit dem Titel »Football doesn't play Moneyball«, Fußball spielt kein Moneyball. Dabei kam er auf einen interessanten Aspekt zu sprechen, der dem im Wege stand. Die Investoren, mit denen er und David Sally gesprochen hatten, ob und welchen englischen Klub sie kaufen wollten, waren an einer Stelle der Verhandlungen zumeist nervös geworden. Zwar waren sie im Prinzip von der Idee angetan gewesen, ihr Investment anders anzugehen als üblich, also strategischer und datengestützt. Doch wenn es konkret wurde, bekamen sie kalte Füße. Einen Klub zu besitzen, bringt nämlich ein ganz anderes öffentliches Interesse mit sich als sonstige wirtschaftliche Übernahmen. Das Fernsehen berichtet darüber, Zeitungen tun es, und das Internet ist voll davon, weil viele Menschen, teilweise Millionen, an diesem Klub hängen. »Sie wollten sich nicht blamieren, und deshalb wollten sie Leute aus dem Fußball«, erzählte Anderson. Diesen seltsamen amerikanischen Wissenschaftlern hingegen wollten sie die Schlüssel zum Klub dann doch nicht unbedingt in die Hand drücken oder zumindest nicht völlig, denn sollte irgendwas schieflaufen, wie würden die Investoren dastehen?

Der Wissenschaftstheoretiker Thomas S. Kuhn beschreibt in seinem Buch »Die Struktur wissenschaftlicher Revolutionen«, dass neue Ideen, unabhängig wie schlüssig belegt sie sind, erst dann angenommen werden, wenn sie nicht mehr als neu gelten. Das passt zu den weithin bekannten Erkenntnissen zur Verbreitung neuer technischer Produkte. Demnach wird der Prozess der Verbreitung von fünf unterschiedlich großen Gruppen zu unterschiedlichen Zeitpunkten getragen. Die Innovatoren gehen voran, dann folgen die *Early Adopters* (frühe Annehmer), es folgen die *Early Majority* (frühe Mehrheit), die *Late Majority* (späte Mehrheit) und schließlich die *Laggards* (Nachzügler). Dass die Zahl der Innovatoren mit 2,5 Prozent und die der *Early Adopters* mit 13,5 Prozent relativ klein ist, hat auch mit dem schon mehrfach erwähnten Phänomenen des *Social Proof* zu tun. Im Scouting mit avancierten Daten zu arbeiten, bei der Zusammenstellung von Mannschaften Persönlichkeitsprofile zu benutzen oder Spieler mit Brain-Apps trainieren zu lassen, ist neu. Damit es sich gänzlich durchsetzen kann, darf es sich aber nicht mehr neu anfühlen.

2016 veröffentlichte Michael Lewis, der Autor von »Moneyball«, das Buch »Aus der Welt«, das die Geschichte der israelischen Psychologen Amos Tversky und Daniel Kahnemann erzählt. Also jener Kahnemann, der 2002 mit dem Nobelpreis für Wirtschaft ausgezeichnet worden war und dessen Buch »Schnelles Denken, langsames Denken« von Matthew Benham, dem Besitzer des FC Brentford, an alle seine Mitarbeiter verschenkt wurde. »Aus der Welt« beginnt mit einem Kapitel über Daryl Morey, dem General Manager der Houston Rockets, und beschreibt sein Ringen mit den kognitiven Irrungen des menschlichen Denkens. Lewis schrieb: »Die Sehnsucht nach Experten, die Sicherheit bieten, wo es keine gibt, scheint tief in der menschlichen Psyche verwurzelt zu sein. Sie ist wie ein Filmmonster, das wir eigentlich schon totgeglaubt haben, das sich aber immer wieder irgendwie hochrappelt.«

Durch die Forschungen von Kahnemann wissen wir, wie erschütternd schlecht Experten darin sind, Voraussagen über die Zukunft zu machen. Sie schneiden dabei sogar oft schlechter ab als simple Formeln. Ein berühmtes Beispiel ist die Frage, ob eine Paarbeziehung halten wird. Auf der einen Seite befragten Psychologen ausführlich Paare und erhoben Prognosen über ihr weiteres Zusammenleben. Auf der anderen registrierte man, wie oft die Paare in der Woche Sex hatten, und zog davon die Zahl ihrer wöchentlichen Streits ab. Das Ergebnis hatte eine deutlich genauere Voraussagegenauigkeit als die Erhebungen der Experten.

Wie in allen Lebensbereichen werden im Fußball ständig Voraussagen gemacht. Darüber, welche Taktik im nächsten Spiel die beste ist und welcher Spieler sie ideal umsetzt. Der ganze Prozess von Scouting und Recruitment besteht aus nichts anderem als aus Voraussagen darüber, wie gut ein Spieler oder Trainer in der Zukunft bei welchem Klub oder in welcher Mannschaft reüssieren wird. Die Sehnsucht nach Experten für diese Fragen überfiel auch die Investoren, mit denen Anderson und Sally in teuren Londoner Restaurants saßen. Sie wollten Leute, die sich seit Jahren im Fußball bewegten und das Geschäft von innen bestens kannten. Sie wollten Sicherheit, und selbst wenn sie ahnten, dass ihnen die Fußballexperten diese Sicherheit nicht bieten konnten, wollten sie sich nicht von der Öffentlichkeit vorwerfen lassen, dass sie auf Experten verzichteten. Das Monster lebt!

Viele Experten im Fußball, also Trainer, Manager oder Vereinspräsidenten, waren früher selber Fußballprofis. Das ist einerseits ein Vorteil, denn sie haben vieles direkt erfahren. Auf der anderen Seite kann ihre berufliche Vergangenheit das Problem sogar verschärfen, zu guten Urteilen und präzisen Voraussagen zu kommen. Als Spieler haben sie nämlich das Nicht-Zweifeln als Qualität erfahren. Ein Spieler, der sich kritisch infrage stellt, wird nicht zwangsläufig befreit aufspielen. Oft ist es in Krisenzeiten sogar besser, so zu tun, als gäbe es die Krise nicht. Ein erfahrener Trainer mit vielen Jahrzehnten Erfahrung hat mir mal gesagt, dass er am liebsten mit Spielern zusammengearbeitet hätte, die »etwas stumpf« waren. Nicht schreiend dämlich, aber eben auch nicht auf komplizierte Weise mit sich selbst beschäftigt. Was jedoch während der Spielerkarriere gut sein mag, ist schlecht, wenn es auf der Trainerbank oder in der Leitung eines Klubs um Entscheidungen geht, die guter Abwägung bedürfen.

In dieser Kultur kann man den Mut also kaum überschätzen, den Rasmus Ankersen am 11. Dezember 2016 an den Tag legte. Der FC Midtjylland hatte gerade das Spitzenspiel der dänischen Liga in Kopenhagen bei

Bröndby mit 1:2 verloren. Es war die dritte Niederlage in Folge, und der Abstand auf den Tabellenzweiten betrug nun zehn Punkte. Längst hatten sich die Fans und Presse auf Trainer Jess Thorup eingeschossen, den Nachfolger von Glenn Riddersholm, den ich in Herning kennengelernt hatte. Ein wichtiger Sponsor hatte bei Ankersen sogar angerufen und die Verlängerung des Vertrages von der Entlassung des Trainers abhängig gemacht. »Aber alle, die eng mit ihm gearbeitet haben, haben den Trainer positiv gesehen«, erzählte mir Ankersen. Das galt nicht nur für ihn selber, den Besitzer Matthew Benham oder den Sportdirektor Claus Steinlein, sondern auch für die Spieler.

Also ging Ankersen nach dem Spiel in die Mixed Zone und verteidigte den Trainer vor den Journalisten. Er tat das aber nicht durch die in solchen Situationen beliebten Phrasen der Unterstützung, sondern erzählte von *Expected Goals* und dem, was Ankersen die »Table of Justice«, die gerechte Tabelle, nannte. Demnach war Midtjylland 15 Punkte unter der Erwartung. Vermutlich war Thorup der erste Trainer in Europa, der aufgrund der *Expected Goals* nicht entlassen wurde. Wie später der schon erwähnte Brian Olsen bei D. C. United in der US-amerikanischen Major League Soccer.

Ankersens Auftritt blieb nicht ohne Folgen. »Ich habe das Konzept erklärt, und es ist auch kein Problem für mich, darüber öffentlich zu sprechen, weil ich völlig davon überzeugt bin. Die Mehrheit hat zwar Witze darüber gemacht, einige Leute waren allerdings auch interessiert.« Es gab ein dänisches Businessmagazin, das einen Artikel über den »Krieg der Zahlen im Fußball« schrieb. Die Journalisten befragten dazu Experten aus der Wirtschaft, die erklärten, dass es für sie völlig normal sei, auf

Indikatoren zu schauen, die einer Leistung zugrunde liegen. »Auf diese Weise gab es eine richtige Debatte darüber, und inzwischen würde ich sagen, dass es kein Land in Europa gibt, in dem *Expected Goals* so oft erwähnt werden wie in Dänemark. Es ist komplett im Mainstream angekommen, selbst bei denen, die mich anfangs kritisiert und verspottet hatten«, sagte Ankersen.

Allerdings gab es vor der öffentlichen Verteidigung des Trainers eine interne Debatte darüber, ob es richtig sei, ihn zu halten. »Die richtige Entscheidung kann auch die falsche sein«, findet Ankersen. Wenn der öffentliche Druck von Fans, Presse und Sponsoren nämlich so groß geworden wäre, dass er den Klub insgesamt geschädigt hätte. Aber letztlich wurde ihre Treue zu Trainer Thorup belohnt. In der folgenden Saison gewann er mit dem FC Midtjylland die dänische Meisterschaft.

Football, bloody hell

Ende August 2018 schrieb Ankersen mir in einer WhatsApp-Nachricht begeistert: »Wir scheinen in dieser Saison sehr gefährlich zu sein. Das Rating von Smartodds weist uns als beste Mannschaft der Liga aus.« Brentford war mit zwei Siegen und zwei Unentschieden in die Saison gestartet und stand auf dem vierten Tabellenplatz. Die Mannschaft pflegte einen anderen Spielstil als die meisten Teams der Liga, war weniger physisch und technisch besser als viele Konkurrenten. Es machte Spaß, ihr zuzuschauen, und nun sah es sogar so aus, als sei der kleine Zweitligist aus dem Südwesten von London ein Aufstiegskandidat zur Premier League.

Im Grunde setzten Ankersen und seine Mitstreiter in Brentford die Vorgaben des Unternehmens um, das er selbst mitbegründet hatte: 21st Club. Sie versuchten dem Außenseiter, der immer noch einen der kleinsten Etats der Liga hatte, durch smarte Vorgehensweisen einen Vorteil zu verschaffen. Dazu gehörte eine klare sportliche Ausrichtung – inklusive garantierter Trainingszeit für Standardsituationen. Natürlich spielten auch Daten in der täglichen Arbeit eine Rolle, vor allem aber bei der Verpflichtung von Spielern. Ein erfahrener deutscher Spielerberater erzählte mir, dass er noch nie so detaillierte Anfragen zu einem Klienten bekommen hatte wie aus Brentford. Und so etwas machte den Klub attraktiv, denn es signalisierte den Spielern, dass man sich wirklich mit ihnen beschäftigt hatte.

Ankersen und Co. hatten in Brentford 2017 zudem mutig die Jugendarbeit abgeschafft. Was zunächst verrückt klingt, war insofern schlüssig, denn die Konkurrenz konnte sich in Brentford bedienen, ohne substanzielle Ablösesummen zahlen zu müssen. Ein U16-Nationalspieler war zu Manchester United, ein U17-Nationalspieler zu Manchester City gewechselt, für beide gab es jeweils nur gut 30000 Pfund Entschädigung. Brentford setzte nach Ende der eigenen Jugendmannschaft darauf, von der Ausbildung der Konkurrenz zu profitieren, also jene Spieler zu verpflichten, die aus den Jugendakademien der Premier-League-Klubs kamen, wo für sie aber kein Platz war. Abgesehen von der Verpflichtung der Aussortierten begann Brentford, junge Spieler von größeren Klubs auszuleihen, um ihnen Spielpraxis zu geben. »Statt wie früher die großen Klubs als Feinde zu sehen, sehen wir sie jetzt als Kooperationspartner«, sagte Ankersen. Brentford gründete ein B-Team mit jungen Talenten, für das der Klub einen eigenen Spielbetrieb zu organisieren begann.

Klar, sie machten immer wieder auch Fehler, etwa als ihnen die Daten nahegelegt hatten, den Coach des kleinen holländischen Erstligisten Excelsior Rotterdam zu verpflichten. Schon nach kurzer Zeit stellte sich jedoch heraus, dass er von der Arbeit bei einem weit größeren ausländischen Klub überfordert war, und er musste nach nur wenigen Monaten wieder gehen. Ankersen und die sportliche Leitung waren dabei vielleicht zum Opfer ihrer eigenen Originalität geworden. Andererseits musste man sagen, dass der FC Brentford trotzdem spektakulär erfolgreich war. Der Klub hatte 62 Jahre lang nicht mehr drei Spielzeiten am Stück in der zweiten englischen Liga gespielt. Nun war er ein stabiles Mitglied von The Championship und schaffte es vier Mal in Folge in die Top Ten einer Liga mit gigantischen wirtschaftlichen Unterschieden.

Doch als sich im Sommer 2018 leise Aufstiegshoffnungen breitmachten, brach das Leben in seiner ganzen Macht über den Klub hinein. Zunächst verletzte sich ein wichtiger Spieler schwer, dann verließ Trainer Dean Smith den Klub. Er hatte eine Ausstiegsklausel und nutzte sie, als Aston Villa ihn haben wollte, wo er schließlich auch den Aufstieg in die Premier League schaffen sollte. Als Kind war Smith Fan des Klubs gewesen, und seine Familie lebte nach wie vor in Birmingham. Dass er ein Vielfaches verdienen konnte, mochte bei seiner Entscheidung auch eine Rolle gespielt haben. Smith meldete sich nachmittags um fünf mit dem Wechselwunsch, abends um zehn ging die Pressemitteilung heraus. Brentford stand unversehens ohne Trainer da und machte Smiths dänischen Assistenten Thomas Frank zu seinem Nachfolger.

Doch das alles war nur ein Vorgeplänkel im Vergleich zur anschließenden Tragödie. Anfang November 2018, in der Nacht nach dem Auswärtsspiel bei Queens Park Rangers, starb nämlich der erst 28 Jahre alte Robert Rowan. Er war *Head of Football Operations* bei Brentford, also eine Mischung aus Kaderplaner und Teammanager, und nicht zuletzt für die wunderbaren Spielerdossiers verantwortlich. Rowan kam 2014 zu dem Klub, nachdem er sich landauf, landab mit Scoutingreports bei Klubs beworben hatte. Im Griffin Park wurde er aufgrund seiner Begeisterungsfähigkeit und ausgeglichenen Persönlichkeit der Mann, der alle zusammenbrachte. Er war der »Klebstoff«, wie Ankersen in einem bewegenden Nachruf auf der Website des Klubs schrieb. Spätestens nach seinem Tod war an Aufstieg nicht mehr zu denken, und zwischendurch sah es sogar so aus, als ob Brentford noch in den Abstiegskampf geraten könne. Im Winter wechselte auch noch der hoch talentierte Innenverteidiger Chris Mepham für zwölf Millionen Pfund zum AFC Bournemouth, der Waliser war als 15-Jähriger ablösefrei aus der Jugend von Chelsea nach Brentford gewechselt. Trotz des Transfers stabilisierten sich die Ergebnisse in der Rückrunde wieder.

Auch der FC Midtjylland war auf dem Transfermarkt sehr erfolgreich gewesen. Im Winter 2017 verkauften die Dänen den norwegischen Stürmer Alexander Sörloth für neun Millionen Euro zu Crystal Palace, er war erst ein halbes Jahr zuvor für 400 000 Euro aus Groningen in Holland gekommen. Im Sommer 2018 ging dann Bubacarr Sanneh für acht Millionen Euro zum belgischen Spitzenklub RSC Anderlecht, der gambische Stürmer war ein Jahr zuvor für 200 000 Euro von einem kleinen dänischen Klub gekommen. Beide Transfers waren für den Klub spektakuläre wirtschaftliche Erfolge, und man könnte vermuten, dass sie mit avanciertem Datenscouting zu tun hatten. Nur: So war es nicht. In beiden Fällen machten sich ganz altmodisch die Scouts für die Spieler stark, in einem der beiden Fälle sprachen die Daten sogar eher gegen eine Verpflichtung. Dass die beiden Stürmer so hohe Ablösesummen brachten, hatte nicht nur mit einer Leistungsexplosion zu tun, sondern auch mit glücklichen Umständen. In beiden Fällen wollten nicht nur die Trainer diese Spieler unbedingt, sondern wollten auch die jeweiligen Vereinsbosse ihre Trainer unbedingt bei Laune halten.

Tim Sparv, der finnische Mittelfeldspieler des FC Midtjylland, veröffentlicht auf seiner Website mitunter eigene Artikel. Es sind stets lesenswerte Reflexionen über sein Leben als Fußballspieler, denn seine Gedanken sind nicht von der Stange. So sann er Ende 2017 darüber nach, warum Midtjylland nach einer sportlich unbefriedigenden Phase nun wieder erfolgreich war. In der Öffentlichkeit wurde der Aufschwung vor allem durch einen Wechsel der Grundaufstellung von einem 4-3-3 hin zu einem 3-4-3 erklärt. »Seit der taktischen Umstellung haben wir nur ein Spiel verloren, und daher ist es wohl unvermeidlich, dass die Leute unsere gute Form darauf zurückführen«, schrieb Sparv. Er wolle dem nicht widersprechen, schließlich habe sich dadurch sogar das Verhältnis der Spieler untereinander verbessert, die Mannschaft spiele unterhaltsamen Angriffsfußball, und die Defensive sei gleichzeitig stabiler geworden.

Doch Sparv beschäftigte etwas Grundsätzliches: »Ich finde es immer sehr interessant, darüber zu lesen, warum einige Mannschaften erfolgreicher sind als andere.

Was sind die Gründe für gute Ergebnisse? Was haben die Teams anders gemacht? Was sind die geheimen Formeln? Ich möchte immer etwas erfahren, das mir die Sache wirklich erklärt, aber ich bin selten mit den Erklärungen zufrieden, die ich bekomme. Auf mich macht es den Eindruck, als wolle jeder, dass ein taktischer Wechsel dahintersteckt, ein Spieler in Form ist oder ein neuer Trainer geholt wurde. Ich habe das Gefühl, dass wir nicht die richtigen Fragen stellen, wenn wir immer bei denselben Antworten landen.«

Als er auflistete, was sich in den drei Jahren, die er nun in Herning spielte, beim FC Midtjylland geändert hatte, war das nicht sonderlich aufregend. Anfangs habe es kein Frühstück gegeben, dann ein schlechtes und inzwischen ein ganz hervorragendes. Das Mittagessen sei dank des neuen Personals in der Küche ebenfalls sehr gut. In der Kabine stünden der Mannschaft ein Jacuzzi und eine Eistonne zur Verfügung. Es gebe einen Trainingsplatz mit Kunstrasen, was einerseits bei schlechtem Wetter hilfreich sei, aber auch zur Vorbereitung von Spielen bei Gegnern, die auf Kunstrasen spielen, was in der dänischen Liga erlaubt ist. Überhaupt ständen mehr Trainingsplätze zur Verfügung, weshalb man zumeist auf gutem Rasen trainieren könne, dies reduziere wiederum die Verletzungsgefahr. Dazu trage auch bei, dass mehr Physios dafür sorgten, dass die Spieler häufigere Massagen oder andere Behandlungen bekämen. »Ich würde eher annehmen, dass der Erfolg einer Mannschaft das Ergebnis kleiner Veränderungen über einen längeren Zeitraum ist. Für mich gibt es keine schnellen Lösungen wie einen Systemwechsel. Nur ist es leider ›sexyer‹, darüber zu sprechen als über eine Fülle kleiner Veränderungen.«

Ich rief Sparv an, um noch etwas mehr über die Situation in Midtjylland und den Gebrauch von Daten zu erfahren. »Wir reden zwar noch über Statistiken, aber ich hätte gedacht, dass es eine größere Rolle spielen würde. Es kann jedoch auch sein, dass die eigentliche Revolution eine Etage höher stattfindet«, erzählte er mir. Aber vielleicht war Sparv auch einfach nicht mehr bewusst, wie selbstverständlich das längst geworden war. Denn zugleich berichtete er von einem Gespräch mit Lars Knudsen, der im Trainerstab für den offensiven Teil der Taktik verantwortlich ist (allein schon eine bemerkenswerte Arbeitsplatzbeschreibung), bei dem sie über die Flankenstatistik diskutiert hatten. Der Assistenztrainer hatte die Spieler darauf aufmerksam gemacht, wo Abschlüsse die höchste Wahrscheinlichkeit hatten, ins Tor zu gehen, also die praktische Anwendung des Modells für *Expected Goals*.

Obwohl er letztlich keine pointierte Antwort auf das gefunden hatte, was den Erfolg des FC Midtjylland erklärte, war Sparv zufrieden. »Das hier ist immer noch ein sehr gut geführter Fußballverein«, sagte er. Gut, aber was denn nun: Ist der FC Midtjylland gar nicht der modernste Klub aus dem digitalen Wunderland, sondern hat einfach ein paar mehr Eistonnen aufgestellt, Rasenplätze gebaut und im Transfergeschäft auch noch einen Haufen Glück gehabt?

Als ich mit dem Sportdirektor eines großen englischen Klubs über Brentford und Midtjylland sprach, zuckte er mit den Achseln und sagte mit abschätzigem Ton: »Ach, die haben es doch einfach.« In Brentford gäbe es aufgrund der vergleichsweise kleinen Zahl von Fans doch keinen Druck von außen, während bei seinem Verein jede Entscheidung in den Medien und bei den Fans aufgeregt diskutiert werde und es daher unglaublich schwerfallen würde, Ruhe zu bewahren. Das ist nicht ganz von der Hand zu weisen, doch in einem ähneln sich alle Klubs, ob sie kleine Außenseiter oder gewaltige Superunternehmen sind: Letztlich begeben sich alle in jeder Saison auf eine Reise ins Ungewisse voll nur schwer vorhersehbarer Schwierigkeiten und Stürme. Die nächste Panik ist da nie sehr weit, und es bedarf dazu keiner so elementarer Tragödien wie den Tod eines wichtigen Mitarbeiters. Verletzungen wichtiger Spieler, unerwartete Abgänge von Spielern oder des Trainers oder einfach ein Haufen Pech vor dem gegnerischen Tor reichen schon, um alles durcheinanderzubringen.

Eines der ganz großen Fußballzitate stammt von Sir Alex Ferguson, der nach dem unfassbaren Sieg von Manchester United in der Nachspielzeit des Finales der Champions League 1999 gegen den FC Bayern München aufgestöhnt hatte: »Football, bloody hell!« Sein Team hatte damals im letzten Moment in einem der dramatischsten Spiele der Fußballgeschichte noch gewonnen, das es eigentlich schon verloren hatte. Aber das eben macht die Größe des Fußballs aus, das Spiel spielt Schicksal. Man kann die Geschichte des Spiels sogar als das andauernde Bemühen beschreiben, diese Launenhaftigkeit in den Griff zu bekommen. Und gerade deshalb ist es so wichtig, systematisch strukturiert zu arbeiten, um in der nächsten Panik nicht gleich die Orientierung zu verlieren.

Ich brauchte eine Weile, bis ich kapiert hatte, wie das funktionierte, aber schon der Name zog mich gleich in seinen Bann: *Ghosting.* Auf der Bühne der Sloan Sport Conference in Boston stand Hoang M. Le, hinter ihm lief ein animiertes Fußballspiel. Es war eine primitive Animation, in der die Spieler als bunte Punkte über den Rasen huschten und ihren Laufweg wie einen Schweif hinter sich herzogen. Eigentlich sahen sie wie Spermien unter einem Mikroskop aus. Faszinierend war jedoch, dass sie sich nicht allein auf dem Bildschirm befanden, denn sie hatten Schatten oder eben: Geister. Diese Geister waren schlauer als die Spieler, weil sie sich immer zu dem in jeder Spielsituation besten Ort bewegten, wie Le behauptete.

Zunächst verstand ich nicht, woher diese Geister das wussten. Mit welchen Informationen hatte der Programmierer sie gefüttert, wessen Matchpläne erfüllten sie? Doch dann dämmerte mir, dass Le und seine Kollegen vom California Institute of Technology ähnliche Überlegungen angestellt hatten wie Daniel Link, als er das Konzept der *Dangeriousity* entwickelte. Auch beim *Data Driven Ghosting* geht es um Wahrscheinlichkeiten, in diesem Fall um jene, ein Tor zu verhindern. Die Wissenschaftler hatten den Computer mit Spieldaten gefüttert und ihn lernen lassen, wie Mannschaften verteidigen. Nun verglich er die Aktionen eines realen Spiels mit dem, was der Computer aus den anderen Spielen gelernt hatte. Im Durchschnitt der gelernten Spiele hätte in einer vergleichbaren Szene der Verteidiger also nicht an der Strafraumgrenze gewartet, sondern den ballführenden Spieler attackiert. In einer anderen Spielsituation wäre ein Verteidiger an den zweiten Pfosten gerückt, um zu verhindern, dass der Stürmer den abprallenden Ball ins Tor schiebt. Für Fußball mit seinem Gewusel von zweimal elf Spielern war das noch ein Konzept in den Anfängen, Fußball-Science-Fiction sozusagen. Im Basketball hingegen, mit zwei mal fünf Spielern auf kleinerer Fläche, war das *Ghosting* schon in der Praxis erprobt. Die Toronto Raptors hatten es 2014 entwickelt und benutzen es seither.

Werden wir auch im Fußball der Zukunft eine Simulation dessen erleben, was auf dem Platz passiert, wie die Formel 1 sie bereits kennt? Während der Rennen werten schon heute 200 Spezialisten kontinuierlich alle Daten aus und simulieren Folgen der möglichen Entscheidungen. Was wird bei einem Boxenstopp passieren? Welche Folge hat ein früherer Reifenwechsel oder eine veränderte Telemetrie des Autos? Am Auto gibt es Hunderte von Messpunkten, im Motor, Getriebe, der Radaufhängung und sonst wo, die Informationen dazu beisteuern.

Fußballspieler sind keine Maschinen, an denen man Sensoren anbringen kann, trotzdem könnten Computerprogramme in der Zukunft gewisse Teile der Spielanalysen in Echtzeit erledigen. Viele Überlegungen kommen schließlich in Form von Wenn-dann-Beziehungen daher, die dem Schach nicht unähnlich sind. Wenn man etwa drei Verteidiger gegen eine Mannschaft mit einer Spitze aufstellt, hat das Folgen, die ein Computer durchspielen kann. Wenn eine Mannschaft hoch verteidigt, bietet sie Räume in der Tiefe an. Verteidigt sie die Mitte tief, sind die Räume außen. Das alles ist gar nicht so kompliziert, aber natürlich wesentlich aufwendiger zu erfassen als beim Schach, weil die Figuren auch noch rennen und passen und schießen müssen. Es wird zwar kein »Deep Blue«

des Fußballs kommen und Mannschaften zum Sieg coachen, doch als Hilfsmittel in nicht sehr ferner Zukunft ist das bestens vorstellbar.

Inzwischen sitzen Trainer auch im Fußball mit Headsets am Spielfeldrand und werden von Spielanalysten auf den Tribünen im laufenden Spiel mit Informationen versorgt. Sie schicken von dort manchmal Videoschnipsel auf die Bank, um zu zeigen, wo Räume nicht genutzt werden oder es andere taktische Probleme gibt. Vielleicht kommt es eines Tages auch dazu, dass dort oben simuliert wird, was passieren würde, wenn man die taktische Formation umstellt oder einen Spieler mit einem anderen Profil einwechselt. Genau diese Fragen erörtern Trainer während eines Spiels schließlich sowieso ständig, ob mit sich, mit ihren Assistenten und demnächst vielleicht auch mit ihrem Simulationsexperten auf der Tribüne.

Das klingt im Moment noch spekulativ, doch generell wird die Vorausschau wichtiger als die Rückschau werden. Zwar will man weiterhin verstehen, warum ein Spiel so gelaufen ist, wie es gelaufen ist, aber letztlich ist es wichtiger zu wissen, was zu tun ist, um das nächste Spiel zu gewinnen – oder das laufende. Zwar bleibt es wichtig, die aktuelle Leistung eines Spielers richtig zu bewerten, aber noch viel wertvoller ist es, sein zukünftiges Potenzial richtig einzuschätzen. Wem das gelingt, der verschafft sich einen riesigen Vorteil.

Die großen Klubs haben deshalb mit eigenen Forschungen begonnen, zumeist hinter verschlossenen Türen. Der FC Liverpool hat mit Ian Graham bereits seit 2012 einen Director of Research, also einen Forschungsleiter. Graham hatte an der englischen Eliteuniversität in Cambridge Polymerphysik studiert, ein physikalisch-chemisches Teilgebiet der Physik. Zwei Jahre nachdem er seinen Doktortitel gemacht hatte, stellte er allerdings fest, dass er kein Wissenschaftler bleiben wollte. Er landete in einem Start-up, das Fußballklubs beraten wollte, und bekam »Moneyball« in die Hand gedrückt. Vier Jahre lang beriet Graham Tottenham Hotspur, dann verpflichte ihn die Fenway Group, die Besitzer des FC Liverpool. Dem Unternehmen gehören auch die Boston Red Sox, und Grahams Auftrag war es, die Fußballversion der Forschungsabteilung aufzubauen, die es bei einem der traditionsreichsten Baseballklubs schon gab.

Inzwischen arbeitet er in Melwood, dem Trainingskomplex des FC Liverpool, mit drei Experten zusammen, einem Astrophysiker, einem Mathematiker und einem Physiker, der zuvor am CERN in Genf arbeitete, dem Teilchenbeschleuniger, in dem die Existenz von Higgs-Teilchen nachgewiesen wurde. Grahams Abteilung trägt dazu bei, dass die riesigen Investitionen, die Spitzenklubs heute machen, auch datengestützt sind. Bei Naby Keita, damals bei RB Leipzig, etwa stellte er – überraschend für einen damals defensiven Mittelfeldspieler – fest, dass er ein phänomenales Passspiel hatte. Die Quote der Pässe, die ankam, war zwar nicht so hoch wie bei Spitzenkräften im Mittelfeld, aber wären sie angekommen, wären die Pässe äußerst wertvoll gewesen. Anfang 2016 empfahl Graham die Verpflichtung von Keita, 2018 kam er dann aus Leipzig nach Liverpool, wo er weiter vorne spielt, um sein Talent für gefährliche Pässe besser zu nutzen.

Bei Manchester City oder dem FC Bayern gibt es ähnliche Abteilungen wie in Liverpool, aber oft ist unklar, ob die Experten wirklich gehört werden. Zudem ist immer schwieriger zu erfahren, was da genau passiert, die Klubs sind bei diesem Thema sehr verschlossen, denn ihr Konkurrenzkampf ist auch einer um Wissensvorsprünge geworden.

Insofern ist es bemerkenswert, dass der FC Barcelona einen anderen Weg eingeschlagen hat. Der Klub betreibt mit dem 2017 gegründeten Barça Innovation Hub (BIH) nicht nur eine Art eigener Sportuniversität, sondern fördert auch den Wissensaustausch. So wurden bereits Konferenzen zur Technologie, zum Coaching und zur Ernährung abgehalten, außerdem arbeitet der BIH mit Universitäten zusammen und teilweise auch mit Unternehmen. Es wurde 2018 ein 125 Millionen Euro großer Investmentfonds aufgelegt, mit dem sich der BIH an Start-ups oder bestehenden Unternehmen im Bereich Technik und Sport beteiligen will. Bereits entwickelt hat der Klub ein eigenes Trackingsystem, das in der mexikanischen MX-Liga von allen Klubs benutzt wird. Und gemeinsam mit der FIFA wird an einer globalen Vereinheitlichung der Datenerfassung gearbeitet. Vereinspräsident Josip Maria Bartomeu bezeichnete der *Financial Times* gegenüber den BIH als »wichtigstes Projekt« des Klubs. Der globale Austausch wird bemerkenswert offen geführt, sogar der große Rivale Real Madrid wurde eingeladen, um sich anzuschauen, woran in Barcelona gearbeitet wird.

Angesichts dieser Bemühungen wundert es nicht, dass aus Barcelona auch das erste Papier über Fußball kam, das jemals bei einer Sloan Sports Conference als bester Beitrag ausgezeichnet wurde. Im Januar 2019 bedeutete das einen erstaunlichen Durchbruch, genau zwei Jahre nach meinem Besuch in Boston, als die Fußballanalysten aus aller Welt dort noch eher Nebendarsteller waren. Das

Paper trug den einschüchternden Titel »Decomposing the Immeasurable Sport: A deep learning expected possession value framework for soccer« und war eine erneute Weiterführung der Ideen von Link. Nur dass hier nicht mehr mit dem Kunstwort »dangerousity« gearbeitet wurde, sondern mit dem in US-Sportarten schon länger eingeführten *Expected Possession Value* (EPV), also: zu erwartender Wert des Ballbesitzes. Damit kann man in jedem Moment des Spiels schauen, ob eine Aktion die Chance auf ein Tor vergrößert oder verkleinert. Wird der EPV einmal zeitnah zur Verfügung stehen, was im Moment angesichts der riesigen Datenmengen, die dafür verarbeitet werden müssen, noch nicht der Fall ist, wird sich die Spielanalyse und -bewertung von Leistung vermutlich noch einmal radikal verändern.

Bemerkenswert an diesem Papier war auch, dass neben Javier Fernández vom FC Barcelona auch Luke Bornn von den Sacramento Kings und Dan Cervone von den Los Angeles Dodger daran mitgearbeitet hatten, also zwei namhafte Analytiker aus dem Basketball und Baseball.

Sander Ijtsma, der Chirurg aus Groningen, der die *Expected Goals Plots* entwickelt hat und seit Jahren zur globalen Community jener Nerds gehört, die den Fußball auf neue Weise analysieren, hatte bereits Anfang 2018 ein klares Szenario dessen, was passieren wird: »Ich gehe davon aus, dass bald alles hinter verschlossenen Türen verschwinden wird.« Es gebe gerade einen goldenen Moment der Offenheit, in dem man Freaks quasi dabei zuschauen könne, wie sie mit Daten und Konzepten experimentieren. Doch die Ideen werden seiner Meinung nach in absehbarer Zeit von Klubs und Verbänden vom Markt gekauft.

Für Klubs wie Liverpool oder Bayern scheint sich das zu bestätigen, der Barça Innovation Hub steht für das Gegenteil. Was aber zweifellos passiert, ist ein Auseinanderdriften der Wissenswelten in hohem Tempo. Die großen Klubs vergrößern ihren Vorsprung vor dem Rest dadurch, dass sie einschüchternde Spitzenforschung betreiben, wo die anderen noch zu verstehen versuchen, was man überhaupt mit Daten und diesem ganzen Kram anfangen kann. Die Datenrevolution im Fußball vollzieht sich also inzwischen mit ungeheurem Tempo – zugleich aber auch nicht. Der entscheidende Punkt ist nämlich, das alles in die Praxis eines Systems mit der Neigung zur Hysterie und Panik zu übertragen.

Im Lauf des Jahres 2018 wurden amerikanische Baseballfans noch einmal an die »Moneyball«-Geschichte erinnert, als die Oakland A's in der regulären Saison das viertbeste Team waren, obwohl sie über den viertniedrigsten Personaletat der 30 Klubs in der Major League Baseball verfügten. 97 Siege bedeuteten das beste Ergebnis seit der legendären Saison 2002, die Michael Lewis für sein Buch »Moneyball« begleitet hatte. Die Oakland A's waren offensichtlich immer noch in der Lage, spektakulär über die Möglichkeiten hinaus erfolgreich zu sein. Auch Billy Beane war weiterhin dabei, wenngleich 2018 auch als Vizepräsident für den Baseballbetrieb nicht mehr so ins Tagesgeschäft eingebunden wie einst. In einem Interview mit einer deutschen Website sagte er: »Generell ist es so, dass wir mit unerprobten jungen Spielern auskommen müssen. Wir müssen gewissermaßen Borussia Dortmund zu New Yorks Bayern München sein. Das ist unsere Herangehensweise.« Es verblüffte nicht, dass Beane Baseball mit Fußball erklärte, denn seit der Fußball-Weltmeisterschaft 2006 hat er ein großes Interesse am Fußball entwickelt.

Im Baseball, aber auch im Basketball und American Football (Eishockey hinkt etwas hinterher) ist es heute völlig selbstverständlich, dass alle Klubs die Leistungen der Mannschaften oder die Potenziale möglicher Neuzugänge datenseitig analysieren. Im Baseball spätestens im Mainstream angekommen war das 2004, als die Boston Red Sox mithilfe des Analysten Bill James, der Billy Beane tief beeinflusst hatte, ihre sechste World Series gewannen. Ein Titel, auf den der Klub seit 1918 gewartet hatte.

Aber was ist nun mit der Fußballversion der »Moneyball«-Geschichte? Als Chris Anderson im Herbst 2018 in der Schweiz seinen bereits erwähnten Vortrag hielt, hatte dieser den Titel: »Der Krieg ist gewonnen, eine Art von Moneyball gibt es schon.« Das stimmt, wenn man die Geschichte von »Moneyball« auf die Frage der Arbeit mit Daten reduziert. Gerade findet ein großer Wettbewerb darum statt, wer damit in Zukunft das Geschäft macht. Die großen Datenfirmen wie etwa Opta oder STATS wachsen zu immer größeren Einheiten zusammen, die genannten fusionierten 2019. Dabei kombinieren sie Daten mit Videos und bieten spezielle Services an. Ein ehemalig reiner Anbieter von Videos wie Wyscout fügt seinen Bildern nun auch Daten hinzu, die er selber erhebt. Daneben gibt es Start-ups wie Impect mit dem *Packing*, Goalimpact oder Matchmetrics von Sven Mislintat. Ted Knutson verwandelte die von ihm gegründete Website Statsbomb in ein Unternehmen, das unter dem Namen Statsbomb IQ maßgeschneiderte Analysen anbietet und ebenfalls eigene Daten erhebt. Eine Reihe junger Unternehmen buhlen mit unterschiedlichen Ideen um die

Gunst der Kunden. Vermutlich wird das ein oder andere Start-up im Laufe der nächsten Jahre scheitern, andere werden wachsen oder aufgekauft werden.

Doch wir müssen die »Moneyball«-Geschichte richtig lesen, wofür auch Omar Chauduhri plädiert. »Die Ironie von Moneyball ist, dass es eine Geschichte ist, und das Management der Oakland A's hasst Geschichten«, schrieb er 2018 im Blog von 21st Club. In Michael Lewis' Buch, vor allem aber im Hollywoodfilm wurde alles auf den Konflikt zwischen altertümlichen Scouts mit überholten Ansichten und einer neuen Generation unter Anführung von Billy Beane reduziert. »Ironischerweise wurde diese Periode der Geschichte des Kampfes gegen Narrative selbst ein Narrativ – über die Macht der Daten im Sport«, schrieb Chaudhuri. Das ist ein guter Punkt, denn die »Moneyball«-Geschichte ist komplexer als die Kurzversion, in der sie heute zumeist erzählt wird. »Die Gründe für den Erfolg der Oakland A's waren komplex und vielfältig, es ging nicht nur um Daten. Es gab eine kulturelle Veränderung, eine der Unternehmensführung, die Fähigkeit zu lernen, kritisches Denken, Glück und so weiter«, schreibt Chaudhuri.

Ich frage mich manchmal, warum mich all das so fasziniert: *Ghosting*, *Expected Goals* und blaue Spieler. Ich kann nämlich keine Computerprogramme schreiben, und mir fehlt das, was man einen naturwissenschaftlichen Hintergrund nennt. Physik und Chemie habe ich in der Schule abgewählt, sobald das möglich war, und was ich im Mathematikunterricht gelernt habe, ist längst vergessen. Technik hat mich nie sonderlich fasziniert, weder in Form von Motoren noch von Computern. Sie sind für mich Hilfsmittel, aber wie sie mir helfen, ist mir ziemlich egal. Dennoch war ich von Beginn an von der Digitalisierung des Fußballs fasziniert: weil ich das Spiel besser verstehen will.

Je länger ich mich damit beschäftige, desto weniger finde ich die meisten Erklärungen und Geschichten zufriedenstellend. Es kommt mir fast so vor, als gäbe es ein ständiges Gerangel um die aktuell beste, angesagteste Geschichte. Mal ist der Systemwechsel entscheidend oder das neue Fitnesstraining, mal der tolle Stürmer aus Frankreich (überhaupt: Frankreich!). Dass die Spieler besser schlafen und natürlich das Richtige essen, nämlich mehr Kohlehydrate – oder weniger. Oder es ist entscheidend, dass der neue Trainer endlich hart durchgreift oder endlich mehr Einfühlsamkeit zeigt. Dass der Teamspirit so gut ist oder dass die Mannschaft endlich einen Star hat, der die richtigen Ambitionen vorlebt. Dass der Klub digital perfekt aufgestellt ist und Moneyball im Fußball doch wahr werden lässt. Irgendwo in der Mitte vom Nirgendwo Dänemarks, einem Forschungslabor in Liverpool oder der funkelnden globalen Uni des FC Barcelona.

Auf der Sloan Sports Conference, auf der ich das *Ghosting* bestaunt hatte, trat auch der ehemalige American-Football-Star Chris Collinsworth auf. Der Endfünfziger war nach seiner Karriere als Experte zum Fernsehen gewechselt und fünf Mal mit einem Emmy für seine Arbeit ausgezeichnet worden. Er erzählte ausgesprochen vergnügt davon, wie seinem Sport gerade Außenseiter ständig neue Erkenntnisse bringen: »20 Prozent meiner Informationen lehren mich heute Leute, die nie in ihrem Leben einen Helm getragen haben. Ich finde das großartig!« Auch im Fußball steht ein neuer Kosmos von Informationen bereit, die zusätzliche Prozente liefern könnten.

Und es ist kein Zufall, dass dieses Buch von Quereinsteigern, Regelbrechern und Outsidern wimmelt, die nicht selber auf dem Platz gestanden haben, zumindest nicht auf höchstem Niveau – und denen ich wünsche, dass sie auf genug Leute treffen, die die Lässigkeit eines Chris Collinsworth haben. Dennoch: Kein Computer wird jemals einen Trainer oder Sportdirektor ersetzen.

Ich bin kein Fan des SC Freiburg, aber ich finde, dass er seit einem Vierteljahrhundert deshalb der interessanteste Klub in Deutschland ist, weil hier immer Außenseiter gearbeitet haben und es bis heute tun. In die Bundesliga führte ihn mit Volker Finke ein Trainer, der Oberstudienrat war, einen Brilli im Ohr hatte und Selbstgedrehte rauchte. 1993 galt das als irre. Heute haben sie einen Trainer, der Literatur liest und bewegende politische Statements halten kann. Freiburg war einer der ersten Klubs in Deutschland, der ballorientiert verschieben ließ und sich dadurch einen taktischen Vorteil verschaffte. Finke drängte mit großer Energie darauf, einen im Vergleich zu den meisten anderen Klubs überdimensionalen Teil des Etats für die Jugendarbeit und ein Nachwuchsleistungszentrum auszugeben. Der SC Freiburg wurde so auf diesem Feld zum Vorreiter. Der Klub verpflichtete auch mit großem Erfolg Spieler aus abgelegenen Regionen, aus Georgien oder Mali etwa. Später war der SC Freiburg bei der Gegneranalyse ganz weit vorne, und auch bei den Standardsituationen waren sie lange Zeit die Besten. Das alles passierte, weil sie sich stets einen Vorteil erarbeiten mussten, um die finanziellen Vorteile der Konkurrenz auszugleichen.

Natürlich schaute sich die Konkurrenz immer viel in Freiburg ab, und kein Vorteil hielt ewig vor. Also hätte der Klub daher eigentlich schon den Anschluss verlieren müssen, doch das ist nicht passiert. Das aktuelle Freiburger Trainerteam führt mit Christian Streich ein studierter Germanist und Historiker an. Es gibt mit Patrick Baier einen gelernten Architekten und mit Lars Voßler einen Ökonomen und Informatiker, der die EDV des Klubs aufgebaut hat. Torwarttrainer Andreas Kronenberg ist Sozialpädagoge und wollte eigentlich nie mit Profis arbeiten. Florian Bruns hat als Einziger von ihnen in der Bundesliga gespielt und ist der Einzige, der nicht aus der Region kommt. Sonst sind alle hier tief verwurzelt.

Vor 15 Jahren war ein Profitrainer in Deutschland im Schnitt noch drei Jahre im Amt, inzwischen sind es nur noch knapp 15 Monate. Doch Streich ist seit 24 Jahren beim SC Freiburg, Baier seit 20 und Voßler seit 14 Jahren. Sie arbeiteten schon in der Fußballschule des Klubs in unterschiedlichen Konstellationen zusammen. Torwarttrainer Kronenberg ist der Neue, er ist seit acht Jahren dabei. Auch Sportvorstand Jochen Saier und Sportdirektor Klemens Hartenbach sind schon ewig dabei. Hartenbach hat sogar mal mit Streich in einer WG gewohnt.

Das gibt es so bei keinem anderen großen Profiklub in Europa, und das hat Folgen. »Der SC Freiburg ist nicht nur eine Station in einer Berufsvita, das ist unser Projekt«, hat Patrick Baier mir mal erklärt. Das führt dazu, dass niemand eine Entscheidung treffen würde, die zwar in der Öffentlichkeit gut ankommt, aber letztlich dem Verein schadet. Etwa bei Transfers, die nur gemacht werden, um das Publikum zu beruhigen. Die Verantwortlichen in Freiburg kennen sich so gut, dass sie sich zwar auch mal ordentlich auf die Nerven gehen, aber dem anderen so viel Platz geben, wie er braucht. Denn sie machen keinen

Job, für sie geht es um ihr Leben. Darum, dass sie nicht umziehen müssen und ihre Familien mit ihnen, um bei einem anderen Klub zu arbeiten. Oder dass sie nicht alleine in irgendwelchen Hotelzimmern sitzen, als gut bezahlte Montagearbeiter des Fußballs, weit weg von Frauen, Kindern und Freunden.

Ich mag ihre Geschichte nicht nur, weil ich die Leute dahinter mag. Ich wünsche ihnen auch, dass ihre Geschichte noch lange weitererzählt werden kann, weil der Fußball diese Eigensinnigen braucht, die den anderen ein Schnippchen schlagen. Denen mit dem Geld und der Macht. Aber auch denen, die glauben, dass man Fußball und Fußballspieler allein verstehen kann, wenn man sie durch einen Algorithmus schickt. Denn da ist der Fußball nicht weniger struppig als das wirkliche Leben.

Andererseits gehört auch die Digitalisierung zum wirklichen Leben, nur werden ihre Möglichkeiten zugleich unterschätzt wie überschätzt. Bei mir hat sich dadurch der Blick auf das Spiel längst nachhaltig verändert. Ich stelle mir inzwischen selbstverständlich die Frage, ob die mangelnde Torgefährlichkeit einer Mannschaft damit zu tun hat, dass die Angriffsspieler zu wenig Pässe ziehen. Nach Spielen schaue ich mir die *Expected Goals* an und vielleicht sogar die *xGplots,* wenn sie zur Verfügung stehen. Und vielleicht werde ich bald schon fasziniert die Verläufe des EPV während der 90 Minuten an mir vorbeiziehen lassen. Daten erzählen eine Geschichte des Spiels – nicht *die* Geschichte, aber oft eine neue und bessere als die übliche.

Es wird weiterhin noch viel neu zu denken sein im Fußball, und Stefan Reinartz ist so einer, der das mit seinem *Packing* tut. Wenn er aber über seinen ehemaligen Mannschaftskameraden Toni Kroos spricht, klingt er plötzlich wie ein Verliebter. Zwei Jahre lang haben die beiden in Leverkusen zusammen gespielt, und Reinartz schwärmt davon, wie Kroos unbeeindruckt von der Welt auf dem Rasen die Pässe verteilt, ob bei Real Madrid, in der deutschen Nationalmannschaft oder früher bei Bayer Leverkusen, und dabei kaum mal einen Fehler macht. »Einen Pass von ihm kann man hören.« Weil Kroos den Ball so sauber spielt, rollt er ohne ein störendes Hoppeln über den Rasen, und für seine Mitspieler ist es ein Leichtes, das Zuspiel anzunehmen. Genau das ist die Spannweite, die es braucht, wenn man den Fußball des 21. Jahrhunderts verstehen will. Man muss die Zahl überspielter Verteidiger kennen und sich den Sinn für die Poesie eines perfekt getimten Balles bewahren.

Weiterlesen

Es gibt zur Datenanalyse der Fußballs nicht viele Bücher, die das Thema weiter vertiefen. Empfehlenswert sind: David Sumpter: »Soccermatics, Fußball und die Magie der Zahlen«; Chris Anderson/David Sally: »Die Wahrheit liegt auf dem Platz. Warum (fast) alles, was wir über Fußball wissen, falsch ist«; Daniel Memmert und Dominik Raabe: »Revolution im Profifußball: Mit Big Data zur Spielanalyse 2.0«, gibt es nur auf Deutsch.

Vornehmlich ist jedoch das Internet die Quelle für Informationen. Ein guter Ausgangspunkt für weitere Erkundungen ist die Website *statsbomb.com*, auf der regelmäßig ausgezeichnete Autoren wie Ted Knutson, Colin Trainor, James Yorke, Dustin Ward oder Euwan Dewar schreiben. Ebenfalls viele gute Analysen und weiterführende Hinweise findet man auf der Website von OptaPro. Der digitale Ort, wo die Szene diskutiert, ist Twitter.

Dank

Herzlich bedanken möchte ich mich bei allen, die mir ihre Zeit geschenkt haben, um sich von mir für dieses Buch befragen zu lassen, und dabei durchgehend auskunftsfreudig und offen waren: Hendrik Almstadt, Chris Anderson, Rasmus Ankersen, Matthew Benham, Omar Chaudhuri, Christofer Clemens, Simon Cuff, Heimir Hallgrímsson, Jens Hegeler, Michael Henke, Sander Ijtsma, Nicolas Jover, Ted Knutson, Katja Kraus, Peter Krawietz, Daniel Link, Jan Mayer, Daniel Memmert, Sven Mislintat, Marco Neppe, Michael Niemeyer, Himar Ojeda, Stefan Reinartz, Michael Reschke, Jörg Schmadtke, Kai Peter Schmitz, Jörg Seidel, Tim Sparv, Daniel Stenz, George Syrianos, Colin Trainor, Hendrik Weber, Blake Wooster.

Ebenfalls bedanken möchte ich mich bei jenen, die ich im Rahmen von Recherchen für *11 Freunde* getroffen habe, vor allem bei Julian Nagelsmann. Teile meiner Reportagen über die Arbeit von Julian Nagelsmann in Hoffenheim sind in zwei Passagen dieses Buches eingeflossen, das gilt auch für Teile meiner Reportage aus Midtjylland.

Dieses Buch wäre nicht ohne den Support meiner Kollegen bei *11 Freunde* möglich gewesen. Dafür ebenfalls ganz herzlichen Dank, vor allem an den Chefredakteur Philipp Köster, der bereitwillig die Bedingungen dazu geschaffen hat.

Ein ganz herzlicher Dank für Anregungen und Support

der unterschiedlichsten Art an: Jonas Boldt, Jan Distlmeyer, Christian Frommert, Jens Grittner, Uli Hesse, Michiel de Hoog, Günther Janssen, Fabian Jonas, Lukas Keppler, Saskia Kirf, Hans Krabbe, Cornelius Kreusser, Olaf Meinking, Thomas Pletzinger, Josef Schneck und Kurt Thielen.

Dass Helge Malchow nun schon seit 24 Jahren mein Lektor und Verleger ist, ist für mich ein Segen. Dass er darüber ein Freund geworden ist, ist ein Geschenk.

Danke, Birgit!

Register

C

D

E

F

G

H

I

J

K

L

M

N

S

T

U

V

W

Weitere Titel von Christoph Biermann bei Kiepenheuer & Witsch

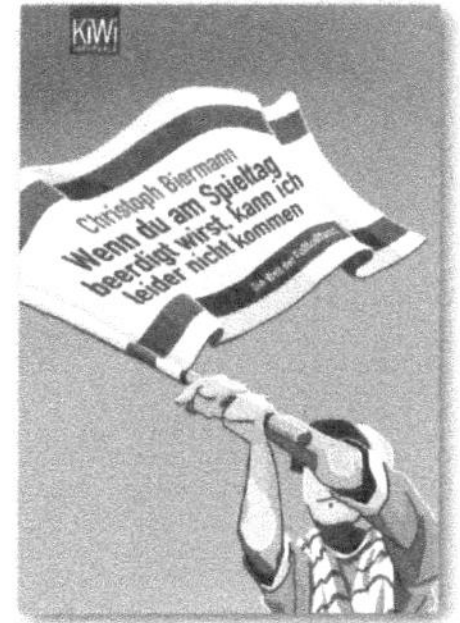

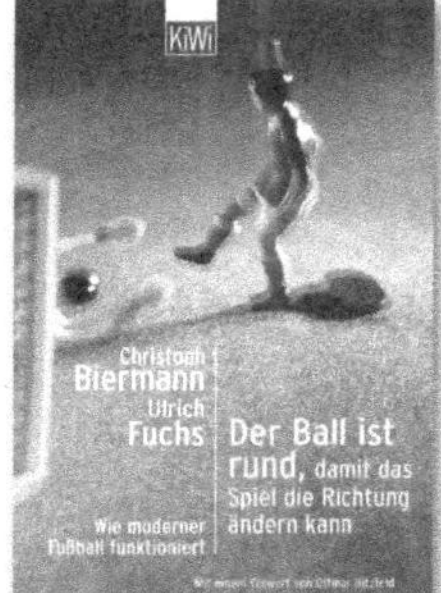

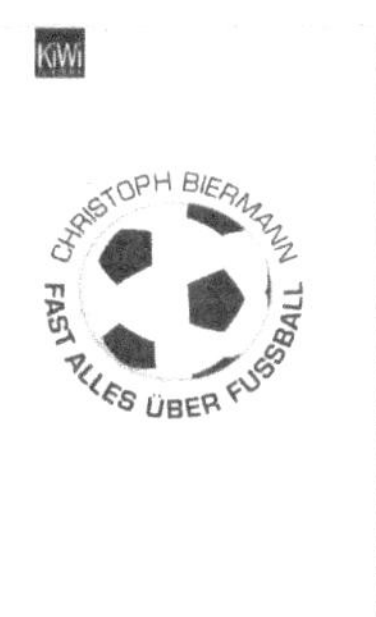

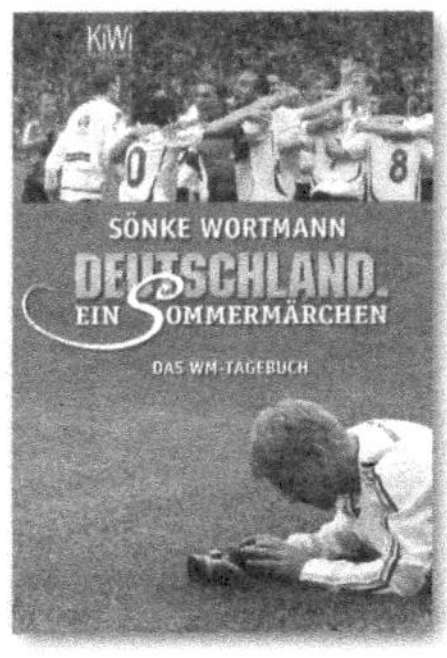

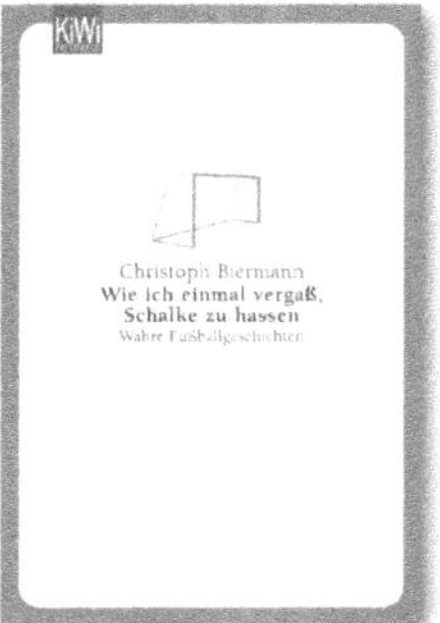

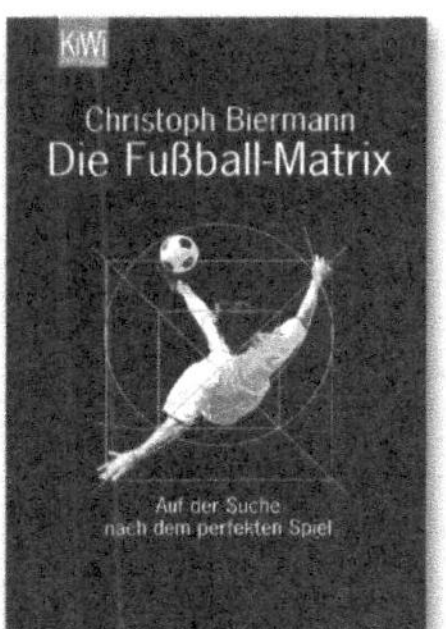

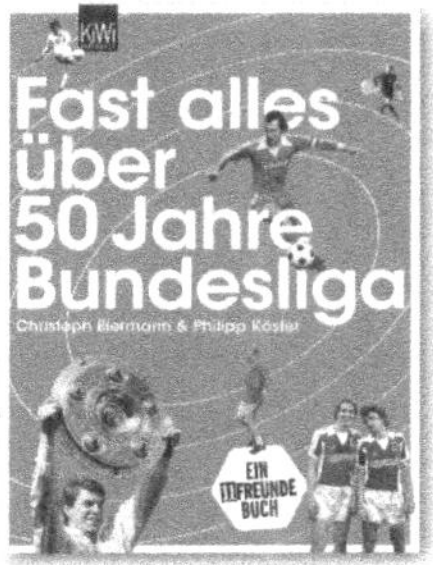

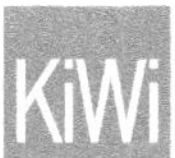